esotera

Taschenbuch
im Verlag Hermann Bauer

W0046231

Richard L. Johnson ist Germanist und lehrt am Department of Modern Foreign Languages der Universität von Indiana (USA). Seine Methode der kreativen Entspannung lehrt er in Universitätskursen und als unabhängiger Berater in seiner eigenen Praxis. Er schreibt über sich selbst: »Mein Leben als Student, Dozent und engagierter Bürgerrechtler ist sehr erfolgreich verlaufen. Doch im privaten Bereich sah die Sache, um ehrlich zu sein, längst nicht so erfreulich aus. Erst als ich 1974 anfing, ein Tagebuch zu führen und 1981 eine neue Methode der Entspannung und des Tagebuchschreibens entwickelte, leitete ich bei mir den Prozeß der Selbst-Meisterung ein. «

Richard L. Johnson

Ich schreibe mir die Seele frei...

Wege zur Harmonisierung
des ganzen Gehirns

Verlag Hermann Bauer
Freiburg im Breisgau

Die Deutsche Bibliothek – CIP-Einheitsaufnahme

Johnson, Richard L.:
Ich schreibe mir die Seele frei...: Wege zur
Harmonisierung des ganzen Gehirns / Richard L. Johnson.
[Aus einem amerikan. Ms. ins Dt. übers. von Giovanni
Bandini und Ditte König]. – 3. Aufl. –
Freiburg im Breisgau: Bauer, 1995
   (esotera-Taschenbuch)
   ISBN 3-7626-0659-5

Die vorliegende Taschenbuchausgabe im Rahmen der Reihe
esotera-Taschenbuch ist ein Nachdruck der gebundenen
deutschen Originalausgabe, die zuletzt 1990 im Verlag
Hermann Bauer KG, Freiburg im Breisgau, erschien.

Die Reihe *esotera-Taschenbuch* erscheint im Verlag
Hermann Bauer KG, Freiburg im Breisgau

Aus einem amerikanischen Manuskript
ins Deutsche übersetzt von
Giovanni Bandini und Ditte König

3. Auflage 1995
© für die deutsche Ausgabe 1990 by
Verlag Hermann Bauer KG, Freiburg im Breisgau
Alle Rechte der deutschen Ausgabe vorbehalten
Umschlag: Seliger & Krafft, Freiburg im Breisgau
Satz: CSF ComputerSatz GmbH, Freiburg im Breisgau
Druck und Bindung: Clausen & Bosse, Leck
Printed in Germany

ISBN 3-7626-0659-5

Gedruckt auf chlorfrei gebleichtem Papier

Inhalt

Einleitung

Im Leben der meisten Menschen sind Intuitionen ein zufälliges Ereignis. Wir warten auf sie, wie einst der Urmensch auf den feuerspendenden Blitz. Doch das Knüpfen von Gedankenverbindungen ist unser wichtigstes Lernmittel, ja das Wesen der menschlichen Intelligenz: Zusammenhänge herzustellen; über das Gegebene hinauszugehen; Muster, Beziehungen, Kontexte zu erkennen.
Marilyn Ferguson: *Die sanfte Verschwörung*

Im Verlaufe von Untersuchungen, die sie mit Managern und Rechtsanwälten durchführte, entdeckte (Frau Dr. Suzanne) Kobasa erstmals, daß Menschen, die in ihrem täglichen Leben großen Belastungen ausgesetzt sind, sich durch drei Attitüden vor physischen Erkrankungen schützen können: drei grundsätzliche Einstellungen, die das Wesen der ›streßunempfindlichen Persönlichkeit‹ ausmachen. *Engagement* bedeutet Neugier auf und Anteilnahme an was immer gerade geschieht . . . Die zweite Einstellung ist *Beherrschung* (oder *Machtbewußtsein*) . . . der Glaube, daß wir imstande sind, Ereignisse zu beeinflussen, gepaart mit der Bereitschaft, aufgrund dieses Glaubens zu handeln, anstatt ein Opfer äußerer Umstände zu sein. Die dritte ist *Herausforderung*: der Glaube, daß Veränderungen im Leben keine Bedrohung des Status quo bedeuten, sondern das persönliche Wachstum anregen können. Diese drei Aspekte der Widerstandsfähigkeit ermöglichen eine Form der Streßbewältigung, die Frau Kobasa »transformativ« nennt.
Joan Borysenko: *Gesundheit ist lernbar*

Wie Suzanne Kobasa im Rahmen ihrer Untersuchungen herausfand, kann eine auf Engagement, Beherrschung und Herausforderung basierende aktive Lebenseinstellung jeden Streß in einen Impuls zu Wachstum und Veränderung verwandeln. Diese bestimmte Kombination von Einstellungen und entsprechenden Handlungen nenne ich »Selbst-Meisterung«: die engagierte Annahme der Herausforderung, das einzige Leben zu meistern, das wir überhaupt meistern können, unser eigenes. Ich ziehe es vor, statt von »Meisterung« (oder »Meisterschaft") von »Beherrschung« zu sprechen, weil dieser Begriff für mich eine Offenheit gegenüber jeglicher Veränderung beinhaltet sowie den Wunsch, die Verantwortung für unser Leben zu übernehmen, ohne zu versuchen, uns an das Erreichte zu klammern oder andere zu beherrschen.

Beim *kreativen Schreiben* geht es im wesentlichen darum, die Entspannung des gesamten Gehirns mit einem – aus dem ganzen Gehirn schöpfenden – kreativen Tagebuchschreiben kombinieren zu lernen. Dadurch werden Sie befähigt, die aktive Verantwortung für immer mehr Bereiche Ihres Lebens zu übernehmen. Es gibt viele gute Bücher zum Thema »Entspannung«; andere, nicht weniger gute, die das spontane Tagebuchschreiben zum Gegenstand haben; keines aber, das zeigt, wie diese zwei Techniken den Zugriff auf das gesamte Gehirn eröffnen können. Nach meinen Erfahrungen mit Hunderten von Studenten und Einzelklienten ist es aber gerade die Kombination von Entspannung und Tagebuchschreiben, die zu einer tiefgreifenden und sinnvollen Veränderung der Persönlichkeit führt.

Faszinierende Ergebnisse der jüngsten Gehirnforschung zeigen, daß die meisten Erwachsenen sich nur einen winzigen Teil ihrer eigentlichen Gehirnkapazität zunutze machen und daß jeder – ich wiederhole: *jeder* – Mensch lernen kann, sein oder ihr ganzes Gehirn zu benutzen. Man braucht nicht mehr als ein zweckmäßig abgestuftes Programm, das die natürlichen Fähigkeiten unseres Gehirns mobilisiert und in die erwünschten Bahnen lenkt. Tiefe Relaxation und kreativer Ausdruck ermöglichen die Aktivierung des gesamten Gehirns.

Unter tiefer Relaxation verstehe ich eine gehirnerweiternde Entspannung. Jede Art von Entspannung kann angenehm und hilfreich sein, doch in den wenigsten Fällen wird durch sie auch eine wirkliche Verbesserung unserer Gehirntätigkeit erzielt. Mit Hilfe dieses Buches werden Sie lernen, wie Sie Ihre Gehirnwellen verändern können: zuerst während der Entspannungsübungen, dann beim Tagebuchschreiben und schließlich bei anderen Tätigkeiten und in allen Bereichen Ihres Lebens.

Tagebuchschreiben ist zweifellos eine der wirkungsvollsten und einfachsten Formen kreativen Ausdrucks, die uns überhaupt zur Verfügung stehen. Jeder kann es, und es ist unterhaltsam und leicht – solange wir dabei nicht in Streß geraten. Aus diesem Grund ist es auch so wichtig, Entspannung und Tagebuchschreiben miteinander zu kombinieren: Streß ist der erste und schlimmste Feind der Kreativität; dementsprechend gehen Entspannung und Kreativität stets Hand in Hand.

Im Rahmen meiner Universitätskurse und in meiner Praxis als Berater für kreative Entspannung habe ich immer wieder festgestellt, daß meine Studenten und Klienten ihr Leben schnell und mühelos von Grund auf verändern können, wenn sie lernen, ihr ganzes Gehirn zu benutzen. Im ersten Teil dieses Buches werden Sie die drei Schritte des Prozesses kennenlernen: *Entspannung* des ganzen Gehirns, *Tagebuchschreiben* aus dem ganzen Gehirn und *Leben* aus und mit dem ganzen Gehirn. Im weiteren Verlauf des Buches werden Sie anhand einer Reihe von Übungen lernen, wie Sie diese Schritte oder Maßnahmen in die Tat umsetzen können. Zuerst werden Sie sich – im zweiten Teil – auf die Funktionen des Mittelhirns und des alten Gehirns konzentrieren, dann – im dritten Teil – auf die des (entwicklungsgeschichtlich) jungen oder »neuen« Großhirns. Im vierten und letzten Teil dieses Buches werden Sie schließlich lernen, wie Sie über längere Zeiträume und mit größerer Konsequenz in einem Zustand »gesamtzerebraler« (das ganze Gehirn betreffender) Synchronizität leben können. Durch diesen Prozeß innerer Harmonisierung werden Sie auch eine größere Harmonie mit Ihrer gesamten äußeren Umwelt erreichen.

Die Übungen zur Entspannung des ganzen Gehirns erfordern nicht viel Zeit – jeweils zehn bis fünfzehn Minuten. Es ist allerdings unerläßlich, daß Sie sich bewußt dazu entschließen, sie wirklich regelmäßig durchzuführen. Wie unsere

Muskeln funktioniert auch unser Gehirn dann am besten, wenn es regelmäßig trainiert wird. Direkt nach der Entspannung werden Sie noch einmal etwa ebensoviel Zeit für das Tagebuchschreiben benötigen. Sie sollten sich also täglich (oder so oft wie möglich) 20 bis 30 Minuten freihalten, die Sie ausschließlich Ihrer eigenen Entwicklung widmen: der Entspannung, dem kreativen Schreiben, der Möglichkeit, in aller Ruhe herauszufinden, wer Sie wirklich sind.

Jetzt, da ich dies seit einer Reihe von Jahren praktiziere, erscheint es mir merkwürdig, daß jemand nicht dazu bereit sein könnte, sich regelmäßig etwas Zeit für Entspannung und kreative Tätigkeit zu gönnen. Tatsache aber ist, daß es mir mehr als zwanzig Jahre lang ganz genauso ergangen ist. Anfangs ist es mir sogar schwergefallen, zu glauben, ich verdiente es, Zeit für mich selbst zu verwenden. Wenn Sie nicht gelernt haben, sich regelmäßig wohlwollend mit sich selbst zu beschäftigen, kann es durchaus eine Weile dauern, bis Sie diese neue Angewohnheit in sich herausgebildet haben.

Die kurzen Berichte über meine Studenten, Klienten und über mich selbst sowie unsere Tagebucheinträge, die Sie in einem späteren Teil dieses Buches finden, werden Ihnen zeigen, welche Schwierigkeiten es uns bereitet hat, von der Vorstellung Abschied zu nehmen, jeder andere Mensch auf Erden sei wichtiger als wir selbst. Gleichzeitig werden Sie erkennen, wie gut es uns getan hat, uns selbst dieselbe liebevolle Fürsorge angedeihen zu lassen, die wir anderen Menschen so freigebig schenken. Es ist in der Tat so, daß wir mehr Energie für unsere Familie, Freunde und Mitarbeiter aufbringen können, wenn wir uns selbst regelmäßig pflegen und fördern.

In ihrem bahnbrechenden Werk *Beyond Biofeedback* erörtern Elmer und Alyce Green die Ergebnisse eines der Forschungsprojekte, die sie an der *Menninger Foundation* durchgeführt haben. Ein hoher Prozentsatz der Versuchspersonen ihres Projektes »Tagträumen und bildliches Vorstellen« – College-Studenten, die bis dahin keinerlei Erfahrungen mit Entspannungsübungen gemacht hatten – stellte nach Erforschung dieser tief entspannten Zustände weitreichende positive Veränderungen an sich fest. Die Studenten, die an meinen Universitäts- und Fortbildungskursen teilnehmen, berichten von ähnlichen Ergebnissen.

Ich habe den ersten Schritt des *kreativen Schreibens* »Entspannung des ganzen Gehirns« genannt, weil ich davon überzeugt bin, daß es für uns alle notwendig ist, uns zu entspannen, wenn wir unsere eigentliche Gehirnkapazität wirklich restlos entwickeln wollen. Die Forschungen der Greens zeigen, daß in vielen Kulturgemeinschaften seit Jahrhunderten gehirnerweiternde Techniken gepflegt werden. Diese Aktivitäten werden von denen, die sie ausüben, »Meditation« oder »Gebet« genannt. Ich glaube, daß regelmäßige Entspannung, Meditation, oder wie immer Sie es nennen möchten, für jeden, der seine physische, emotionale, geistige und spirituelle Kapazität erweitern möchte, von absolut wesentlicher Bedeutung ist.

Herbert Benson schreibt in *Beyond the Relaxation Response*, Entspannung sei nur dann wirkungsvoll, wenn wir sie mit unseren tiefsten Überzeugungen in bezug auf uns selbst und die Welt verknüpfen. Sind Sie also ein religiöser Mensch, dann wird die Entspannung Ihnen am meisten nützen, wenn Sie es zulassen, daß sie Ihr persönliches Verhältnis zu Ihrem Glauben vertieft. Wenn Sie starke spirituelle Interessen haben, ohne einer bestimmten organisierten Religion anzugehören, dann werden Sie die besten Erfolge erzielen, wenn Sie Ihre Spiritualität im Rahmen Ihrer eigenen meditativen Praxis erforschen. Und wenn Sie einfach nur den Wunsch haben, Ihre Gehirntätigkeit außerhalb jedes religiösen oder spirituellen Kontextes zu erweitern, dann dürfte die reine Entspannung das richtige für Sie sein.

Das kreative Tagebuchschreiben wird Ihnen dabei helfen, jede beliebige körperliche, emotionale, intellektuelle oder spirituelle Fähigkeit nach Wunsch zu vertiefen und weiterzuentwickeln. Jedes Tagebuchschreiben – ob unter Einbeziehung des ganzen Gehirns oder nicht – ist ein sanfter und wohltätig fördernder Akt der Selbsterforschung. Ich habe jahrelang ein Tagebuch geführt, bevor ich die Technik des kreativen Tagebuchschreibens entwickelte, und es hat mir unglaublich geholfen. Ihr Tagebuch kann ein Freund und Vertrauter sein, ein amüsanter und sicherer Ort, an dem Sie entdecken können, wer Sie eigentlich sind, eine Chronik Ihrer allmählichen Fortschritte und ein Anreiz, nach immer tieferer Selbsterkenntnis zu streben.

Das kreative Tagebuchschreiben erhöht diese normale positive Wirkung noch beträchtlich, da Sie dabei lernen, sich tief zu entspannen und das Gefühl totaler Entspannung des Gehirns in den Prozeß des Tagebuchschreibens einzubringen. Je mehr Sie sich vom Streß lösen, desto leichter und flüssiger wird Ihr Schreiben. Sie werden bald alle Schreibhemmungen verlieren, den ganzen Komplex streßbedingter und -bedingender Vorstellungen und Empfindungen, die Ihnen das Gefühl vermitteln, Sie »könnten gar nicht schreiben«. Je mehr Sie sich entspannen, desto bedeutungsloser werden diese Hemmungen, und Sie werden sich schließlich fragen, wie Sie überhaupt jemals Probleme mit dem Schreiben haben konnten.

Die Entspannung des ganzen Gehirns und das kreative Tagebuchschreiben bilden zusammen die Grundlage des Lebens mit dem ganzen Gehirn, das Zweck und Endziel all Ihrer Entspannungs- und Schreibübungen ist. Das Leben mit dem ganzen Gehirn ist ein müheloser und natürlicher Prozeß der Annäherung an die Selbst-Meisterung – ein Prozeß, den Sie bis an Ihr Lebensende weiter erforschen und vorantreiben werden. Sie brauchen dafür »Visionen«, Vorstellungen von Ihrem ganz persönlichen idealen Leben, und dann geeignete Mittel, um Ihre Visionen Wirklichkeit werden zu lassen. Indem Sie sich entspannen und Tagebuch schreiben, formulieren Sie solche Wunschvorstellungen und entwickeln spontan konkrete, praktische Möglichkeiten, sie Tag für Tag auszuleben. Die kreativen Einsichten, die aus der tiefen Entspannung und dem Tagebuchschreiben erwachsen, sind unglaublich aufregend und faszinierend. Alles ereignet sich im ganz privaten Rahmen Ihrer eigenen vier Wände und Ihres Tagebuchs.

Eine positive und wirkungsvolle Veränderung Ihrer Persönlichkeit setzt ein kontinuierlich sich in seiner Gesamtheit erweiterndes Gehirn voraus, das es Ihnen ermöglicht, mit den ständigen Veränderungen in Ihrer Umwelt Schritt zu halten – oder ihnen sogar immer um einen Schritt voraus zu sein. Dieses Buch zielt vor allen Dingen darauf ab, Ihnen dabei zu helfen, nach und nach die vollständige Kapazität Ihres Gehirns zu entfalten.

Zwischen den Erkenntnissen der modernen Gehirnforschung und dem allgemeinen Bewußtsein der unvorstellbaren natürlichen Möglichkeiten unseres Gehirns besteht eine gewaltige Kluft. Immer neue Untersuchungen beweisen, daß mit ausreichendem mentalen Training jeder Mensch einschneidende Veränderungen in sich und seinem Leben bewirken kann. Doch jedesmal, wenn ich meinen Studenten zu Beginn des Semesters das *kreative Schreiben* vorstelle, sagen viele von ihnen, es sei für ganz normale Menschen (wie Sie) schlicht unmöglich, ihr Gehirn in der von mir beschriebenen und im Rahmen des Kurses angestrebten Weise zu erweitern. Meine Antwort ist stets dieselbe: Probieren Sie es aus. Wenn Sie mit Offenheit an die Sache herangehen, wird das kreative Schreiben – Entspannung des ganzen Gehirns und Tagebuchschreiben aus dem ganzen Gehirn – Ihr Leben verändern. Und genau das erleben alle Studenten, die ihr Herz und ihren Geist in den Prozeß einbringen.

Vor einer Generation glaubten einige Menschen, daß jeder von uns über eine ungeheure angeborene Fähigkeit zu wirkungsvoller neurologischer Veränderung verfügt, doch entbehrte dieser Glaube damals noch einer ausreichenden wissenschaftlichen Begründung. Jetzt haben wir eine solche Grundlage. Elmer und Alyce Greens *Beyond Biofeedback*, Joan Borysenkos *Gesundheit ist lernbar*, Barbara Browns *Supermind*, Jean Houstons *Der mögliche Mensch* und *Lebenskraft*, John Lillys *Der Scientist* und *Der Dyadische Zyklon*, David Loyes *Die Sphinx und der Regenbogen*, Joseph Chilton Pearces *Magical Child Matures*, Russell Targs und Keith Hararys *Jeder hat ein drittes Auge*, Michael Hutchisons *Megabrain*, Melanie Browns *Attaining Personal Greatness*, Robert Ornsteins und David Sobels *The Healing Brain*, Ned Herrmanns *The Creative Brain*, Marilyn Fergusons *Brain/Mind Bulletin*, *Geist und Evolution* und viele, viele andere Bücher und Artikel zeigen uns, daß nur der Himmel uns eine Grenze setzt. Wir beginnen zu erkennen, wie groß unsere angeborene Fähigkeit ist, durch Erweiterung unserer Gehirnkapazität unser ganzes Leben zu verändern.

Als ich sagte, daß meine Studenten ihr Herz und ihren Geist in die tiefe Entspannung und das kreative Schreiben einbringen, meinte ich das ganz wörtlich. Wenn wir das Gehirn mit einem Computer vergleichen – in Kapitel 1 werde ich zeigen, daß ersteres das weitaus komplexere Gebilde ist –, dann könnten wir sagen, daß Herz und Geist als dessen zwei Programmierer fungieren. Indem wir wirkungsvolle Methoden entwickeln, Herz und Geist zu »meistern«, verändern wir unser Gehirn. John Lilly hat dies bereits in den fünfziger Jahren durch eine Reihe von Experimenten nachgewiesen. Sowohl er als auch weitere Wissenschaftler gerieten jedoch in ernsthafte Schwierigkeiten, als sie versuchten, ihr Leben ohne Einbeziehung des Herzens zu verändern – ohne also gleichzeitig ihre Liebesfähigkeit zu entwickeln.

Jahrelang habe ich versucht, meinen Geist zu benutzen, ohne zugleich mein Herz zu öffnen; dies bereitete auch mir eine große Menge Probleme. Das ist der Grund, warum das Herz beim kreativen Schreiben – und in diesem Buch – eine so zentrale Rolle spielt. Sie werden sowohl an den Geschichten aus meinem Leben und dem Leben meiner Studenten sowie unseren Tagebucheinträgen als auch durch eigene Erfahrung erkennen, daß Herz und Geist – sofern sie zusammenarbeiten – tatsächlich das Gehirn neu strukturieren. Je weiter diese Umstrukturierung fortschreitet, desto mehr Bereiche Ihres Lebens verändern sich in positiver und eindrucksvoller Weise.

Mit Hilfe dieses Buches werden Sie lernen, wie Sie diese Umstrukturierung durch eine der aufregendsten Entdeckungen der heutigen Gehirnforschung erreichen können: durch die totale Synchronisierung des Gehirns. Synchronisierung ist die Vereinheitlichung und Harmonisierung aller Teile des Gehirns, das Auffinden und Erfahren des Lebensstromes, des natürlichen Rhythmus, der uns jedesmal zu Gebote steht, wenn wir unser uneingeschränktes Potential »anzapfen«. Indem Sie lernen, diese Einheit bewußt und willentlich herbeizuführen, beginnen Sie, mit dem ganzen Gehirn zu leben und erreichen den Zustand, den die Neurologen als »Synchronizität« bezeichnen. Die Synchronisierung ist ein Akt – ein willentlich ausgeführter Vorgang der Entspannung, des Tagebuchschreibens oder jeder anderen synchronisierenden Tätigkeit, die Sie noch lernen mögen. Die Synchronizität ist der Zustand, der durch solche Akte herbeigeführt wird.

Die Synchronisierung verdoppelt augenblicklich die Leistungsfähigkeit unseres Gehirns. Michael Hutchison beschreibt, wie sich die Meditation auf die zwei Hemisphären des neuen Gehirns auswirkt:

> Wissenschaftliche Untersuchungen mit Meditierenden haben ergeben, daß, wenn die Versuchspersonen einen Zustand großer Bewußtheit und intensiver geistiger Klarheit erreichen, ihre zwei Hirnhälften – die normalerweise Wellen unterschiedlicher Frequenz und Amplitude erzeugen – synchronisiert werden, beide also dieselben Gehirnwellen erzeugen. Es ist wichtig, sich bewußt zu machen, in welcher Beziehung die Wellenmuster der zwei Hemisphären zueinander stehen können. Es ist durchaus möglich, zwei identische, aber nicht synchronisierte Wellenmuster zu haben – daß also der Scheitelpunkt der einen Welle mit dem Tiefstpunkt der anderen zusammenfällt. In einem solchen Falle heben sich die zwei Frequenzen gegenseitig auf, und die Amplitude nimmt beträchtlich ab. Wenn andererseits die jeweiligen Höchstpunkte der zwei Wellenmuster sich exakt überlagern, dann wirkt sich dies so aus, als *kombinierten* sich die Amplituden der zwei Wellen – sie fügen sich zu einer neuen Wellenform zusammen, welche die doppelte Höhe der ursprünglichen besitzt – mit anderen Worten: ihre Amplitude wird verdoppelt. Wenn also die Gehirnhemisphären synchron arbeiten, steigt die Amplitude des Wellenmusters in der gesamten Hirnrinde sehr stark an.

Indem wir lernen, in einem Zustand der Synchronizität zu leben, verwandelt die zunehmende Leistungsfähigkeit unseres Gehirns unser Leben mehr und mehr. Dr. Lester Fehmi, Leiter des *Biofeedback Research Institute* in Princeton, schilderte in einem Gespräch mit Hutchison, in welcher Weise sich die Synchronisierung der Gehirnhälften auf unsere Erfahrung auswirkt: »Wir sind dabei stärker gefühlsmäßig beteiligt – in harmonischem Einklang mit der Erfahrung *ist* man die Erfahrung –, und der Umfang unseres Bewußtseins wird beträchtlich erweitert, so daß wir viel mehr Erfahrungen auf einmal haben können. Es findet dabei eine sinnliche Integration statt, die das gesamte Gehirn einbezieht, und wir scheinen unsere Selbst-Befangenheit zu verlieren und eher intuitiv zu funktionieren.«

Wenn die Synchronisierung des Gehirns eine so starke integrierende Wirkung auf uns ausübt – warum erleben die meisten von uns sie dann so selten? Hutchison zieht in seinem Buch *Megabrain* eine Analogie zu Hilfe, um uns zu veranschaulichen, warum es sich so verhält. Stellen wir uns vor, wir seien alle sehr leistungsfähige Sportwagen, die aufgrund gesellschaftlich und kulturell bedingter Konditionierung »glauben«, sie besäßen einen einzigen Gang – nämlich den ersten. Dementsprechend fühlen wir uns die meiste Zeit – und insbesondere, wenn wir einmal wirklich losbrausen möchten – frustriert, so, als hielte uns jemand oder etwas zurück. Die Ironie dabei ist, daß wir uns selbst zurückhalten. Sobald wir aber erkennen, daß wir in Wirklichkeit über fünf Vorwärtsgänge verfügen und uns selbst gestatten, im richtigen Augenblick in den richtigen Gang zu schalten, können wir uns mit der größten Leichtigkeit von einer Situation zur nächsten bewegen. Wir sind dann synchronisiert.

Jeder von uns hat schon mehrmals diese Synchronizität erfahren, bei der uns alles fast oder buchstäblich völlig mühelos, »wie von selbst« gelingt. Als Kind war ich als Baseballspieler eher unterer Durchschnitt, wenngleich ich mir durchaus Mühe gab (mein Vater war Trainer). Doch es gab einzelne Gelegenheiten, da war ich einfach Spitze. An ein Spiel kann ich mich besonders gut erinnern: Jedesmal, wenn ich am Schlagen war, habe ich den Ball so weit ins Außenfeld gejagt, daß ihn niemand mehr bekam, und als Fänger habe ich mir nicht einen einzigen Ball entgehen lassen. Ich war total synchronisiert. Nichts und niemand konnte mich aufhalten.

Wirklich große Athleten beherrschen die Kunst, sich während der Ausübung ihrer bestimmten Sportart bewußt in einen Zustand der Synchronizität zu versetzen. Doch was geschieht, wenn sie die Arena verlassen? Die meisten von ihnen leben keineswegs so wie sie spielen!

Indem Sie lernen, Ihr Gehirn während einer Entspannungsübung zu synchronisieren, werden Sie bald imstande sein, zu spüren, wie Sie mehr und mehr in Ihrer Synchronisierung fortschreiten. Es wird ein Gefühl sein, als erschüfen Sie sich inmitten eines Meeres, das oft genug stürmisch wirkt, eine Insel des Friedens und der Freude. Dann werden Sie lernen, in diesem Gefühl der Synchronizität Tagebuch zu schreiben. Das ist eine weitere Insel. Und dann werden Sie merken, daß Sie irgendeine Einsicht aus Ihren Aufzeichnungen in einen bestimmten Bereich Ihres Lebens einbringen. Mit einem Male wird dieser Bereich synchronisiert sein – noch eine weitere Insel. Schritt für Schritt werden Sie sich mehr und mehr solche Inseln erschaffen, und schließlich beginnen die Inseln zum Festland zu werden.

Die Inseln sind Ihre einzelnen synchronisierenden Akte, das Festland Ihr durchgehaltener Zustand der Synchronizität. Sie werden sich *vollständig* fühlen, durch und durch lebendig – und zwar die meiste Zeit über. Sicher, Sie werden diese Synchronizität immer wieder verlieren, doch Sie werden sich auch mehr und mehr in der Kunst vervollkommnen, mit dem ganzen Gehirn zu leben, willentlich wieder aufs Festland zu treten.

Willentlich ist dabei der Schlüsselbegriff. Als ich damals dieses wunderbare Baseballspiel lieferte, fühlte es sich so an, als fiele es mir zu, keineswegs aber, als hätte ich mich willentlich dazu entschlossen. Bei vielen meiner Studenten ist die erste Reaktion die: »Ja, Synchronizität ist durchaus möglich. Jeder hat mal einen guten Tag. Aber genauso hat jeder auch seine schlechten Tage. *Darauf* hat niemand den geringsten Einfluß.« Dieses Buch hilft Ihnen, ein Meister der Synchronisierung zu werden.

Eine Synchronisierung findet dadurch statt, daß Sie lernen, die Frequenz ihrer Gehirnwellen herabzusetzen und diese Wellen in alle Bereiche Ihres Gehirns ausstrahlen zu lassen. Wie ich in Kapitel 1 ausführlicher darlegen werde, bewegt sich immer, ob wir wachen oder schlafen, eines von vier bestimmten Wellenmustern durch unser Gehirn – in absteigender Reihenfolge ihrer Frequenz (Schwingungen pro Sekunde): Beta-, Alpha-, Theta- und Deltawellen. Im Wachzustand bleiben wir die allermeiste Zeit in Beta – eine Gehirnwelle, die auf die Dauer zu Streß und verminderter Kreativität führt. Je mehr wir uns entspannen und uns kreativen Tätigkeiten widmen, desto mehr verlangsamen wir unsere Gehirnwellen, die sich dann im Bereich von Alpha-Mitte bis Theta-Mitte bewegen. Delta ist das niederfrequenteste Wellenmuster; wir erreichen es im Tiefschlaf.

Ich schreibe mir die Seele frei wird Ihnen dabei helfen, sich mehr und mehr von Ihrer bisherigen »Beta-Fixierung« zu befreien und in den entspannteren und kreativeren Alpha- und Theta-Zustand zu gelangen. Durch bildliche Vorstellung und Affirmationen, und indem Sie Ihre spezifischen emotionalen und körperlichen Reaktionen auf den unteren Alpha- und den Thetawellenbereich erkennen lernen, werden Sie bald imstande sein, Ihr ganzes Gehirn in diesen Frequenzen zu synchronisieren.

Die Entspannungsübungen werden Ihnen dabei helfen, sich Ihres »synchronisierten Selbst« bewußt zu werden, jenes Harmonie-Potentials, das stets in Ihrem Inneren gegenwärtig ist. Beim Tagebuchschreiben werden Sie lernen, dieses Selbst aufzurufen und dadurch Zugriff auf Bereiche besonderer Klarheit in Ihrem Inneren zu bekommen, in denen eine ungeheure Fülle von Informationen gespeichert ist. Ziel dieses Buches ist es, Ihnen den Zutritt zu Ihrem synchronisierten Selbst zu erleichtern und Ihnen zu helfen, einen immer größeren Teil Ihres Lebens *als* dieses Selbst zu erleben.

Das »ganze Gehirn«, von dem schon wiederholt die Rede war, besteht nicht nur aus den zwei Hemisphären des neuen Gehirns. Wie Dr. Paul MacLean in seiner bahnbrechenden Studie *A Triune Concept of the Brain* schreibt, besteht das Gehirn aus drei klar voneinander unterschiedenen Teilen:

Die vielleicht aufschlußreichste Entdeckung auf dem Gebiet der Erforschung des menschlichen Gehirns ist die Tatsache, daß der Mensch Struktur und Organisation dreier grundsätzlicher Typen ererbt hat. (. . .) Es muß mit dem größten Nachdruck betont werden, daß diese drei Elementar-Gehirne sehr große strukturelle und biochemische Unterschiede aufweisen. Dennoch müssen sie aufeinander einwirken und als ein einziges *dreieiniges* Gehirn zusammenarbeiten. Das Wunderbare dabei ist, daß die Natur es fertiggebracht hat, die drei miteinander zu verknüpfen und überhaupt eine wie auch immer beschaffene Kommunikation zwischen ihnen einzurichten. Das »alte Gehirn« (oder »Reptilienhirn«) ist für die meisten physischen Funktionen und gewohnheitsmäßigen Verhaltensweisen verantwortlich. MacLean verwendet in diesem Zusammenhang den Freudschen Begriff des *Wiederholungszwangs*, um die

Tatsache zum Ausdruck zu bringen, daß es wahrscheinlich eben dieser Teil des Gehirns ist, der uns dazu zwingt, dieselben Dinge immer und immer wieder zu tun. Er schreibt: Das Reptilienhirn scheint ein Sklave des Präzedenzfalles zu sein. Seine Auswirkung auf das Verhalten wird durch die Neigung des Reptils veranschaulicht, umständliche, aber erprobte Wege zu benutzen oder nach einem sehr strikten und unveränderlichen Programm zu handeln. Solche Gewohnheiten scheinen, was die Überlebenschancen des Individuums angeht, einen gewissen Wert zu besitzen; sie legen somit die Frage nahe, inwieweit das Gegenstück des Reptilienhirns beim Menschen für dessen »Präzedenz-Hörigkeit« oder Hochachtung vor dem Hergebrachten im Zusammenhang mit feierlichen Ritualen, religiösen Überzeugungen, juristischen Verfahrensfragen und politischen Ansichten verantwortlich ist. (. . .) Zusammenfassend können wir sagen, daß das Reptilienhirn sich so verhält, als stehe es unter dem neurotisierenden Einfluß eines ererbten Über-Ichs. . ., da ihm die geeignete neurologische Organisation fehlt, die es ihm ermöglichte, zu lernen und sich geänderten Verhältnissen zweckmäßig anzupassen.

Zweifellos sind Gewohnheiten für uns von erheblichem Nutzen; doch wenn zuviel von unserem Denken und Handeln zur eingefahrenen Routine wird, verlieren wir unsere Fähigkeit, uns auf neue Situationen einzustellen.

Das Mittelhirn (auch »altes Säugerhirn« oder »limbisches System« genannt) ist der Sitz einer Anzahl körperlicher Funktionen sowie des Gedächtnisses, der Empfindungen, der Willenskraft und der Liebe. Es ist außerdem das lebenswichtige Bindeglied zwischen dem alten und dem neuen Gehirn. Das Mittelhirn kann uns zwar nicht aus eigener Kraft auf die höchste Stufe unserer Entwicklung führen; doch kann diese Entwicklung ohne die starken Gefühlszustände, die mit diesem bestimmten Bereich unseres Gehirns assoziiert sind, unmöglich erfolgen.

Das neue Gehirn (Neocortex oder »neues Säugerhirn«) ist mit seinen zwei Hemisphären der größte Teilbereich des menschlichen Gehirns. Wie MacLean schreibt, »scheint es durch Veränderung zu gedeihen«. In der Regel werden (gesprochene und geschriebene) Sprache und rationales Denken mit der linken, Kreativität und Intuition mit der rechten Hemisphäre in Verbindung gebracht.

Jede Aktivität des neuen Gehirns setzt das Vorhandensein gut entwickelter neurologischer Verbindungen voraus, die vom alten Gehirn durch das Mittelhirn in die rechte und von da in die linke Hemisphäre führen. Forschungsergebnisse, mit denen sich Joseph Chilton Pearce in *Magical Child Matures* auseinandersetzt, deuten darauf hin, daß viele von uns diese notwendigen Verbindungswege nicht ausreichend entwickelt haben, wodurch der natürliche Reifungsprozeß unseres Gehirns nur unvollkommen vonstatten gegangen ist.

Pearce beschreibt, wie dieser Reifungsprozeß in den ersten sieben Lebensjahren erfolgt:

Das erste Jahr des menschlichen Lebens ist dem vom alten Gehirn regulierten körper-sinnlichen System gewidmet. Gleichzeitig ist sicherlich auch eine vollkommene Synchronizität mit dem Mittelhirn erforderlich, doch der Schwerpunkt des kleinkindlichen Bewußtseins ist entschieden sensomotorisch oder reptilisch. Sobald dieses sensomotorische Gehirn eingerichtet und funktionsfähig ist, erweitert sich der Brennpunkt des Bewußtseins dahingehend, daß ein gleiches Ausmaß an Aufmerksamkeit auch das Mittelhirn erfaßt. (...) Etwa im Alter von vier Jahren ist die Strukturierung des Wissens um die materielle Welt, der Sprache und des von der Welt unterschiedenen Ichbewußtseins des Kindes zu achtzig Prozent abgeschlossen. Es findet dann eine weitere Verlagerung des Bewußtseins statt, diesmal in das neue Gehirn, was die Möglichkeit zur Herausbildung des Intellekts als eines selbständigen Vermögens gibt. (...) Etwa zwischen dem vierten und dem siebten Lebensjahr ist das kindliche Ich gleichmäßig auf die drei Gehirne verteilt. Es hat ein Selbstbewußtsein als Körper, als Empfindungs- und als intuitiv denkendes Zentrum. Die wichtigste Aufgabe der Entwicklung besteht hier darin, dieses dreischichtige System des Vierjährigen in einen Zustand vollkommener Synchronizität zu überführen. (...) Diese Periode vom vierten zum siebten Lebensjahr ist der großartigste Teil der Kindheit, eine Phase, in der ein vollkommenes Gleichgewicht zwischen Körper, Geist und Gefühlen erreicht wird. Das ist der paradiesische Zustand, der Garten Eden, aus dem das Kind, etwa mit sieben, zwangsläufig vertrieben wird: denn ungefähr in diesem Alter zieht sich das Bewußtsein von unseren urtümlichen und elementaren Unter-Gehirnen zurück.

Dieser »Rückzug« führt zum Geist hin, der zwar für seine gesunde Entwicklung stets vom Gehirn abhängig bleibt, doch gleichzeitig auch eine gewisse Selbständigkeit von diesem erreicht. Wenn sie synchronisiert sind, unterstützen sich Geist und Gehirn gegenseitig; wenn nicht, treten störende, unterbrechende Faktoren auf, die den Reifungsprozeß des Gehirns und die geistige Entwicklung beeinträchtigen.

Wie Pearce betont, brauchen wir *soziale Bindungen*, um unser ganzes Potential entwickeln zu können. »Die Herstellung von Bindungen«, wie er erklärt, »ist eine instinktive Funktion, die von unserem Mittelhirn aus – oder durch dieses hindurch – geleitet wird. Sie läuft in jeder Kulturgemeinschaft im wesentlichen nach demselben Muster ab, und solange sie nicht behindert wird, wird sie sich, wie etwa die Atmung, stets manifestieren. (. . .) Das Binden ist . . . ein biologischer Vorgang. Eine wesentliche Komponente dabei ist die direkte, physische Verbindung, die unser Mittelhirn mit unserem klopfenden Herzen verknüpft. (. . .) Das Aktionszentrum des ›sozial gebundenen‹ Menschen liegt in seinem Herzen, dem Gefühlszentrum des Mittelhirns.«

Unsere moderne Industriegesellschaft behindert und unterbricht leicht den natürlichen Bindungsprozeß zwischen Mutter und Säugling, Familie und Kind sowie innerhalb größerer, unpersönlicher Gemeinschaften. Und ohne soziale Bindungen können unser Gehirn und unser Geist nicht ordnungsgemäß funktionieren. Wir beginnen dann, wie Pearce es nennt, uns *anzuklammern*: »Ein Anklammern tritt dann auf, wenn nach der Geburt keine Bindung zustande kommt. Es kann auch zu jedem anderen Zeitpunkt auftreten, an dem die fortwährende Folge von Bindungen, die unsere Entwicklung ausmachen, nachhaltig unterbrochen wird. Das Anklammern leitet sich aus bestimmten Prozessen im alten Gehirn und den untersten Bereichen des Mittelhirns ab, und dies hat zur Folge, daß der sich anklammernde Mensch nur mittels spezifischer, deutlicher körperlicher Signale interagieren kann.«

Dem sich anklammernden Menschen fehlt der innere und äußere Zusammenhang. Die körperlichen Funktionen des urtümlichen alten Gehirns setzen sich weiter fort, und ab dem siebten Lebensjahr entfaltet sich aus dem neuen Gehirn der selbständige Geist. Doch insbesondere das »sozial gebundene« emotionale Bewußtsein des Mittelhirns und die Kreativität der rechten Hemisphäre sind bei ihm nur sehr schwach ausgebildet. Glücklicherweise können wir unser ganzes Gehirn entwickeln, indem wir das alte Gehirn mit dem Mittelhirn und, von der rechten zur linken Hemisphäre, mit dem neuen Gehirn verbinden.

Durch die Entspannung des ganzen Gehirns und das kreative Tagebuchschreiben können wir diese Verbindungen stärker herausbilden und verfestigen. Wenn wir uns tief entspannen, erreichen wir einen Zustand körperlicher und emotionaler Harmonie. Wir können die wichtigsten Nervenbahnen, die unsere drei Gehirne miteinander verbinden, regelrecht spüren. Tagebuchschreiben, auch ein körperlicher und emotionaler Prozeß, verknüpft die kreative rechte Hemisphäre mit den für Sprache und höheres Denken verantwortlichen Zentren der linken. Indem wir uns entspannen und kreativ schreiben, lernen wir, mit dem ganzen Gehirn zu leben, wodurch es auch in unserem alltäglichen Leben synchron bleibt.

Ich glaube, daß Ihnen ein paar »Fallgeschichten« besser als alle Theorie veranschaulichen können, wie dieser Prozeß abläuft. Ich will mit mir selbst beginnen. Mein Leben als Student, Dozent und engagierter Bürgerrechtler ist sehr befriedigend und erfolgreich verlaufen – ein Doktortitel von Harvard, seit 1968 eine feste Anstellung an der Universität mit Lehr- und Forschungsaufgaben, jahrelange Aktivitäten in verschiedenen Bürgerinitiativen; doch im privaten Bereich sah die Sache, um ehrlich zu sein, längst nicht so erfreulich aus. Erst als ich 1974 anfing, ein Tagebuch zu führen und 1981 eine ganz neue Methode der Entspannung und des Tagebuchschreibens entwickelte, leitete ich bei mir den Prozeß der Selbst-Meisterung ein.

Im Jahre 1974 stürzte ich mich regelrecht ins Tagebuch-schreiben, weil ich unglücklich war und irgend etwas brauchte, um all die aufgestauten Gefühle aus mir herauszulassen. Es funktionierte ganz ausgezeichnet. Jedesmal, wenn ich schrieb, fühlte ich mich schon binnen weniger Minuten besser. Ich war damals von Bloomington nach Fort Wayne umgezogen, vom südlichen ins nördliche Indiana, meine Scheidung war gerade in vollem Gange, und auch beruflich machte ich eine größere Umstellung durch: Nach einer eher forschungsorientierten Tätigkeit an einer normalen Universität arbeitete ich nun vornehmlich als Dozent an einer weiterführenden Hochschule für Erwachsene. Meine Kinder wuchsen heran und waren nicht mehr bereit, jedes Wort von mir widerspruchslos zu akzeptieren. Ich begann allmählich einzusehen, daß äußerer Erfolg – ob an der Universität oder in der Protestbewegung gegen den Vietnam-Krieg – nicht reicht, um uns glücklich zu machen.

Es war frustrierend. Solange ich Tagebuch schrieb, lehrte oder joggte, fühlte ich mich großartig; der Rest meines Lebens aber wollte ganz und gar nicht klappen. Es war mir klar, daß ich unmöglich *ununterbrochen* Tagebuch schreiben, unterrichten oder laufen konnte. 1981 erlitt ich eine zweite Scheidung – und das meine ich wörtlich. Beim ersten Mal war es mir einfach nicht bewußt gewesen, was ich brauchte. Jetzt begann ich zu begreifen, daß sich irgend etwas in mir ändern mußte. Nachdem ich diesen quälenden Zustand sechs Monate lang ertragen hatte, ging ich zu einem Workshop über sexuell mißbrauchte Kinder und hörte dort die anschauliche und detaillierte Beschreibung eines Sexualverbrechens an einem siebenjährigen Jungen. Kaum hatte ich den Workshop verlassen, brach ich in Tränen aus und weinte die nächsten drei Wochen fast ununterbrochen. Ich wurde mit sieben Jahren selbst sexuell mißbraucht, und nun schaffte ich es einfach nicht mehr, den Schmerz, der sich in mir aufgestaut hatte, weiter zu unterdrücken.

Es tat mir gut, so zu weinen. Immer neue Wogen der Erleichterung und Befreiung durchströmten mich, und ich spürte, daß ich mich innerlich darauf vorbereitete, in eine neue Phase meines Lebens zu treten – ich wußte nur nicht, wie. Ich beschloß, beim Tagebuchschreiben zu fragen, wie mein nächster Schritt aussehen sollte. Die Antwort war klar: Ruf Conrad Satala an (ein Freund von mir, der als Berater praktiziert) und laß dir einen Termin für eine Sitzung geben. Er entwickelte damals gerade eine neue Entspannungstechnik, und ich hatte das Gefühl, die Sache könnte mir irgendwie helfen.

Das war der Beginn beträchtlicher Veränderungen in meinem Leben. Während unserer ersten Sitzung fragte er mich, was mich glücklich macht. Ich sagte: »Nicht viel. Nur Tagebuchschreiben, Laufen und Unterrichten.« Er lachte und meinte, das sei eine sehr gute Ausgangsbasis. Er schlug mir vor, von nun an jedesmal, bevor ich lief, Tagebuch schrieb oder unterrichtete, eine Entspannungsübung zu machen. »Aber was ist mit meinen Problemen?« fragte ich. Er antwortete: »Konzentriere dich nicht darauf. Fang mit dem an, was funktioniert, und du schaffst dir eine Grundlage, auf der du dich mit allem, was dich ärgert, auseinandersetzen kannst.«

Er führte mich dann sofort durch eine Entspannungsübung, und es war eine sehr befriedigende Erfahrung. Die ersten paar Male hatte ich einige Schwierigkeiten, mich allein zu entspannen, doch bald hatte ich den Dreh raus. Und jedesmal, wenn ich eine meiner drei Lieblingstätigkeiten mit der Entspannung verquickte, lief sie besser als jemals zuvor.

Es war Conrad, der mir einen ersten Begriff von der Synchronisierung vermittelte. Er sagte: »Sobald wir imstande sind, die langsameren, synchronisierten Gehirnwellen ohne größere Mühe zu spüren, können wir jedes Problem, das uns beschäftigt, dadurch transformieren, daß wir es in den Einflußbereich dieser Wellen überführen. Es hat keinen Sinn, vor unseren Problemen weglaufen zu wollen, indem wir uns vormachen, alles sei prima, wenn es das nicht ist – oder zu versuchen, sie zu lösen, solange wir nicht synchronisiert sind. Je mehr Synchronizität wir spüren, desto besser können wir uns mit jedem Problem auseinandersetzen und es in unserem Herzen für immer zur Ruhe bringen.«

Er erklärte mir, daß es zwei Wege gibt, auf denen wir diesen Zustand erreichen können: Wir können entweder einfach zulassen, daß es im gegenwärtigen Augenblick geschieht, oder aber uns eine vergangene Situation ins Gedächtnis zurückrufen, in der wir Frieden und Harmonie erfahren haben. Für manche Menschen ist es am hilfreichsten, sich auf die Gegenwart zu konzentrieren; für andere, sich diese einstige Empfindung von Harmonie zu vergegenwärtigen. Doch welchen Weg wir auch wählen – sobald wir es einem Problem gestatten, in die synchronisierten Gehirnwellen hinabzusinken, wird es in einen Zustand des Friedens überführt.

Ich mochte Conrad sehr gern und ich fühlte mich immer besser, je größere Fortschritte ich in der willentlichen Entspannung machte – aber was er mir da über problem-transformierende synchronisierte Gehirnwellen erzählte, war mir schlicht unverständlich. Während unserer zweiten oder dritten Sitzung sagte Conrad: »Machen wirs einfach. Hast du irgendwelche Probleme, die du lösen möchtest?« Nun, sicher, dachte ich, bei mir ist überhaupt nichts in Ordnung, und ich erzählte ihm von einem Gefühl des Zorns, das ich einfach nicht loswerden konnte. Er sagte, er würde mich durch eine Entspannungsübung führen, bis ich ein tiefes Gefühl des Friedens erfahren würde. »Du wirst dir dann des Zorns bewußt werden und diesem Gefühl gestatten, sich in den Bereich der Alpha- und Thetawellen, die du deutlich spüren wirst, zu verlagern. Der Zorn wird transformiert werden, und du wirst dich schließlich sogar noch besser fühlen als zu Beginn der Übung.« Ich weiß noch, wie ich dachte: »Conrad spinnt.« Ich sagte: »Okay, Conrad, ich bin dabei.«

Wir machten es also, und es funktionierte! Nicht nur, daß ich mich während der einleitenden Entspannungsübung in Hochstimmung fühlte – sobald ich den Zorn in die deutlich spürbaren synchronisierten Wellen überführte, erlebte ich einen mir bislang völlig unbekannten Zustand des Friedens. Der Zorn wurde in Frieden verwandelt. Ich erreichte gleichzeitig meine erste vollkommene Erfahrung von Entspannung und freudiger Erregung. Ich verstand das eigentlich nicht, doch das war auch gar nicht nötig. Ich wußte, ich war in eine neue Phase meines Lebens getreten, und ich wußte, ich würde nie wieder umkehren.

Während ich die drei Schritte des *Kreativen Schreibens* – entspannen, Tagebuch schreiben, in einer neuen Weise leben – für mich selbst entwickelte, entdeckte ich immer wieder aufs neue, daß Synchronisiertsein der einfachste, direkteste

Weg ist, um mein ganzes Potential auszuleben. Wann immer ich verwirrt oder unglücklich bin, brauche ich nichts anderes zu tun, als mein Gehirn zu synchronisieren. Sobald das geschehen ist, fühle ich mich besser, und das emotionale Problem löst sich ganz von selbst. Die regelmäßige Begleiterscheinung der Synchronizität ist ein natürlicher Überfluß an Frieden, Freude und schöpferischer Energie.

Als das *kreative Schreiben* Grundlage meines ganzen Lebens geworden war, fühlte ich mich imstande, es anderen Menschen beizubringen. Ich wurde Berater für kreative Entspannung, und ich lehre seitdem Entspannung und kreatives Schreiben an der Universität.

Ich möchte Ihnen von zwei Fällen berichten, die deutlich machen, wie andere Menschen sich diesen Transformationsprozeß zu Herzen genommen haben. Die erste Geschichte handelt von Tim (ich ändere immer Namen und Einzelheiten in den Geschichten meiner Studenten und Klienten, um ihre Anonymität zu wahren), einem großen, kräftigen, etwa fünfundzwanzigjährigen Burschen, der seit seinem Oberschulabschluß auf dem Bau gearbeitet hatte. Ich fragte jeden Studenten einzeln, warum er oder sie meinen Grundkurs in englischer Stilkunde belegt hatte. Tims Antwort war kurz und bündig: »Es ist ein Pflichtkurs.« Ich fragte, was er sich vom Kurs versprach. Seine Antwort: »Eine Drei, vielleicht auch eine Zwei.« Er erklärte, er sei als Schüler nie gut in Englisch gewesen und er glaube nicht, daß er imstande sei, »diesen ganzen Gehirnkram« zu lernen.

Er war einer der ersten, die die Entspannung des ganzen Gehirns erlernten, doch der Übergang zum kreativen Tagebuchschreiben bereitete ihm Schwierigkeiten. Nach der zweiten Veranstaltung kam er zu mir ins Büro und sagte, er fühle sich beim Schreiben einfach unsicher. »Nicht nur Tagebuch. *Jede* Art von Schreiben ist für mich immer eine ganz schön frustrierende Angelegenheit.« Ich fragte ihn, was jetzt, in diesem Moment, das Wichtigste in seinem Leben sei. Er sagte: »Amy. Meine Freundin. Wir wollen im Juni heiraten.« Ich riet ihm, die nächsten fünf Tagebucheintragungen *ihr* zu widmen – aufzuschreiben, was er an ihr mochte, wie er sich ihre gemeinsame Zukunft ausmalte, kurz: was immer ihm zum Thema »Amy« einfiel. Das war der zündende Funke, und von dem Augenblick an wurde seine Prosa im Verlauf des ganzen Semesters von Stunde zu Stunde besser.

Bis er seine erste Erzählung schrieb. Er hatte sich mittlerweile bis auf Zwei plus hochgearbeitet, und wenn er diese letzte Aufgabe gut bewältigte, würde er auf seinem Semesterschein eine Eins bekommen. Alle drückten ihm die Daumen. Wir mochten ihn alle sehr gern, mit seinem strahlenden Lächeln und seinem natürlichen Charme. Ich forderte ihn auf, das Tagebuch nach einer möglichen Geschichte zu »befragen«. Worüber konnte er schreiben, was würde ihm wirklich am Herzen liegen?

Bei unserer nächsten Zusammenkunft kam er in die Klasse gestürmt und konnte es kaum erwarten, seine Erzählung vorzulesen. Er hatte am Vorabend kaum einige Minuten Tagebuch geschrieben, als ihm mit einem Mal bewußt geworden war, daß er das Bedürfnis hatte, von seinem Autounfall zu berichten. Es war an einem Samstagabend vor zwei Jahren passiert. Er war auf dem Weg zu Amy gewesen, um mit ihr auszugehen, hatte sich verspätet. Ein Hund war plötzlich auf die Fahrbahn gerannt, und um dem Tier auszuweichen, war er von der Straße abgekommen und gegen einen Baum gekracht. Er hatte zwei Tage lang im Koma gelegen, dabei aber die ganze Zeit über ein klares Bewußtsein von seiner Umgebung gehabt. Er hatte nur nicht sprechen können.

Die Erzählung war sehr, sehr gut. Er hatte sie zwei Wochen vor dem eigentlichen Abgabetermin vorgelegt und dafür eine Eins bekommen. Er war wirklich stolz auf seine Leistung. In der letzten Stunde des Semesters sagte er mit seinem strahlenden Lächeln: »Ich muß zugeben, es macht mir Spaß zu schreiben. Ich werde mit diesen Entspannungs- und Tagebuchübungen weitermachen. Auch Amy hat damit angefangen, und wir lesen uns gern gegenseitig unsere Eintragungen vor.«

Meine zweite Geschichte handelt von Alice, einer kleinen, starken, stämmigen Frau Anfang Dreißig, die meinen Kurs nach den Weihnachtsferien belegte. Als sich am ersten Tag jeder kurz vorstellte, erzählte Alice, sie sei auf einem Bauernhof aufgewachsen. Sie und ihr Mann seien jetzt selbst Farmer und hätten drei kleine Kinder. Sie sei immer gut in Mathematik gewesen. Jetzt habe sie angefangen zu studieren, um einen

Abschluß in Buchführung zu machen, weil sie hoffte, dadurch mehr Geld zu verdienen, als sie aus ihrer Farm erwirtschaften konnten. Sie hatte miterlebt, wie sich ihre Eltern bei der harten Arbeit auf dem Hof restlos verausgabt hatten, und das sei nichts für sie.

Na gut, dachte ich mir, das wird bestimmt unterhaltsam. Eines der Dinge, die ich an meiner Universität besonders mag, ist die Tatsache, daß ein hoher Prozentsatz der Studenten schon ziemlich erwachsen ist. Das Durchschnittsalter (Lehrkörper ausgeschlossen) liegt bei 27 Jahren. Die älteren Studenten bringen praktische Erfahrung und Reife in die Klasse, die jeden positiv beeinflussen. Den bundesweit am schnellsten wachsenden Bevölkerungsanteil an solchen Fortbildungs-Hochschulen stellen die Frauen über Dreißig dar. Sie haben es satt, sich mit Hausarbeit oder unterbezahlten Jobs abfinden zu müssen. Sie sind fast durchweg ausgezeichnete Studentinnen und stets von Anfang an bereit, für ihre Wünsche und Interessen einzutreten.

Alice bildete diesbezüglich keine Ausnahme. Nachdem ich den Semesterplan vorgestellt hatte, fragte sie: »Warum gibt es in einem Kurs für Stilkunde Entspannungsübungen? Wollen Sie damit sagen, daß wir das fünfmal die Woche durchziehen müssen?« "Ja«, antwortete ich und freute mich darüber, daß jemand schon am allerersten Tag seine Gefühle offen zum Ausdruck brachte. »Wie ich im Semesterplan erklärt habe, müssen Sie wenigstens die ersten zwei Wochen lang wöchentlich fünf Entspannungsübungen durchführen, bevor Sie Tagebuch schreiben. Bislang hat es in meinen Kursen jeder geschafft, die Übungen in dieser Zeit zu lernen. Gelingt es Ihnen nicht, dann können Sie entweder einen anderen Kurs belegen (es gibt 38 vergleichbare Kurse, bei denen keinerlei Entspannungsübungen verlangt werden), oder aber wir überlegen uns gemeinsam eine andere Aufgabe – wenn Sie nach zwei Wochen immer noch das Gefühl haben, daß Entspannung nichts für Sie ist.« Als Alice mich daraufhin ansah, fiel mir wieder ein, wie ich seinerzeit Conrad für einen Spinner gehalten hatte.

Am Ende der ersten Woche zeigten ihre Tagebucheinträge ganz deutlich, daß es bei ihr noch nicht »gefunkt« hatte. Die viele Arbeit im Haus und auf dem Hof – und zusätzlich noch mit ihren Kindern, die gerade in diesen Tagen alle drei krank gewesen waren – hatte ihr einfach keine Zeit zum Entspannen gelassen. Sie hatte sich, weiß Gott, bemüht, doch die Übungen waren für sie nur eine zusätzliche Belastung in einem ohnehin schon hoffnungslos überfüllten Arbeitstag gewesen. In meinen Bemerkungen am Ende ihrer Aufzeichnungen riet ich ihr, sich eine Zeit ihres Lebens ins Gedächtnis zurückzurufen, in der sie nicht so abgehetzt gewesen war; vielleicht würde es ihr gelingen, die einstigen Empfindungen während ihrer Entspannung und des Tagebuchschreibens wieder aufleben zu lassen.

In der zweiten Woche klappte es! Alice war ganz aufgeregt, und die Tatsache, daß sie es trotz ihres anstrengenden Tagesablaufs geschafft hatte, erfüllte sie mit Stolz und frischer Energie. Zum ersten Mal in diesem Semester waren alle drei Kinder gesund, und sie brannte darauf weiterzumachen.

Ein paar Wochen später stieß sie auf das nächste Hindernis. Diesmal war es Bill, ihr Mann. Er zog sich von ihr und den Kindern mehr und mehr zurück. Bei der Hausarbeit – oder »Weiberarbeit«, wie er sie nannte – hatte er ihr auch früher nie geholfen, und jetzt kümmerte er sich nicht einmal um die Kinder, wenn sie in der Uni war oder sich dafür vorbereitete. Wenn sich nicht bald etwas änderte, würde sie den Kurs abbrechen müssen. Sie war richtig wütend. Am Ende der letzten Tagebucheintragung dieser Woche fragte sie, ob ich nicht irgendwelche Vorschläge hätte.

Ich schrieb, daß sie meiner Meinung nach herausfinden müsse, was ihr wichtiger sei: die neue Karriere oder ihre Ehe. Wenn es die Ehe war, dann könne sie ihren Mann bitten, etwas kooperativer zu sein und ihr dabei zu helfen, ihr gemeinsames Leben erfreulicher zu gestalten. War es die Karriere, dann solle sie ihn besser darüber in Kenntnis setzen. Nicht zu wissen, wo ihre Prioritäten lägen, würde zwangsläufig zu einer auf die Dauer unerträglichen Belastung für sie führen.

Im Laufe des Wochenendes verschaffte sie sich mit Hilfe ihres Tagebuchs die Klarheit, die sie brauchte, und teilte Bill ihre Entscheidung mit. Sie wollte die berufliche Karriere. Sie hatte nicht vor, ihr ganzes Leben als Bäuerin und Hausfrau zu verbringen. Es war ihre Farm. Sie hatte sie von ihren Eltern übernommen, und sie wollte gern seine Frau bleiben, wenn er bereit war, seinen Teil beizutragen. Aber die ganze Haus- und die Hälfte der Farmarbeit zu erledigen, allein für die Kinder zu sorgen und nebenbei ein Vollstudium durchzuziehen: Das ging einfach über ihre Kräfte. Sie sagte zu ihm: »Bill, zwing mich nicht dazu, mich zwischen dir und der Karriere zu entscheiden, von der ich mein Leben lang geträumt habe. Wenn es sein muß, verkaufe ich die Farm und laß mich von dir scheiden. Aber viel lieber wäre es mir, wenn du dich dafür entscheiden könntest, hier endlich richtig mitzuarbeiten.« Er sagte, er müsse sich das durch den Kopf gehen lassen, und sie gab ihm eine Woche Bedenkzeit.

Was ich bei Alice mit am aufregendsten fand, war die Tatsache, daß sie ihre Probleme und Gewissenskonflikte nicht nur aufschrieb und Bill zu lesen gab; sie teilte sie auch der ganzen Klasse mit. Dadurch führte sie uns alle auf eine tiefere Ebene emotionaler Ehrlichkeit.

Eine Woche später vertraute sie ihrem Tagebuch und uns wunderbare Neuigkeiten an: Bill hatte sich für ihre Beziehung entschieden, und er hatte beschlossen, sie bei ihrer Entscheidung für eine berufliche Karriere zu unterstützen. Er sagte ihr, er habe befürchtet, sie würde ihn nach Abschluß ihrer Ausbildung verlassen und die Kinder mitnehmen. Jede folgende Woche brachte nun weitere wichtige Veränderungen in ihrem Familienleben mit sich. Sie fingen an, jeden Morgen gemeinsam eine Entspannungsübung durchzuführen, gefolgt von einem stillen Gebet, und sie wurden mit der Zeit wieder Freunde und Liebhaber – was sie seit der Geburt ihrer Kinder nicht mehr gewesen waren. Bill beteiligte sich mehr und mehr an der Betreuung und Erziehung ihrer Kinder und begann sogar, im Haushalt mitzuarbeiten.

An diesen und anderen Geschichten, die ich gelesen und gehört habe, lassen sich bestimmte Tatsachen erkennen, die Ihnen veranschaulichen, wie das *Kreative Tagebuchschreiben* funktioniert:

1. Anfangs sind wir alle skeptisch, was den Nutzen der tiefen Entspannung und des Tagebuchschreibens anbelangt. Anfänger neigen dazu, ihre Wahrnehmung der Wirklichkeit für die *Wirklichkeit selbst* zu halten. Daher scheint es ihnen un-

möglich, daß sich daran groß etwas ändern könnte. Doch – man höre und staune – jeder von uns hat sich geändert: Wir haben auf einmal alles in einem neuen Licht gesehen, haben uns plötzlich ganz anders gefühlt.

Diese Veränderungen in der Wahrnehmung, die sich dann ereignen, wenn wir unsere Gehirnwellen »umschalten«, können eine ziemliche Herausforderung für das in unserer Kultur gültige, konventionelle Weltbild darstellen. Im allgemeinen sind wir alle mit der Vorstellung aufgewachsen, daß es nur *eine* richtige Weise gibt, die Dinge zu sehen. Doch sobald wir gelernt haben, die Frequenz unserer Gehirnwellen zu verändern, wissen wir auch, daß man jede Situation auf mehr als nur eine Weise betrachten kann.

2. Zum *kreativen Schreiben* gehört das schrittweise Erlernen einer Reihe zusammenhängender Methoden, sich zu entspannen und Tagebuch zu schreiben; doch es ist mehr als diese Methoden – es ist eine Lebensweise. Deshalb ist der dritte Schritt dieses Prozesses auch stets das *Leben* mit dem ganzen Gehirn. Es geht darum, die Synchronizität, die wir während der Entspannung des ganzen Gehirns erfahren, auf immer mehr Bereiche unseres Lebens auszudehnen.

Ich habe besonders auf der Universität wiederholt feststellen müssen, daß dieses schwerpunktmäßige Interesse am *Leben* den Anfänger ziemlich verwirrt. Unser modernes Erziehungssystem kann uns allzuleicht zu dem Glauben verleiten, der Lehrer bräuchte nur Techniken, Methoden und konkrete Informationen zu vermitteln, während man es getrost dem Schüler (beziehungsweise Studenten) überlassen könne, diese Inhalte nach eigenem Ermessen auf sein Leben anzuwenden. Durch meine zwanzigjährige Lehrerfahrung bin ich allerdings zu der Überzeugung gelangt, daß der heutige Student nicht besser imstande ist, allein »richtig« leben zu lernen, als ich es seinerzeit gewesen bin. Jeder von uns braucht Hilfe, wenn er Mittel und Wege finden will, sein Leben zu verändern – sei es auf der Universität, zu Hause oder am Arbeitsplatz.

3. Indem wir lernten, uns zu verwandeln, begannen wir allmählich, uns von dieser Mentalität des »Ich kanns nicht« zu

befreien: Wir erfuhren ja immer wieder aufs neue, daß wir sehr wohl können. Das macht unser Leben zu einer beträchtlich spannenderen Angelegenheit. Unsere Grenzen engen uns immer weniger ein. Mit einer neuen Situation konfrontiert, fühlen wir uns anfangs vielleicht noch machtlos. Sehr bald jedoch schalten wir in das Bewußtsein um, daß wir schließlich schon mit anderen Schwierigkeiten fertiggeworden sind. Warum also nicht auch mit dieser?

4. Jeder von uns hat in der Vergangenheit schon mehrmals »synchronisierte Erfahrungen« gemacht und dabei dieses tiefe Gefühl von Frieden und Freude empfunden, auf das wir uns besinnen können, um eine bessere Gegenwart und Zukunft zu erschaffen. Indem wir unser ganzes Gehirn entspannen und Tagebuch schreiben, können wir diese vergangenen Erfahrungen – wie weit sie auch zurückliegen mögen – je nach Bedarf wieder abrufen.

5. Der Schlüssel zur Selbst-Meisterung liegt darin, daß wir uns nicht mehr auf die falschen Dinge konzentrieren: weder auf die anderen (wir können nur uns selbst beherrschen) noch auf unsere Probleme (solange wir uns nicht stark fühlen, erdrücken sie uns nur). Wir entschließen uns einfach immer wieder, uns zu entspannen, Tagebuch zu schreiben und unser Leben auf dieser doppelten Basis der Entspannung und des Schreibens von Grund auf umzugestalten. Schon mit vergleichsweise wenig Übung sind wir imstande, unser ganzes Gehirn immer wieder aufs neue zu synchronisieren.

6. Einer der aufregendsten Aspekte des *kreativen Schreibens* liegt in der Tatsache, daß, je mehr wir uns auf Entspannung, Tagebuchschreiben und Leben mit dem ganzen Gehirn konzentrieren, die Menschen in unserer Umgebung immer mehr das Gefühl bekommen, daß auch sie sich verändern können. Natürlich können wir niemanden außer uns selbst beherrschen. Ich glaube jedoch, daß jeder sich ein besseres Leben wünscht; und wenn wir wirklich spüren, daß ein Mensch, der uns am Herzen liegt, sich positiv verändert, dann schöpfen wir daraus die Kraft und Motivation, uns gleichfalls zu ändern.

Tim und Amy kamen sich näher, wurden einander vertrauter, indem sie sich gegenseitig aus ihrem Tagebuch vorlasen. Als Alice sich bewußter für ihre berufliche Laufbahn entschied und Bill ihre Wünsche und Absichten mitteilte, entschied er sich bewußter für ihre Ehe. Sie konnte ihn nicht verändern. Es war sein freier Entschluß. Doch indem sie ihre Ängste überwand und sich zu dem bekannte, was sie wirklich wollte, fiel es auch Bill leichter, seine Ängste zu überwinden und sich zu dem zu bekennen, was er wirklich wollte.

In den folgenden drei Kapiteln (Erster Teil dieses Buches) werden die drei Schritte des *Kreativen Schreibens* erklärt. Die nächsten drei Teile enthalten Übungskapitel. Die ersten beiden befassen sich mit den »drei Gehirnen« – Mittelhirn, altes Gehirn und neues Gehirn –, wobei deren wichtigste Funktionen jeweils in einzelnen Kapiteln erörtert werden. Der zweite Teil erläutert Funktionen des Mittelhirns und des alten Gehirns – Gedächtnis, Gefühle, Willenskraft, Liebe und Körpersinne. Im dritten Teil werden Sie sich auf verschiedene Funktionen des neuen Gehirns konzentrieren – Überzeugungen ändern, Projektionen loslassen, Lebensgeschichten schreiben und umschreiben, Intuition in Tag- und in Nachtträumen entwickeln.

Der vierte Teil, »Synchronizität des ganzen Gehirns mit der ganzen Welt«, hilft Ihnen dabei, die in erster Linie innere Entwicklung, die Sie im zweiten und dritten Teil durchgemacht haben, auf die Außenwelt zu übertragen. Sie werden lernen, wie Sie mit Ihrer näheren und weiteren Umgebung harmonischer leben können – mit Ihren nächsten Angehörigen und Freunden, Ihren Arbeitskollegen, an Ihrem Wohnort, in Ihrem Land, mit der gesamten Menschheit, der Erde, ja mit dem ganzen Kosmos.

Erster Teil

Die drei Schritte

Erster Schritt:
Entspannung des ganzen Gehirns

Die größte Aufgabe jeglicher Erziehung besteht darin, das
Nervensystem – statt zu unserem Feind – zu unserem Ver-
bündeten zu machen.
William James

Wir sind bereits vollkommen – unser Wesenskern ist friedvoll und unversehrt. Die Tätigkeit des Heilens besteht darin, die hemmenden Hüllen – Ängste und Konditionierun-
gen aus der Vergangenheit – abzustreifen, die uns daran
hindern, ein Bewußtsein von unserer wahren Natur, die
Ganzheit und Liebe ist, zu gewinnen. Ein Bildhauer, der
eine hervorragend gearbeitete Skulptur eines Elefanten
geschaffen hatte, wurde einmal nach dem Geheimnis seiner Kunst gefragt. Er antwortete, er habe lediglich vom
Stein all das weggemeißelt, was nicht der Elefant war. Die
Kunst, für den Körper zu sorgen und den Geist auszubes-
sern, ist der seinen vergleichbar: Indem wir alle Zweifel
und Ängste wegmeißeln, bringen wir unseren angeborenen, ureigensten Kern inneren Friedens zum Vorschein.
Und die Ent-Deckung des friedvollen inneren Kerns gibt
wiederum dem Körper seine eigentliche Unversehrtheit
zurück.
Joan Borysenko: *Gesundheit ist lernbar*

Sie können lernen, sich tief zu entspannen, was auch immer
gerade um Sie herum vorgeht, Ihr ganzes Gehirn immer müheloser und weitergehend zu synchronisieren. Der erste
Schritt bei diesem Prozeß besteht darin, die Entspannung des
ganzen Gehirns in der sicheren und vertrauten Umgebung
Ihrer eigenen vier Wände, mit einem Mindestmaß an äußeren Ablenkungen zu erlernen. Indem Sie die Übungskapitel
des zweiten, dritten und vierten Teils dieses Buches durch-

arbeiten, lernen Sie dann, wie Sie die Entspannung aus diesem sicheren Ort in immer mehr Bereiche Ihres Leben übertragen können.

In diesem Kapitel spreche ich von den Mythen, die in den Betawellen des Gehirns entstehen und die meisten Menschen daran hindern, sich die Zeit zu tiefer Entspannung zu nehmen; ich gehe auf die Struktur des Gehirns und die Gehirnwellen ein, beschreibe die geistigen Haltungen, die zur tiefen Entspannung führen, sowie den schrittweisen Prozeß der Entspannung des ganzen Gehirns.

Sechs Beta-Mythen über die Entspannung

Das Wort »Mythos« bedeutet zweierlei: 1. »Überlieferung, Sage, Erzählung aus der Vorzeit eines Volkes (die sich besonders mit Göttern, Entstehung der Welt, Erschaffung der Menschen, Begründung bestimmter Bräuche befaßt)«; 2. »eine aus unkritisch übernommenen, meist verschwommenen, irrationalen Vorstellungen heraus entstandene, mehr oder weniger allgemeingültige Ansicht über einen bestimmten Sachverhalt«. Wenn ich in diesen ersten drei Kapiteln von Mythen über die Entspannung, das Tagebuchschreiben und das Leben spreche, dann beziehe ich mich auf die zweite Definition des Begriffes.

Mythen dieser Art sind eine knifflige Angelegenheit. Sie sind gerade diejenigen Überzeugungen, die innerhalb einer Kulturgemeinschaft mit am wenigsten hinterfragt werden und eher als wahrheitsgetreue Aussagen über die Wirklichkeit denn als schlichte Glaubenssätze gelten. Es ist leicht, die Wirkungsweise solcher Mythen im Kontext fremder Kulturen zu erkennen; sich aber über die in der eigenen Kultur gängigen Klarheit zu verschaffen, stellt in der Regel weit größere Anforderungen an unser Verständnis.

Jeder Mythos enthält ein (oder mehrere) Körnchen Wahrheit; das Problem ist nur, daß er nicht die *ganze* Wahrheit erzählt. Ich bin zu der Überzeugung gelangt, daß solche Mythen – das Gesamtbild verzerrende Viertelwahrheiten – in den Betawellen entstehen, den hochfrequenten Gehirnwellen, die, wenn wir uns zu lange in ihrem Bereich aufhalten, zu

Streß und einem Mangel an Kreativität führen. Das Leben primär durch die Brille der Betawellen zu sehen bedeutet, alle entspannenden und kreativen Aktivitäten aus ihm herauszufiltern. Im Kontext des *Kreativen Schreibens* würde dies bedeuten, die drei Grundschritte auszuschließen: die Entspannung des ganzen Gehirns, das Tagebuchschreiben aus dem ganzen Gehirn und das Leben mit dem ganzen Gehirn. Deswegen beginne ich jedes dieser drei ersten Kapitel mit einer Diskussion bestimmter »Beta-Mythen«: Aussagen über die Wirklichkeit, die uns im Betazustand zutreffend und realistisch erscheinen, die im Bereich niederfrequenter, synchronisierter Gehirnwellen jedoch keine Gültigkeit mehr besitzen.

Mythos 1: Ich habe keine Zeit, mich zu entspannen

Wissenschaftliche Untersuchungen, die seit Jahrzehnten in zunehmendem Maße durchgeführt werden, liefern ständig neue Beweise für die wohltätige Wirkung der Entspannung und insbesondere der tiefen Relaxation. Dennoch nehmen sich viele Menschen in den modernen Industriegesellschaften immer noch nicht die Zeit, sich täglich zu entspannen (Benson, Borysenko, Barbara Brown, Elmer und Alyce Green). Vor zwei Jahren habe ich mich einmal mit einem Kollegen unterhalten, dessen Forschungssemester (eine sechsmonatige Periode, während der ein Dozent von seinen Lehraufgaben entbunden wird, damit er sich einem bestimmten Forschungsprojekt widmen kann) gerade auslief. Ich fragte ihn, ob er bereit sei, seine Lehrtätigkeit wiederaufzunehmen. »Nein«, antwortete er. »Mit dem, was ich mir für die Zeit vorgenommen hatte, bin ich noch gar nicht fertig, und ich muß zwei neue Kurse halten, für die ich noch keinen Strich getan habe. In zwölf Tagen fangen die Vorlesungen wieder an, und ich weiß wirklich nicht, wie ich das alles bis dahin schaffen soll.«

Als ich ihn ansah, war mir klar, daß er am Rande eines geistigen, emotionalen und körperlichen Zusammenbruchs stand – und er wollte in den kommenden Tagen sogar noch intensiver arbeiten. Ich hatte zufällig eine Kassette mit einer meiner Entspannungsübungen in der Hand und bot sie ihm an. Er sagte: »Danke, Richard, aber ich habe keine Zeit, mich zu entspannen. Ich hab ganz einfach zuviel zu tun.« Am ersten Vorlesungstag erlitt er einen Herzanfall und verbrachte die folgenden sechs Wochen im Bett.

Früher oder später läßt uns unser innerer Überwachungsmechanismus – Körper und Gefühle – wissen, daß wir kürzer treten und uns entspannen müssen. Mein Kollege überhörte eine ganze Reihe innerer Warnungen, bis schließlich das körperliche Großalarmsignal, das wir »Herzanfall« nennen, seine ungeteilte Aufmerksamkeit erregte. Wie ich in der Einleitung erzählte, meldete sich mein eigener Großalarm vor mehreren Jahren, als ich drei Wochen lang fast ununterbrochen weinte. Das Signal war seelisch, nicht körperlich, doch die Botschaft war klar genug. Wenn ich glücklich sein wollte, mußte ich mein ganzes Leben von Grund auf neu überdenken. Ich entdeckte, daß der Schlüssel zu einer solchen Umstellung und Umwertung die regelmäßige Entspannung ist.

Entspannung ist ein biologisches Muß. Wir benötigen sie für unsere Gesundheit und unser Wohlbefinden ebenso wie den Sauerstoff, das Wasser, die Nahrung und ein Dach über dem Kopf. Die Befriedigung dieses Bedürfnisses kann hinausgeschoben werden, darf aber auf keinen Fall unterbleiben.

Wenn wir uns Zweck und Funktionsweise des vegetativen Nervensystems bewußtmachen, können wir eher begreifen, warum Entspannung so lebensnotwendig für uns ist. Bis zur Entdeckung des Biofeedbacks glaubte man, dieser Bereich unseres Nervensystems sei nicht willentlich steuerbar, also autonom. Das ist jedoch nicht der Fall. Mit entsprechender Übung können wir lernen, die Nerven des Sympathikus und des Parasympathikus (zwei Teile des vegetativen Nervensystems) zu aktivieren. Wir können beispielsweise bewirken, daß unsere Hände warm oder kalt werden, indem wir willentlich ihre Blutgefäße entspannen oder kontrahieren: ein Vorgang, den man früher für unwillkürlich gehalten hatte.

Die sympathischen Nerven bilden die für »Kampf- oder Fluchtbereitschaft« zuständige, die parasympathischen die »entspannungsreaktive« (Herbert Benson) Seite des vegetativen Nervensystems. Anscheinend aktivieren Erwachsene den Sympathikus weit mehr und häufiger als den Parasympathikus. Ein Entspannungstraining ermöglicht es uns, das richtige Gleichgewicht, die Homöostase, in unserem ganzen

Körper und unseren Empfindungen herzustellen, indem wir die Aktivität des Parasympathikus entwickeln.

Glücklicherweise entspannen sich die meisten von uns regelmäßig jede Nacht. Die Deltawellen, die Gehirnwellen des Tiefschlafs, sind das eigentliche Ziel der tiefen Entspannung. Unser Körper und unsere Seele sind allerdings nicht dafür geschaffen, ständig nur zwischen Beta im Wachen und Delta im Tiefschlaf hin und her zu springen. Die Hirnforschung zeigt, daß wir zu unserem Wohlbefinden ebenso wache Perioden im Bereich niederfrequenter, synchronisierter Gehirnwellen – zwischen Alpha-Mitte und Theta-Mitte – verbringen müssen.

Mythos 2: Ich kann mich nicht entspannen

Manche Menschen führen ein so hektisches Leben, daß sie glauben, sie seien nicht fähig, sich zu entspannen. Die Wahrheit aber ist, daß jeder dazu imstande ist und es auch auf vielfältige Weise tut. Zuerst einmal gibt es den Schlaf, den seligen Schlaf. Zweitens hat jeder Mensch wenigstens ein paar eigene Methoden, sich im Wachen zu entspannen.

In diesem Zusammenhang fällt mir eine Studentin ein, die am Anfang eines meiner Kurse schrieb: »Ich glaube nicht, daß ich lernen kann, mich richtig zu entspannen. Ich bin von Natur aus verkrampft.« Ich bat sie, ein paar Tage lang darüber zu schreiben, auf welche Weise es ihr zu einer früheren Zeit ihres Lebens gelungen war, sich zu entspannen. Sie tat es und konnte sich gleich mehrerer solcher »Techniken« entsinnen. Dann forderte ich sie auf, in ihrer nächsten Tagebuchsitzung wenigstens eine Methode zu beschreiben, nach welcher sie sich vielleicht *doch* erst kürzlich entspannt hatte. Als sie sich die Zeit nahm, darüber zu schreiben, entdeckte sie, daß sie über drei sehr wirkungsvolle Formen der Entspannung verfügte. Kaum war es ihr vollkommen bewußt geworden, daß sie sich nicht nur entspannen konnte, sondern es auch tat, gelang ihr der Übergang in die Entspannung des ganzen Gehirns ohne weitere Mühe.

Mythos 3: Ich bin immer entspannt

Ich habe eine ganze Reihe Menschen kennengelernt, die den absoluten Gegenpol zur eben beschriebenen Sorte bilden: *Sie* glauben, sie seien andauernd »total cool und relaxt«. Doch zur wirklichen Entspannung gehört mehr als nur ein bestimmtes Bild, das man von sich hat. Es gehört dazu, daß man ganz konkret seine Gehirnwellen verändert. Ein Mann – wir wollen ihn Sam nennen – suchte mich wegen seiner Eheprobleme und Rückenschmerzen auf. Als ich anfing, über Entspannungstechniken zu reden, sagte er: »Ich glaube nicht, daß ich es nötig habe, mich zu entspannen. Ich bin immer entspannt.« An seiner Arbeitsstätte hatte er den Ruf eines wahrhaften Felsen-in-der-Brandung, und selbst seine Frau bestätigte, daß er bei jeder Auseinandersetzung ruhig und gelassen blieb. Ich fragte ihn, ob er glücklich sei. »Natürlich nicht«, erwiderte er. »Meine Frau will mich verlassen, und ich habe ständig Rückenschmerzen.« Ich fragte ihn, ob er den Wunsch habe, glücklicher zu sein, und er sagte ja. Daraufhin erklärte ich ihm, er brauche dafür nur zu lernen, seine Gehirnwellen zu verändern. Er willigte ein, für die Dauer von acht Wochen täglich die Entspannung des ganzen Gehirns zu üben. Er tat es, und nach vier Wochen waren die Rückenschmerzen verschwunden. Nach weiteren vier Wochen hatten er und seine Frau einen guten Teil ihrer ehelichen Probleme gelöst.

Nach meiner Erfahrung mit Studenten und Einzelklienten neigen Frauen eher dazu, auf den zweiten Mythos (»Ich kann mich nicht entspannen«), und Männer auf den dritten (»Ich bin immer entspannt«) hereinzufallen. Beide Mythen aber können uns leicht daran hindern, auf immer tiefere Ebenen der Entspannung vorzustoßen.

Mythos 4: Eine bestimmte Aktivität »entspannt mich«

Viele meiner Studenten glauben, fernzusehen, auf Partys zu gehen, jeden Samstag bis Mittag durchzuschlafen – oder was auch immer – entspanne sie. Doch es ist nie die Aktivität, die uns entspannt, sondern unsere Einstellung dazu.

Früher bin ich beispielsweise äußerst ungern Auto gefahren, besonders in der Stadt. Es kam mir wie eine Zeitverschwendung vor. Ich wollte hier oder da sein, aber nicht *auf dem Weg* von hier nach da. Als ich lernte, mich tiefer zu entspannen, begann mir das Autofahren Spaß zu machen. Jetzt höre ich mir im Auto immer eine Entspannungsübung oder meine Lieblingsmusik an, oder ich genieße es einfach, allein zu sein, und nehme mir die Zeit, immer – auch wenn die Verkehrsverhältnisse ein zügigeres Tempo erlauben – ruhig und gemächlich zu fahren. Ich stelle oft fest, daß ich auf diese Weise schneller ans Ziel komme als früher mit meiner Abneigung gegen die Autofahrerei. Ich habe nicht mehr das Gefühl, weder hier noch da zu sein. Während ich fahre, weiß ich ganz genau, wo ich sein will.

Ob wir uns entspannt oder gestreßt fühlen, ist von unserer Einstellung zu uns selbst und unserer jeweiligen Beschäftigung abhängig. Solange ich das Autofahren als eine frustrierende Zeitverschwendung betrachtete, war es das auch. Da ich es jetzt entspannend finde, ist es das auch.

Mythos 5: Entspannung ist ein Urlaub von der »Wirklichkeit«

Selbst nachdem wir gelernt haben, uns zu entspannen, laufen wir noch Gefahr, auf den Gedanken hereinzufallen, Entspannung sei nichts »Wirkliches«. Judy, eine Studentin von mir, sagte in der zweiten Woche des Kurses: »Nun, sicher, während einer Übung kann ich mich entspannen. Ich fühle mich dann besser. Aber was ist mit der harten Wirklichkeit ›da draußen‹? Am Donnerstag habe ich eine Prüfung, und mein Chef hat mir gestern gesagt, daß ich diese Woche jeden Tag Überstunden machen muß! Was können fünfzehn Minuten Entspannung daran schon ändern?«

»Gar nichts«, antwortete ich, »solange Sie Ihre Einstellung nicht ändern. Wenn Sie glauben, daß Sie sich nur während der Übung entspannen können und daß die ›wirkliche Welt‹ hart und grausam ist, werden die vielen Überstunden Ihnen alle Kräfte rauben – und wenn Sie am Donnerstag in die Prüfung gehen, werden sie nervös sein und außerstande, effektiv zu arbeiten. Je häufiger Sie sich tief entspannen, Tagebuch schreiben und üben, sich in verschiedenen Bereichen

Ihres Lebens zu synchronisieren, desto weniger Streß werden Sie während der Arbeit empfinden und desto leistungsfähiger und entspannter werden Sie während des Examens sein.«

Judy war eine Woche vor Semesterbeginn ziemlich bös gestürzt und hatte sich ein Bein gebrochen. Sie war Langstreckenläuferin und ärgerte sich maßlos darüber, daß sie nun für die nächsten sechs Wochen einen Gipsverband würde tragen müssen. Bislang war das Laufen für sie »die einzige Art, sich zu entspannen« gewesen. Es war nicht schwer zu erkennen, daß sie in diesem frühen Stadium des Kurses kaum schon imstande sein würde, die Entspannungsübungen auf ihre Arbeit oder ihr Examen anzuwenden. Also empfahl ich ihr etwas anderes. Ich gab ihr auf, sich während der täglichen Entspannungsübung vorzustellen, daß sie liefe, und das solange, bis man ihr den Gips abnehmen und ihr erlauben würde, wieder zu trainieren. Ihre erste Reaktion war, gelinde gesagt, skeptisch: »Mir vorstellen, daß ich laufe? Davon werde ich doch erst recht depressiv!« Ich sagte: »Vertrauen Sie mir! Vertrauen Sie mir! Lassen Sie uns wissen, wie gut Sie laufen, wenn Sie erst einmal wieder zwei Wochen im Training sind.«

Trotz ihrer Skepsis befolgte Judy gewissenhaft meine Anweisungen, und zwei Wochen nach Wiederaufnahme des Trainings erstattete sie dem ganzen Kurs Bericht über ihre Leistungen. Sie lief schneller denn je. Eine Woche später sah sie der Trainer der Querfeldeinläufer und forderte sie auf, kommenden Herbst der Universitätsmannschaft beizutreten. In der Zwischenzeit kam sie auch beruflich und in den anderen Kursen sehr gut zurecht. In diesen Wochen entdeckte Judy, daß die Entspannung keineswegs einen Urlaub von der »Wirklichkeit« darstellt. Indem sie lernte, sich tiefer zu entspannen, konnte sie vielmehr ihr ganzes Leben verändern.

Mythos 6: Tiefe Entspannung ist »irre«

Wann immer sich irgend etwas in unserem Leben verändert, machen wir in der Regel zwei deutlich unterschiedene Reaktionen durch: Zuerst überrascht und befremdet uns dieser neue Aspekt von uns, dann integrieren wir ihn in unsere Persönlichkeit. Unglücklicherweise können wir aber auch in diesem Gefühl von Befremdung steckenbleiben; es gelingt uns dann nicht, den integrierenden Schritt zu machen und unsere Veränderung erfolgreich zum Abschluß zu bringen.

In den ersten Stadien der Entspannung des ganzen Gehirns finde ich in den Tagebuchaufzeichnungen meiner Studenten häufig Äußerungen wie: »Mann, diese Erfahrung war wahnsinnig! Ich habe noch nie soviel Energie in mir gespürt! Es war echt irre!« Gewöhnlich kreise ich das Wort »irre« ein und schreibe an den Rand: »Wenn Sie erst: ›Mann, diese Erfahrung war wahnsinnig! Es war echt *normal*‹ schreiben können, dann haben Sie es wirklich geschafft.«

Solange wir nicht das Gefühl haben, daß die Übungen zur Entspannung unseres ganzen Gehirns etwas völlig Normales sind, haben wir sie uns nicht zu eigen gemacht. Wir bezeichnen sie als »irre« und stellen sie damit außerhalb von uns. Ich glaube, daß unsere kulturell bedingte Erziehung uns zum Glauben verleitet, jede Veränderung sei irgendwie »merkwürdig, ungewöhnlich, verrückt«. Von diesem Standpunkt aus betrachtet wäre es »normal«, immer der/dieselbe zu bleiben, sich nicht zu rühren oder zu verändern. Jeder Fortschritt auf dem Weg zur Selbst-Meisterung aber, jede grundlegende, einschneidende Veränderung unserer Lebens- und Erlebensweise würde als abnorm, als »irre« gelten.

Die Entspannung des ganzen Gehirns mag Ihnen anfangs befremdlich erscheinen, weil der dadurch erreichte Zustand von all Ihren früheren Erfahrungen abweicht. Doch wenn Sie sich regelmäßig darin üben, wird »es« sich bald immer normaler anfühlen.

Die Struktur des Gehirns

Die Abbildung auf der folgenden Seite zeigt die drei Haupt-Unterteilungen des menschlichen Gehirns.

Die Synchronisierung des Gehirns ist derjenige Prozeß, durch den das altes, Mittel- und neues Hirn aneinandergekoppelt werden und ein Informationsaustausch zwischen ihnen stattfinden kann. Indem wir lernen, die Frequenz unserer Gehirnwellen, wie unten beschrieben, bis in den unteren Alpha- und den Thetabereich herabzusetzen, bringen wir das

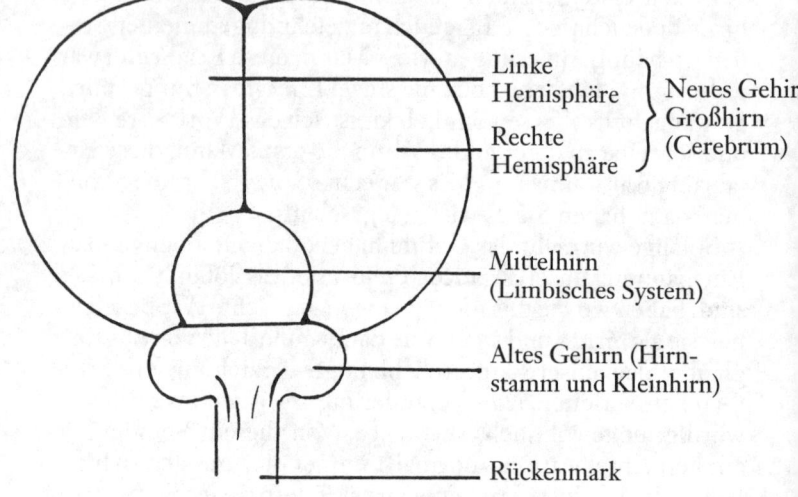

Linke Hemisphäre
Rechte Hemisphäre
} Neues Gehir
Großhirn
(Cerebrum)

Mittelhirn (Limbisches System)

Altes Gehirn (Hirnstamm und Kleinhirn)

Rückenmark

ganze Gehirn dazu, gleichsam »im Takt« zu arbeiten. Dies ist die physiologische Grundlage der Selbst-Meisterung.

Die folgende Analogie kann Ihnen helfen, die Funktionsweise des dreieinigen Gehirns besser zu verstehen. Stellen Sie sich vor, Sie lebten in einem Haus mit drei Stockwerken. Das Erdgeschoß repräsentiert das alte Gehirn, der erste Stock das Mittelhirn, der zweite das neue Gehirn. Wenn Ihr ganzes Gehirn synchronisiert ist, können Sie mühelos von einer Etage in die andere steigen. Was immer sich im Haus befindet, steht Ihnen unmittelbar zur Verfügung.

Wenn Sie andererseits nicht synchronisiert sind, verlieren Sie die Möglichkeit, alle drei Etagen gleichzeitig zu bewohnen. Im Erdgeschoß geht es Ihnen rein körperlich ausgezeichnet, doch Sie sind von Ihren Emotionen und den höheren Hirnfunktionen abgeschnitten. Es ist dann so, als litten Sie unter Gedächtnisschwund, als wüßten Sie nichts von den zwei anderen Stockwerken. Im ersten Stock empfinden Sie alles sehr tief, doch haben Sie keinerlei Kontakt zu Ihrer Kreativität und Intuition. Im zweiten Stock verbringen Sie überhaupt sehr wenig Zeit, da Sie sich dort nur im Zustand der Synchronizität länger aufhalten können.

Wenn Sie gleich die einzelnen Teile des Gehirns und ihre spezifischen Funktionen kennenlernen, behalten Sie bitte diese Analogie im Auge. Fragen Sie sich auch, wieviel Zeit Sie hauptsächlich in einem einzigen Stockwerk verbringen und wieviel in allen drei Stockwerken gleichzeitig.

Das alte Gehirn

Der Mensch erkundet das alte (oder reptilische) Gehirn während seines ersten Lebensjahres. Säuglinge und Kleinkinder müssen Hunderte von körperlichen Funktionen (vom alten Gehirn geregelt) erlernen. Andernfalls können sich Mittelhirn und neues Gehirn nicht ordnungsgemäß entwickeln.

Das alte Gehirn »besteht aus dem verlängerten Rückenmark, der Brücke und dem aufsteigenden retikulären System des Hinterhirns. Diese Organe sind etwa zweieinhalb Zentimeter lang und befinden sich an der Oberseite des Hirnstamms. Sie sind für überlebensrelevante und regulierende Funktionen zuständig. Das reptilische Gehirn ist das Zentrum des ›Kampf-oder-Flucht-Mechanismus‹ sowie der Entspannungsreaktion. Es reguliert Blutdruck, Kreislauf, Atmung, Körperzyklen, Schlaf, Schmerzempfinden und eine ganze Reihe physischer, körperlicher Bedürfnisse« (Ellison).

Haben wir keine wirksamen Methoden erlernt, unseren Streß zu reduzieren, programmiert uns das alte Gehirn dazu, auf jede Situation in unserem Leben mit Aggression oder Flucht zu reagieren. Und je mehr der Streß zunimmt, desto weniger sind wir imstande, irgend etwas zu lernen. Je mehr wir uns andererseits entspannen, desto weniger neigen wir auch dazu, mit dem »Kampf-oder-Flucht«-Syndrom zu reagieren. Diese wenigen Informationen über das alte Gehirn reichen schon aus, um zu begreifen, warum die Verstärkung unserer Entspannungsreaktion unsere Lernfähigkeit verbessert. Die Übungen zur Entspannung des ganzen Gehirns fangen beim alten Gehirn an, weil dessen Entspannungsreaktion das Tor zum Mittel- und Großhirn darstellt.

Das alte Gehirn wird »reptilisch« genannt, weil seine Funktionen »kriechtierähnliche« Verhaltensweisen bedingen. Schildkröten beispielsweise können sehr gut auf der Grundlage rein körperlicher Triebbefriedigung existieren – indem sie also mehr oder weniger mechanisch auf Hunger, Geschlechtstrieb, Wärme- und Kälteempfinden reagieren – sowie auf der Basis von Gewohnheiten, die sie etwa veranlassen, sich immer auf demselben warmen Stein zu sonnen, jeden Tag zur selben Zeit und an derselben Stelle nach Nahrung zu suchen und so weiter.

Wenn wir uns auf eingefahrene, stets gleichbleibende Verhaltensweisen beschränken, auf Rollen, die nur wenig Flexibilität und Veränderung zulassen, entscheiden wir uns praktisch dafür, in einem engen Panzer zu leben, der uns daran hindert, unsere nächstmögliche Entwicklungsstufe zu erforschen. Was einem Reptil vollkommen angemessen ist – sich ausschließlich von physischen Bedürfnissen und Gewohnheiten leiten zu lassen –, stellt für uns Menschen eine beträchtliche Einengung dar. Daß es uns nicht so *vorkommt*, liegt einzig daran, daß gewohnheitsmäßiges Verhalten in unserer Kultur so weitverbreitet ist. Wenn Sie einen Freund fragen, warum er dies oder jenes tut, könnten Sie durchaus die Antwort erhalten: »Weil . . . naja, darum eben.« Er ist es so gewohnt; einen anderen Grund gibt es dafür nicht.

In bestimmten Bereichen unseres Lebens erfüllen Gewohnheiten ihren Zweck vollkommen. Mir liegt überhaupt nichts daran, jeden Morgen eine neue Technik, mir die Schuhe zuzubinden, zu entwickeln. Doch nicht alle Gewohnheiten sind so nützlich wie etwa die, sich die Schuhe auf eine bestimmte, erprobte Art zuzubinden. Es kann, wie ich glaube, von großem Nutzen sein, wenn wir uns bezüglich jeder einzelnen unserer Angewohnheiten ganz einfach fragen: »Engt sie mich ein oder nicht?« Ich vergewissere mich beispielsweise jedesmal, bevor ich die verriegelte Tür meines Autos zuschlage, ob ich auch die Schlüssel in der Hand habe. Diese Gewohnheit ist nützlich. Bevor ich sie mir bewußt zulegte, habe ich mich mehrmals ausgesperrt. Die tägliche Entspannung des ganzen Gehirns ist mir auch zur Gewohnheit geworden, und ich empfinde sie als unglaublich erweiternd für meine ganze Persönlichkeit.

Andererseits können uns viele Angewohnheiten auch einengen. Beim Schreiben etwa habe ich mich früher immer der altehrwürdigen Stift-und-Papier-Methode bedient und griff erst für die endgültige Fassung zur Schreibmaschine. Mit einem Computer konnte ich nicht umgehen und glaubte, ich würde ein ganzes Semester brauchen, um mir die Kunst der elektronischen Textverarbeitung anzueignen. Auch nachdem ich sie erlernt hatte (ich brauchte dazu eine Stunde), wollte ich weiterhin alles erst einmal aufschreiben, bevor ich es in den PC eingab. Ein Freund fragte mich: »Warum schreibst du nicht überhaupt von Anfang an auf dem Computer?« Ich konnte ihm keinen Grund dafür angeben. Bei näherer Betrachtung lief es schlicht darauf hinaus, daß ich es so gewohnt war und mich noch nicht dazu hatte durchringen können, mich *um*zugewöhnen. Ich schloß die Augen und bat darum, mich in mein ganzes Gehirn auszudehnen. Kaum war ich synchronisiert, sagte mir meine innere Stimme: »Sei offen für eine neue Art zu schreiben!« Ich fing am nächsten Tag damit an. Zuerst fühlte es sich fremd an, aber schon nach ein paar Tagen merkte ich, daß ich durch das direkte Eingeben eine Menge Zeit sparte – und daß es viel aufregender und kreativer war.

Einengende Gewohnheiten stellen ein großes Hindernis für unser Wachstum und unsere Entwicklung dar. Solange wir in solchen Angewohnheiten befangen bleiben, können wir uns keiner neuen Möglichkeit öffnen. Wir können es ehrlich nicht verstehen, wenn jemand zu uns sagt: »Probier doch mal was Neues aus. Du bist ja absolut rückständig!« Erst, wenn wir das alte Gehirn durch tiefe Entspannung mit dem Mittelhirn und dem neuen Gehirn synchronisieren, öffnen wir uns der Veränderung.

Das Mittelhirn

Das Mittelhirn (Mesencephalon oder limbisches System) ist einer der am besten durchbluteten Teile unseres ganzen Organismus. Obwohl es nur etwa fünf Zentimeter lang ist, »reguliert es Nahrungs- und Wasseraufnahme, Schlafen und Wachen, Körpertemperatur, Blutzuckerspiegel und andere biochemische Zustände, Herzfrequenz, Blutdruck, Hormonausstoß, Sexualität und Emotionen« sowie »Genuß, Schmerz, Hunger, Durst, Aggressivität und Wut« (Herrmann). Außerdem ist es zu einem großen Teil für Gedächtnis, Willenskraft und Liebe verantwortlich.

Im Rahmen seiner natürlichen Entwicklung erkundet und erweitert das Kind das Mittelhirn zwischen dem ersten und dem vierten Lebensjahr. Wenn Sie schon mal einen Drei- oder Vierjährigen erlebt haben – oder sich an Ihre eigene Kindheit erinnern-, dann werden Sie die unglaubliche Kraft und Intensität dieser kleinen Menschenwesen beurteilen können. *Ich will ein Plätzchen ... jetzt!*

Ist das Leben für Sie ebenso aufregend wie für ein vierjähriges Kind? Ist das eine indiskrete Frage? Nun, dann werde ich sie erst einmal für mich selbst beantworten. Ja, mein Leben ist jetzt ganz genauso spannend und aufregend – doch das war es viele Jahre lang nicht. Die meisten von uns scheinen diese Intensität dadurch verloren zu haben, daß sie sich starrer, routinemäßiger, stereotyper Verhaltensweisen befleißigen, wie sie für das alte Gehirn typisch sind.

Dieser Prozeß ist so weitverbreitet, daß er niemandem mehr auffällt. Die meisten von uns fanden die Schule in den ersten paar Jahren sehr aufregend, und dann war die Spannung irgendwie weg. Vielleicht machen wir später die Lehrer oder unsere Eltern dafür verantwortlich, die Schulen im allgemeinen oder überhaupt »das System«; doch durch solche Beschuldigungen ändern wir nichts. Was not tut, sind konkrete Maßnahmen, die unser Gehirn vollkommen ausreifen lassen – und genau das bewirkt die Entspannung des ganzen Gehirns.

Es ist wahr, daß wir inmitten eines fast nahtlosen Systems von Anhaftungen an Gewohnheiten des alten Gehirns auch gelegentliche Mittelhirn-Aktivitäten zulassen. Doch geschieht dies in der Regel so, daß wir von einengenden Gewohnheiten zu eingeengten Erfahrungen – Gefühlen, Erinnerungen, Willensregungen und Liebe – übergehen, die uns nicht aus dem herausholen, was wir für normal halten. Es besteht eine genaue Entsprechung zwischen einengenden Gewohnheiten und emotionalen Reaktionen auf das Leben, und dieses Zusammenspiel der Kräfte hindert uns daran, uns zu verändern. Solange wir also nicht lernen, in unserem gesamten Gehirn zu leben, werden wir immer nur kurze Ausflüge in das Mittelhirn unternehmen.

Das Mittelhirn wird auch »Säugerhirn« genannt. Säugetiere haben starke Gefühle und ein gutes Gedächtnis, eine große Willenskraft und Liebesfähigkeit. Sie erleben Freude wie Trauer mit großer Intensität und verbergen ihre Gefühle in keiner Weise. Wie Kleinkinder sind sie stets emotional ehrlich. Wenn ein Hund erst seinen Herrn gefunden hat, bleibt er ihm ein Leben lang treu. Wenn eine Katze Junge hat, beschützt sie sie mit der größten Leidenschaft, bis sie alt genug sind, um für sich selbst zu sorgen.

Erwachsene haben in der Regel diese für das Mittelhirn typische Intensität der Gefühle verloren. Wir haben gelernt, daß Menschen, die »zu stark« empfinden und lieben, früher oder später darunter zu leiden haben. Ich selbst habe mich den größten Teil meines Lebens als Erwachsener darum bemüht, diese Intensität zu vermeiden. Eine Kombination von Gewohnheiten und Ängsten hinderte mich daran, die tiefen Schmerzen und Freuden, die für ein Leben im Mittelhirn charakteristisch sind, zu erfahren. Ich glaube, daß die große Mehrheit der Erwachsenen in Amerika und in vergleichbaren Ländern mit ebendiesen Gewohnheiten und Ängsten lebt. Es ist uns meist gar nicht richtig bewußt, daß wir uns fürchten, da wir – im alten Gehirn – diese Funktion des Mittelhirns überhaupt nicht erfahren können. Doch inmitten einer Krise, in einer Konfliktsituation, überfällt uns oft eine plötzliche Angst, die uns vollkommen lähmen kann. Wenn wir – um wieder zur Analogie des Hauses zurückzukehren – hauptsächlich im Erdgeschoß wohnen, haben wir nur ein sehr vages Bewußtsein von den furchteinflößenden »Leichen« im ersten Stock.

Die Synchronisierung des ganzen Gehirns schafft uns einen sicheren Kontext, in dem wir unseren Ängsten begegnen und sie – in den tiefen, synchronisierten Gehirnwellen – transformieren können. Wenn wir erst einmal synchronisiert sind, haben wir die nötige Kraft und Klarheit, um uns dem ganzen Spektrum unserer Empfindungen, einem intensiven Erleben, einem ganz neuen emotionalen Reichtum zu öffnen. Wir werden dann Furcht, Zorn und Traurigkeit erfahren – ebenso aber Aufregung, Frieden und Glück.

Wir können unmöglich eine tiefe Erfahrung *bestimmter* Emotionen haben, ohne zugleich auch für *jede andere* offen zu sein. Je besser wir uns allerdings synchronisieren, desto mehr Aufregung, Freude und Frieden werden wir empfinden. Traurigkeit, Angst und Zorn werden zwar – da wir uns nicht aus dem Mittelhirn »heraushalten« – ein integraler Bestandteil unseres Lebens sein, doch sie werden uns nicht mehr überwältigen. Aus unserer Perspektive des ganzen Gehirns werden wir ja wissen, daß wir die Synchronizität bald wiederherstellen können.

Wenn wir nicht synchronisiert sind, stauen sich alle aus unserem Bewußtsein verdrängten Gefühle immer mehr in uns auf. Bevor ich lernte, mich regelmäßig willentlich zu entspannen, weinte ich einmal drei Wochen lang ohne Unterbrechung. Die angestauten Gefühle strömten endlich ungehindert hervor. Auch wenn die Heftigkeit dieser Erfahrung mich erschreckte, bedeutete sie zugleich eine unglaubliche Befreiung. Es ist seitdem nichts Derartiges wieder vorgefallen, weil ich gelernt habe, mit meinen Emotionen Schritt zu halten. Wie alle Menschen mit einem reichen Gefühlsleben weine ich auch jetzt – doch häufiger, und ich fürchte mich dabei längst nicht mehr so sehr.

Das ganze Gehirn, und insbesondere das Mittelhirn, ist in einem weit stärkeren Maße an der chemischen Ausbalancierung unseres Organismus beteiligt, als man noch vor einer Generation geglaubt hatte. Ornstein und Sobel bezeichnen es als die »innere Apotheke«. Sie schreiben:

Winzige Mengen chemischer Transmitter-Substanzen sind die kleinsten Aktionseinheiten des Nervensystems. Eine unterschiedliche Konzentration dieser Neurotransmitter im Gehirn könnte ohne weiteres für Temperament, Stimmung sowie für die Funktionsweise der natürlichen Heilungsmechanismen des Gehirns verantwortlich sein. Früher glaubten wir, es gebe nur sehr wenige solcher chemischen Substanzen, drei oder höchstens vier. Jetzt zeigt sich, daß es Hunderte verschiedener chemischer »Boten-Moleküle« geben kann und daß diese Neurotransmitter die »Wörter« sind, mit denen das Gehirn kommuniziert.

Namentlich im Mittelhirn verursachen unsere Gefühle solche neurochemischen Veränderungen – und werden wiederum selbst von ihnen verursacht. Indem wir lernen, regelmäßig und bewußt Frieden zu erleben – und sei es auch nur für ein paar Minuten am Tag –, verändern wir ganz konkret das chemische Gleichgewicht unseres Gehirns und unseres ganzen Organismus. Je besser sie die Entspannung des ganzen Gehirns beherrschen, desto weniger greifen viele meiner Studenten und Klienten zu Psychopharmaka, Alkohol und anderen stimmungsverändernden Drogen, da ihre »innere Apotheke« ihnen weit erregendere und gesündere Glückszustände verschaffen kann.

Das neue Gehirn

Die meisten von uns haben schon über das neue Gehirn gelesen – das Großhirn mit seinen zwei Hemisphären. Seit Mitte der siebziger Jahre ist viel über die linke und rechte »Gehirnhälfte«, wie sie auch genannt werden, geschrieben worden. Sie sind von größter Bedeutung für unseren Geist; doch erst, wenn das ganze Gehirn synchronisiert ist, haben wir freien Zugriff auf sie.

Damit das ganze Gehirn sein volles Potential ausschöpfen kann, müssen leistungsfähige und »stark befahrene« Nervenbahnen das alte, mittlere und neue Gehirn miteinander verbinden. Die meisten dieser Verbindungswege führen vom Mittelhirn in die rechte Hemisphäre.

Die rechte Gehirnhälfte tritt immer dann in Aktion, wenn wir kreativ sind. Wir sehen oder empfinden dann die *Gestalt*, das vollständige und ungeteilte Bild eines Dinges oder Sachverhalts. Unser Leben wird in jeglicher Hinsicht – beruflich, zwischenmenschlich, was immer Sie wollen – kreativ, sobald wir uns Zugang zur rechten Hemisphäre verschaffen.

Auch die Intuition scheint eine Leistung dieser Gehirnhälfte zu sein. Jeder Mensch hat schon mehr oder weniger oft wahrhaft erstaunliche, (für ihn oder sie) völlig neue Gedanken und Einfälle gehabt. Wie ein Blitz aus heiterem Himmel taucht eine intuitive Erkenntnis fix und fertig in unserem Bewußtsein auf, und wir wissen dann in unserem tiefsten Herzen, daß wir vor einer Wahrheit stehen, die unser ganzes Leben verändern kann.

Die linke Gehirnhälfte ist das Zentrum des rationalen und

sequentiellen (schrittweise erfolgenden) Denkens. Wir schöpfen aus allen anderen Funktionen des Gehirns die reiche Fülle unseres Lebens und verleihen ihr dann in der linken Hemisphäre Ordnung und Gleichgewicht. Sie ist auch der Sitz der gesprochenen und geschriebenen Sprache.

Zahlreiche Untersuchungen über die zwei Hemisphären des Großhirns zeigen, daß sie dann am besten funktionieren, wenn sie miteinander verbunden sind. Das kreative Schreiben erfordert – wie andere Formen der Kreativität auch – eine solche enge Verbindung. Jede Schreibtätigkeit ist in zweifacher Hinsicht eine Funktion der linken Hemisphäre: Sie ist *sprachlich*, und sie ist *sequentiell* (wir schreiben ein Wort nach dem anderen). Sobald das Schreiben kreativ wird, tritt auch die rechte Gehirnhälfte in Aktion.

Traditionell bezog man den Begriff des kreativen Schreibens nur auf die Herstellung »literarischer« Produkte wie Erzählungen, Romane, Dramen und Gedichte. Seit einiger Zeit erkennt man aber zunehmend, daß *jede* im weitesten Sinne schriftstellerische Tätigkeit kreativ sein kann. Einzig die Kreativität des Schreibenden entscheidet darüber, nicht aber eine bestimmte Form des Ergebnisses. So gesehen kann auch Tagebuchschreiben eindeutig kreativen Charakter haben.

Das ganze Gehirn

Greifen wir jetzt das Bild unseres dreigeschossigen Hauses wieder auf, dann können wir sagen, daß die Synchronisierung des ganzen Gehirns uns den sofortigen Zugang zu jedem Zimmer in jedem einzelnen Stockwerk ermöglicht. Synchronizität wiederum ist ein andauernder Zustand innerer Harmonie – ein auf vereinheitlichten Gehirnwellen beruhendes Gewahren, das uns ein totales und gleichzeitiges Bewußtsein sämtlicher Räume des Hauses vermittelt.

Die Gehirnwellen

Bevor wir uns der eigentlichen Diskussion der Gehirnwellen zuwenden, wird es für Sie vielleicht von Nutzen sein, wenn ich kurz auf einige Aspekte der modernen Physik eingehe.

Die revolutionärste Entdeckung überhaupt ist für mein Empfinden Einsteins Einsicht (die er in einem Theta-Zustand gelöster Versenkung hatte), alles sei Energie. Die moderne Physik macht, anders als die klassische Newtonsche Physik, keinen grundsätzlichen Unterschied zwischen Materie und Energie.

Je besser wir diese Betrachtungsweise verstehen, je mehr wir diesen Sachverhalt wirklich *nachfühlen* können, desto leichter fällt es uns, die Gehirnwellen und den Prozeß der Selbst-Meisterung zu begreifen. Wir sind keine bloße Materie, nicht lediglich ein Gebilde aus Fleisch, Haut und Knochen. Wir sind ein Energiefeld. Wie Brugh Joy in seinem Buch *Der Weg der Erfüllung* schreibt, ». . . sind wir nicht in unserem Körper; unser Körper ist in uns.« Die Kirlian-Fotografie zeigt uns das Energiefeld, das nach allen Seiten über den physischen Körper hinausragt. Je mehr wir uns durch die Vorstellung, wir seien in unserem Körper eingeschlossen, selbst einengen, desto weniger können wir unser synchronisiertes Selbst spüren und erkennen. Je mehr wir unser gesamtes Energiefeld bewußt ausfüllen, desto mehr leben wir unser synchronisiertes Selbst aus. Wir *wissen* dann, daß wir unser Leben meistern können, weil wir nicht mehr davon ausgehen, daß wir auf eine begrenzte Anzahl konventioneller Menschenbilder festgelegt sind.

Ich werde Ihnen später die Aufgabe stellen, im Rahmen Ihrer Entspannungsübungen zu versuchen, Ihr Energiefeld außerhalb Ihres Körpers zu spüren. Die Bilder, die ich in diesem Zusammenhang verwende, die Farben und Edelsteine, sollen Ihnen lediglich helfen, etwas zu fühlen, das tatsächlich existiert – wenngleich relativ wenig Menschen es mit bloßem Auge, ohne besondere technische Apparate, sehen können.

Meinen Studenten und Klienten erscheint dies oft als der »irrste« oder abwegigste Teil der ganzen Angelegenheit überhaupt. Es ist jedoch nur eine Methode, eine Technik, die es uns ermöglicht, etwas wahrzunehmen, das die Grenzen der normalen Erfahrung überschreitet. Auch wenn die Richtigkeit der Intuitionen, die wir Einstein und anderen modernen Physikern verdanken, schon seit längerem experimentell nachgewiesen ist, braucht es seine Zeit, bis sich diese »neuen« Erkenntnisse auf unser aller Leben auswirken.

Nicht nur ist alles Energie, alle Energie ist zugleich Welle und Teilchen. Aus einem »normalen« Blickwinkel betrachtet mag dies den Anschein erwecken, als behaupte die moderne Physik, ein Apfel sei zugleich eine Banane. Auf der subatomaren Ebene aber hat alle Energie gleichzeitig zwei unterschiedliche Wesensmerkmale: den Wellen- und den Teilchencharakter. Sie ist eine Welle, die sich mit anderen Wellen zu bestimmten Mustern verbindet, und sie ist ein Teilchen, das mit anderen Partikeln zusammenwirkt.

Für unsere Erfahrung der Entspannung spielt folgende Tatsache eine besondere Rolle: Je deutlicher wir Wellenmuster wahrnehmen, desto integrierter und verbundener fühlen wir uns sowohl in uns selbst als auch mit anderen. Die klassische Physik betrachtet jeden materiellen Gegenstand aus der »Teilchen-Perspektive«. Jedes Stück Materie ist von jedem anderen getrennt und unterschieden. Jeder Mensch ist von jedem anderen Menschen getrennt und unterschieden.

Aus der Wellen-Perspektive betrachtet ist das gesamte Universum beständig eins – ein teilloses Ganzes, das in bestimmten Mustern wirkt und in sich zusammenwirkt. In seinem Buch *Das Tao der Physik* nennt Fritjof Capra diese Interaktion den »kosmischen Tanz«. Daß wir ein Teil dieses Tanzes sind, erfahren wir, sobald wir die Energiewellen in uns selbst und in unserem Zusammenspiel mit anderen Menschen fühlen können.

Die Gehirnwellen sind für uns die wichtigsten Wellen überhaupt, da sie die Grundlage für unsere Wahrnehmung der Welt bilden. Wir können sie leider nicht ebenso direkt fühlen wie etwa unsere Zunge oder unseren Herzschlag, doch sind sie nicht minder wirklich als diese. Ohne unsere Gehirnwellen wären wir tot. Wir können lernen, unsere emotionalen und physischen Zustände zu erkennen, die mit den verschiedenen Gehirnwellen einhergehen. Genau darum geht es beim Biofeedback-Training: Wir üben, innere Zustände zu erfahren, die wir sonst nicht wahrnehmen würden.

Bei den Übungen zur Entspannung des ganzen Gehirns verwenden Sie Ihr Herz und Ihren Geist, um Ihr »inneres Feedback«, Ihr *Bio*-Feedback, abzurufen und zu spüren. Das wiederum hilft Ihnen, Zustände synchronisierter Gehirntätigkeit zu erreichen. Sie werden lernen, Ihre Gehirnwellen bewußt zu verändern: ein Vorgang, der ohnehin – ob Sie es merken oder nicht – täglich immer wieder erfolgt.

Die Gehirnwellen wurden von Hans Berger im Jahre 1924 entdeckt, doch erst mit Beginn der Biofeedback-Forschung in den sechziger Jahren erkannten wir, wie wir sie uns zum Zweck der Selbst-Meisterung zunutze machen können. Wie ich schon in der Einleitung erwähnte, gibt es vier hauptsächliche Gehirnwellen: Beta (14 bis 24 Hertz oder Schwingungen pro Sekunde), Alpha (8 bis 13 Hertz), Theta (4 bis 7 Hertz) und Delta (0 . . . bis 3 Hertz).

Die Betawellen

Wenn wir uns im Bereich der hochfrequenten Beta-Gehirnwellen befinden, ist unsere Aufmerksamkeit nach außen gerichtet. Wir verbringen dort oft längere Zeit damit, uns Gedanken zu machen, was andere Menschen von uns erwarten, und vergessen dabei unsere eigene, einzigartige Perspektive. In unserer Kultur ist Beta die bei Erwachsenen vorherrschende Gehirnwelle. Ihre Begleiterscheinungen sind ein erhebliches Ausmaß an Streß, eine Verminderung der Kreativität und das Fehlen einer direkten und beständigen Verbindung zu unseren Gefühlen und anderen, subtileren körperlichen Feedbacks. Wenn wir erst einmal erkannt haben, wie sich ein längerer Aufenthalt im Beta-Bereich auf uns auswirkt, ist es leicht, ein entsetztes »Nie wieder Beta!« auszustoßen. Doch das Problem sind nicht die Wellen. Das Problem ist unser »Beta-Mißbrauch«.

Da diese Gehirnwellen so weitverbreitet sind und da so wenige Menschen sich bewußt sind, daß sie sich in ihrem Frequenzbereich aufhalten, ist es nicht weiter verwunderlich, wenn man diese dauernde Extrovertiertheit für die einzig richtige Art hält, die Welt wahrzunehmen. Es gibt durchaus andere Möglichkeiten. Solange wir jedoch nicht lernen, willentlich von einem Gehirnwellenbereich in den anderen überzuwechseln, fällt es uns schwer, an die Existenz solcher Alternativen auch nur zu glauben.

Die Alphawellen

Die meisten Erwachsenen treten jeden Tag mehrmals in den Bereich der Alphawellen, doch nur ein Bruchteil von ihnen ist sich bewußt, wie das praktisch vor sich geht. Im Alphazustand sind wir entspannt, und sobald wir den mittleren Alphabereich erreichen, spüren wir buchstäblich keine Schmerzen mehr.

Wenn Sie erst einmal gelernt haben, Ihr Gehirn in Alpha-Mitte zu synchronisieren, merken Sie auch, daß Sie Streß und Schmerz vermindern können. Sie erkennen, daß Sie nicht aufgrund bestimmter äußerer Umstände oder aufgrund des Verhaltens eines anderen Streß empfinden. Die Ursache dafür ist vielmehr Ihr Gehirn, und *das* können Sie durchaus beeinflussen.

Je weiter Sie Ihre Gehirnwellen in den unteren Alphabereich verlagern, desto größere Teile Ihres neuen Gehirns eröffnen sich Ihnen. Ihre Kreativität und Ihre Intuition nehmen mehr und mehr zu.

Die Thetawellen

Im Thetabereich erreichen Sie die tiefsten Zustände der Entspannung, Kreativität und Intuition. Die meisten Menschen erfahren Theta regelmäßig nur beim Einschlafen und Aufwachen. Wenn wir einschlafen, verlassen wir Beta und sinken – über Alpha und Theta – in den Deltazustand des Tiefschlafs. Der umgekehrte Vorgang findet beim Aufwachen statt. Viele Menschen haben schon wenigstens einmal kreative Visionen oder Einfälle an diesen »Nahtstellen« des Bewußtseins gehabt, doch nur wenige von uns sind imstande, im unteren Alpha- und im Thetazustand wach und vollbewußt zu bleiben.

Theta ist auch ein Traumzustand. In den Kapiteln 12 und 13 werden Sie Gelegenheit haben, den Thetabereich in ihren Tag- und Nachtträumen zu erkunden.

Sie werden die Veränderung Ihres Gehirns dadurch einleiten, daß Sie im Rahmen jeder Entspannungsübung nach und nach lernen, den mittleren und unteren Alpha-, dann den oberen und den mittleren Thetabereich zu erreichen. Es ist wie bei der Gymnastik: Sie bewegen einzelne Körperteile, um die Gesundheit des ganzen Körpers zu erzielen. Der Bereich von Alpha-Mitte bis Theta-Mitte, den ich als »tiefe Entspannung« bezeichne, ist von wesentlicher Bedeutung für die Entwicklung Ihrer gesamten Gehirnkapazität.

Schöpferische Menschen haben diese tiefen Zustände langsamer Wellentätigkeit schon immer gekannt – auch wenn sie erst seit relativ kurzer Zeit Gegenstand wissenschaftlicher Untersuchungen sind. Eine der eindrucksvollsten Beschreibungen dieser inneren Schwingungen stammt vom Komponisten Johannes Brahms:

Ich fühle Schwingungen, die mein ganzes Wesen erschauern lassen. (. . .) In diesem erhöhten Zustand erkenne ich alles klar und deutlich, was mir in normalen Stimmungen verborgen bleibt. (. . .) Sobald ich meine Wünsche und Absichten formuliert habe, nehmen diese Schwingungen die Form bestimmter geistiger Bilder an. (. . .) Sofort beginnen die Einfälle auf mich einzuströmen. (. . .) Nicht nur, daß ich bestimmte Themen vor meinem geistigen Auge erschaue – sie sind auch schon in die richtige Form, Harmonie und Orchestration gekleidet. Wenn ich in diesen seltenen, inspirierten Zuständen bin, wird mir das fertige Werk Takt für Takt offenbart. (. . .) Ich bin zwar noch immer bewußt, doch stets im Begriffe, die Besinnung zu verlieren. (. . .) »Unterbewußtsein« ist eine sehr unzulängliche Bezeichnung für solch einen außergewöhnlich starken Geisteszustand. (. . .) »Überbewußtsein« wäre da treffender. (Zitiert in: Melanie Brown, *Attaining Personal Greatness*)

Ziel der Entspannung des ganzen Gehirns ist es, Ihnen zu ermöglichen, sich willentlich in solche »seltenen«, »außergewöhnlich starken Geisteszustände« zu versetzen. Sie brauchen dazu nur zu lernen, diese Schwingungen, die jedem Menschen jederzeit zur Verfügung stehen, in Ihrem Körper und Ihren Emotionen aufzuspüren. Jedesmal, wenn Sie sich tief entspannen, strukturieren Sie Ihr Gehirn um und verwandeln ein »seltenes« Ereignis in eine alltägliche Quelle der Inspiration.

Die Entspannung des ganzen Gehirns

Im verbleibenden Teil dieses Kapitels möchte ich zuerst die Grundprinzipien der Entspannung des ganzen Gehirns erörtern und dann die einzelnen Schritte erläutern, die Sie im Verlauf der Übungskapitel zu bewältigen haben werden.
Die Prinzipien der Entspannung des ganzen Gehirns

1. *Bitten Sie darum und lassen Sie es zu,*
   daß Veränderungen in Ihnen stattfinden
Unser Gehirn ist darauf eingerichtet, auf unser Herz und unseren Geist zu reagieren. Wenn wir mit Herz und Geist darum bitten und zulassen, daß das Gehirn sich verändert, übernehmen wir die Verantwortung für diesen Prozeß der Veränderung. Wenn nicht, handeln wir schlicht nach Gewohnheiten, die uns ihrem Wesen nach nur zeigen können, wo wir einst gestanden haben, nicht aber, wo wir hinwollen.

Das Gehirn reagiert am besten auf sanfte Aufforderungen. Es ist ein äußerst leistungsfähiges, gleichzeitig aber überaus empfindliches Organ. Gehen Sie freundlich mit ihm um, und es wird sich als Ihr Freund erweisen.

Die Veränderung unseres Gehirns *zuzulassen* bedeutet, auf einen natürlichen Prozeß der Selbst-Meisterung zu vertrauen. Wenn wir immer wieder versuchen, es geschehen zu lassen. Wenn wir uns dagegen abrackern, uns abmühen, das Gehirn zur Veränderung zu *zwingen*, dann bringen wir damit zum Ausdruck, daß wir nicht wirklich glauben, es »höre« auf die Wünsche unseres Geistes. Dadurch, daß wir uns in einer Haltung des Bittens und Zulassens üben – und nicht eines bemühten, verbissenen Erzwingenwollens –, erreichen wir die Selbst-Meisterung.

2. *Vergessen Sie nicht, daß es ein Prozeß ist*
Laufenlernen – ein sehr wichtiger Akt der Geist-Gehirn-Körper-Koordination – brauchte seine Zeit. Wir machten Fortschritte, meisterten schließlich die schwierige Kunst des aufrechten Ganges, doch stellten wir uns auf dem Weg dahin oft ziemlich ungeschickt an. Auch die Transformation, die wir jetzt anstreben, braucht ihre Zeit. Sie werden zwar Fortschritte machen, doch das Erlernen der Synchronisierung des

Gehirns ist und bleibt ein schrittweiser Prozeß, der niemals vollendet ist.

3. Beachten Sie die aktuellen sinnlichen Feedback-Effekte Ihrer jeweiligen Gehirnwellenzustände

Das beste Feedback stattfindender Veränderungen im Gehirn, das wir überhaupt empfangen können, sind körperliche und emotionale Empfindungen oder »sinnliche Feedback-Effekte«. Diese kombinierten physisch-emotionalen Informationen stehen uns jederzeit zur Verfügung, doch werden wir uns ihrer nicht immer bewußt. Mein Kollege, der einen Herzanfall erlitt, hatte bereits mehr als ausreichendes sinnliches Feedback empfangen, bevor sein Herz ihm so entschieden mitteilte, daß er jetzt eine Zeitlang kürzertreten müsse; doch in seiner Hetze hatte er es nicht beachtet.

Mit Hilfe der Entspannung des ganzen Gehirns werden wir uns dieses Feedbacks bewußt. Wenn wir ihm nicht gebührende Aufmerksamkeit schenken, zwingen wir unseren Körper und unsere Emotionen dazu, immer lauter an das Tor unseres Bewußtseins zu klopfen.

Alle Biofeedback-Apparate – Thermistoren, Oszilloskope und so weiter – haben nur einen praktischen Zweck: Sie sollen uns auf den einzigen ununterbrochen arbeitenden Biofeedback-Mechanismus aufmerksam machen, den wir überhaupt besitzen – unseren Körper und unsere Emotionen. Ob wir nun mit oder ohne Zuhilfenahme von technischen Apparaten lernen zu fühlen, ob wir uns in Alpha oder Theta befinden – das Ziel ist dabei stets, den Zustand unserer Gehirnwellen in uns zu spüren.

Körperliche Feedback-Effekte sind oft räumlich begrenzt. Ich spüre etwa, wie Wellen sich durch mein Gehirn bewegen, mein Magen fühlt sich an, als sei ein Luftballon darin, oder mein Rücken entspannt sich. Mitunter kann aber der ganze Körper einbezogen sein. Wir spüren dann ein Kribbeln überall, Wallungen und so weiter.

Emotionales Feedback dagegen ist grundsätzlich allgemein, umfassend: *Ich* bin traurig, froh, wütend, ängstlich – nicht meine Füße, mein Kinn oder meine Arme.

Das innere sinnliche Feedback, das dann erfolgt, wenn wir uns vergangene Ereignisse lebhaft vergegenwärtigen oder uns neue vorstellen, kann ebenso stark sein wie ein von unmittelbaren äußeren Reizen veranlaßtes. In Kapitel 4 werde ich Sie bitten, sich einstige Erfahrungen von Frieden, Freude und anderer Formen von Synchronizität ins Gedächtnis zurückzurufen. Je mehr Sie sich darin üben, solche Emotionen im Rahmen Ihrer Entspannungsübungen nachzuvollziehen, desto tiefgreifender strukturieren Sie Ihr Gehirn um – und desto besser gelingt es Ihnen, diese Empfindungen im Hier und Jetzt zu erleben.

Sinnliches Feedback *zeigt* Synchronizität *an* und *schafft* sie zugleich. Gehirn, Körper und Emotionen arbeiten zusammen. Die Synchronizität des Gehirns verursacht sinnliche Feedback-Effekte – emotionale und körperliche Anzeichen von Synchronizität-, welche wiederum eine »Schleife« bilden, auf das Gehirn zurückwirken und ihm mitteilen, daß unser ganzer Organismus synchronisiert ist. Dann befinden wir uns in einem synchronisierten Kreislauf.

Je mehr Sinne wir in diesen Feedback-Prozeß einbeziehen können – und wie ich in Kapitel 9 darlegen werde, deuten zahlreiche Forschungsergebnisse darauf hin, daß wir weit mehr als nur fünf davon besitzen –, desto länger und intensiver ist unsere Erfahrung von Synchronizität. Wenn Sie sich beispielsweise ins Gedächtnis zurückrufen, wie Sie einmal am Meer waren, dann wollen Sie diese Erfahrung möglichst vollständig *auskosten*: die salzige Luft riechen und schmecken, die Wellen und Möwen sehen und hören, die sanfte Brise auf der Haut spüren, den warmen Sonnenschein auf dem Gesicht, den Sand zwischen den Zehen fühlen und so weiter.

Indem Sie lernen, Ihr ganzes Gehirn zu entspannen, werden Sie merken, daß sich Ihr sinnliches Feedback mit Ihnen verändert. Deswegen sagte ich auch, daß Sie auf Ihre *aktuellen* Feedback-Erfahrungen achten sollen. Ich war selbst überrascht, ja bestürzt, als sich nach meinen ersten Entspannungsübungen gewisse Veränderungen in meinen sinnlichen Reaktionen einzustellen begannen. Doch es ist absurd, sein Gehirn verändern zu wollen, ohne zugleich die Veränderung seines sinnlichen Feedbacks anzustreben.

4. *Benutzen Sie synchronisierte sinnliche Affirmationen*
Bestimmte Wörter und Sätze können Ihnen helfen, einen

Zustand tiefer Entspannung zu erreichen. Schon die schlichte Wiederholung des Wortes »Frieden« oder der Aussage »ich bin tief entspannt« kann dazu beitragen, die Frequenz Ihrer Gehirnwellen zu senken. Wie Herbert Benson in *The Relaxation Response* schreibt, hat die Wiederholung entspannender Wörter oder Sätze noch den weiteren positiven Effekt, daß sie unseren Geist von streßerzeugenden Gedanken abbringt.

Jede Affirmation kann hilfreich sein; die beste Wirkung aber zeitigen solche, die *synchronisiert* und *sinnlich* sind – also aus tief synchronisierten Zuständen aufsteigen und von sinnlichen Feedback-Effekten begleitet werden. Für die Übungen zur Entspannung des ganzen Gehirns werde ich Ihnen Affirmationen anbieten, die die meisten meiner Studenten und Klienten als äußerst wirkungsvoll empfinden – etwa »ich bin tief entspannt« oder »ich bin mein synchronisiertes Selbst«. Diese Aussagen könnten sich auch für Sie als nützlich erweisen. Vielleicht finden Sie aber andere Wörter oder Sätze, die sich besser in Ihr privates Glaubensgebäude einfügen.

5. *Benutzen Sie synchronisierte sinnliche Bilder*

Bei vielen Menschen zeitigt die Kombination synchronisierter sinnlicher Affirmationen mit entsprechenden Bildern die besten Erfolge. Eine Affirmation kann ein Bild heraufbeschwören, und ein Bild kann eine Affirmation hervorrufen. Ich werde Sie zum Beispiel auffordern, sich einen Smaragd im Zentrum Ihrer Brust vorzustellen – oder eine Landschaft, die einmal eine besonders entspannende Wirkung auf Sie ausgeübt hat. Sie werden also vom Wort ausgehen und – sofern Sie Erfolg haben – ein Bild erzielen.

Wie im Falle der Affirmationen kommt es bei den Bildern darauf an, daß sie synchronisiert und sinnlich sind. Sie steigen aus einer tiefen Schicht unseres Wesens empor, und wir fühlen sie körperlich und emotional. Viele meiner Studenten und Klienten glauben anfangs, Bilder müßten optischer, visueller Natur sein. Manche sind es tatsächlich, andere aber nicht. Manche Menschen »sehen« geistige Bilder, andere nicht. Nach innen zu schauen ist nur *eine* Art sinnlicher Vorstellung. Hör-, Geschmacks-, Gefühls-, Geruchserfahrungen und andere Formen inneren Feedbacks sind ganz genauso wirkungsvoll. Ein Musiker, mit dem ich befreundet bin, hat noch niemals innere Bilder »gesehen«. Er »hört« sie.

Wir leben heute in einer Kultur, die das Sehen weit höher bewertet als alle übrigen Sinne, und diese tendenzielle Vorliebe wirkt sich auch auf unsere inneren Feedback-Mechanismen aus. Die beste Haltung, die wir bei der tiefen Entspannung einnehmen können, ist eine grundsätzliche Offenheit gegenüber *jedem* sinnlichen »Bild«, das in unserem Bewußtsein auftauchen mag.

Einige dieser sinnlichen Vorstellungen können sich auf reale Orte beziehen, die früher einmal eine tief entspannende Wirkung auf Sie ausgeübt haben. Solche Bilder sind insofern von besonderem Wert, als sie Ihnen helfen, die Grenzen, die Sie sich selbst gesetzt haben, wieder aufzugeben.

6. *Entlassen Sie Ihre begrenzenden Gedanken, Gefühle*
   und Überzeugungen in Ihre innere Synchronizität

Wenn wir uns in einem Zustand tiefer Synchronizität befinden, sind wir eher imstande, unsere Grenzen »loszulassen«, als in jeder anderen Situation. Es erfordert Übung, Zeit und Wiederholung – insbesondere, wenn es dabei um die wichtigeren, »wesentlichen« Abgrenzungen geht, die wir in uns errichtet haben. Ich kenne keinen anderen Weg, unsere Grenzen zu überwinden, als sie loszulassen, während wir synchronisiert sind.

7. *Wenn Sie während einer Entspannungsübung das Gefühl*
   des Entspanntseins verlieren, versetzen Sie sich bewußt
   wieder hinein. Wenn es Ihnen nicht gelingt,
   hören Sie auf und tun Sie etwas anderes

Die meisten von uns haben nie gelernt, einen hohen Grad von Konzentration aufrechtzuerhalten. Unser Geist schweift allzuleicht ab. Wenn Sie während einer Entspannungsübung merken, daß Sie unaufmerksam werden, bitten Sie einfach darum, sich wieder zu zentrieren. Ich habe das selbst sehr oft getan, bevor ich lernte, mühelos über längere Zeit synchronisiert zu bleiben.

Manchmal brauchen Sie auch nichts anderes als eine kurze Pause. Vielleicht haben Sie sich bei der Übung zu sehr bemüht, vielleicht haben Sie sich zu stark auf ein bestimmtes Problem konzentriert, oder Sie sind ganz einfach nicht in der »Stimmung« für tiefe Entspannung. In der zweiten Woche meiner Übungen stieß ich auf Probleme, die mir damals wirklich entsetzlich vorkamen (worum es sich konkret handelte, weiß ich jetzt nicht mehr). Ich beschloß also, mich – so wahr mir Gott helfe! – zu entspannen. Ich setzte mich hin und gelobte, erst wieder aufzustehen, wenn ich mich besser fühlen würde. Der Erfolg war allerdings, daß es mir immer schlechter und schlechter ging. Je mehr ich mich bemühte, desto verkrampfter und frustrierter fühlte ich mich.

Schließlich gab ich mich geschlagen und verspürte auf einmal einen richtigen Heißhunger. Ich ging in die Küche und verschlang eine ganze Schüssel Eiskrem und ein riesiges Stück Schokoladentorte. Dann ging ich ins Wohnzimmer zurück und stellte fest, daß ich mich jetzt wirklich entspannen wollte. Ich führte eine Übung durch und erreichte die tiefste Entspannung meines Lebens.

8. *Seien Sie pragmatisch! Konzentrieren Sie sich auf das,*
   was hier und jetzt funktioniert, und nicht darauf,
   was Sie falsch zu machen glauben.

Alle Methoden und Techniken, die ich Ihnen anbiete, sind nur Mittel zum Zweck – eine Landkarte, die Ihnen auf Ihrem Weg der Selbst-Meisterung von Nutzen sein kann. Verwechseln Sie die Landkarte bitte nicht mit dem Weg selbst! Die wahren Landkarten sind ohnehin in Ihrem Inneren, und jede Technik ist lediglich ein Hilfsmittel, das Sie nach eigenem Ermessen verwenden können, um den richtigen Weg zu finden. Wann immer Sie feststellen sollten, daß eine bestimmte Übung zum *kreativen Schreiben* bei Ihnen jetzt oder überhaupt nicht funktioniert, tun Sie einfach etwas anderes.

Nur ein sehr kleiner Prozentsatz der Techniken, die ich heute verwende, stammt aus meinen ersten Entspannungsübungen mit Conrad Satala. Wir beide lernen von unseren Studenten, erfahren, was bei ihnen funktioniert, und ändern oder erweitern unsere jeweilige Methode ständig. Für jeden von uns besteht die Kunst darin, aus der Fülle möglicher Vorgehensweisen, die wir auf die eine oder andere Art kennenlernen, die besten herauszufiltern.

Die Bibliographie am Ende des Buches enthält zahlreiche Werke zum Thema Entspannung und Meditation. Ich persönlich schätze die folgenden Titel am meisten: *The Relaxation Response* von Benson und Klipper; *Beyond the Relaxation Response* von Benson und Proctor; Joan Borysenkos *Gesundheit ist lernbar*; Swami Muktanandas *Meditate*, M.Basil Penningtons *Centering Prayer*; *Auf der Suche nach Gott* von Swami Ramdas und Shunryu Suzukis *Zen-Geist, Anfänger-Geist*. Ich empfehle Ihnen, verschiedene Methoden auszuprobieren, bis Sie wissen, was bei Ihnen die besten Erfolge zeitigt.

Schon nach den ersten Entspannungsübungen schrieb eine Studentin von mir, sie könne unmöglich weitermachen: diese Techniken seien »Teufelswerk«. Sie hatte gelernt, Entspannung und Meditation seien unchristlich und verstießen gegen die Bibel. Ich bat sie, die tägliche Periode der »Entspannung« als Gebet aufzufassen, und forderte sie auf, innere Bilder heraufzubeschwören, die mit ihrem Glauben in Einklang stehen würden. Sie holte bei ihrem Priester – der auch ihr Vater war – Rat ein. Sie stellten beide fest, daß sich ihr Glauben vertiefte, je mehr sie lernten, ihre Gehirnwellen zu verlangsamen. Die inneren Visionen und das Leben, das sie infolge dieser neuen Form des Gebetes führten, halfen ihnen tatsächlich, bessere Christen zu werden.

Die einzelnen Schritte zur Entspannung des ganzen Gehirns

Nachdem Sie sich diese Prinzipien eingeprägt haben, wollen wir uns nun mit den grundlegenden Schritten der Entspannung des ganzen Gehirns befassenen. Ich werde jeden Schritt einzeln beschreiben und dann – sofern erforderlich – erklären, wie er sich auswirkt – und warum.

Atmen Sie ein paarmal tief durch und wiederholen Sie dabei eine Affirmation wie »Frieden« oder »ich entspanne mich tiefer und tiefer«.

Zu Beginn jeder Entspannungsübung – oder wann immer Sie sich entspannen möchten – sollten Sie unbedingt auf ihre Atmung achten. Atmen Sie so tief wie möglich, bis Sie merken, daß sie entspannter werden. Dann lassen Sie den Atem zwanglos und friedvoll kommen und gehen.

Fühlen Sie einen Smaragd im Zentrum Ihrer Brust,
und lassen Sie es zu, daß seine grünen Wellen Ihr Herzzentrum
erweitern und durch Ihren ganzen Körper strömen.

Brugh Joy, Richard Moss, Norman Cousins, Joseph Chilton Pearce, Conrad Satala, Patricia Sun, Carolyn Congers und andere haben das menschliche Herz und die Rolle untersucht, die es bei jeder konstruktiven Veränderung spielt. Das ist ganz gewiß kein neuer Gedanke! So heißt es in den Sprüchen Salomos: »Wie der Mensch in seinem Herzen denkt, also ist er.« Jede Kultur hat ihre eigene Tradition des herzzentrierten Gebets oder der herzzentrierten Meditation. Lediglich unsere moderne Industriegesellschaft scheint diese Perspektive verloren zu haben. Um so erfreulicher und aufregender finde ich die Tatsache, daß immer mehr Wissenschaftler und Ärzte entdecken, daß der sicherste und wirkungsvollste Weg zur Selbst-Meisterung in der Verbindung von Herz und Geist besteht.

Wenn wir jemanden oder etwas sehr lieben – oder wenn wir einfach die Liebe zum Leben selbst empfinden –, dann schwillt unser Herz buchstäblich an. Im Zentrum unserer Brust, in einem Bereich, der das physische Organ einschließt, aber größer ist als dieses, macht sich eine Ausdehnung, eine Erweiterung bemerkbar. Dies ist ein natürliches biologisches Phänomen, das wir auch mit anderen Säugetieren gemeinsam haben. Wenn ein Säugling die Anwesenheit eines geliebten Menschen bemerkt, dehnt sich sein Herz aus. Er *bindet* sich an diese Person. Er spürt sie, wenn er offen für dieses Gefühl bleibt, für den Rest seines Lebens in seinem Inneren.

Wenn wir tief und innig lieben, wird eine biochemische Reaktion, ein wahres Feuerwerk von körperlichen und emotionalen Empfindungen, im Zentrum unserer Brust ausgelöst. Brugh Joy untersucht dieses Phänomen in *Weg der Erfüllung*, und Joseph Chilton Pearce geht in *Magical Child Matures* auf die Rolle ein, die das Gehirn in diesem Zusammenhang spielt. Joy nennt dieses Anschwellen »die Ausdehnung des Herzzentrums« – des für sich genommen wichtigsten unter den von ihm erforschten Energiezentren. In der hinduistischen Tradition wird es das »Herz-Chakra« genannt.

Ich glaube, daß diese Ausdehnung des Herzens das Tor zur tiefen Entspannung ist. Ich fange immer damit an, weil das Herz der natürlichste und sanfteste Weg zur Ausdehnung des Gehirns ist.

Denken Sie daran: Wenn ich Sie auffordere, einen Smaragd in der Mitte Ihrer Brust, in Ihrem Herzzentrum, zu fühlen und zu *spüren*, wie er in Ihrem Inneren aufgeht, dann kann es sein, daß Sie ihn visualisieren – oder auch nicht. Halten Sie sich an die Ihnen gemäße sinnliche Reaktion, wie immer sie auch beschaffen sei. Und vergessen Sie nicht, daß Ihr persönliches Feedback sich durchaus immer wieder verändern kann.

Ich bitte Sie aus drei Gründen, sich einen Smaragd vorzustellen. Erstens besitzt dieser Edelstein – wie andere übrigens auch – Heilkräfte, die sich alle Kulturen zu allen Zeiten zunutze gemacht haben. Zweitens neigen viele Menschen heutzutage dazu, sich in ihrem Inneren statt echter, räumlicher Gegenstände nur »flache Objekte«, zweidimensionale Bilder, vorzustellen. Wir sind aber dreidimensional. Unser Energiefeld ist dynamisch und ganzheitlich, niemals flach. Drittens hat die Farbe Smaragdgrün ein Wellenmuster, das dem Wellenmuster des mittleren Alphabereichs entspricht – des ersten Bereiches, das Sie an sich erforschen werden.

Stellen Sie sich gleichzeitig einen Smaragd im Mittelpunkt Ihres Gehirns vor und spüren Sie, wie sich seine smaragdgrünen Wellen durch Ihr ganzes Gehirn ausbreiten – durch das alte Gehirn . . . das Mittelhirn. . ., die rechte Hemisphäre . . . und die linke Hemisphäre.

Pearce erklärt, daß zwischen dem Herzen und dem Mittelhirn bedeutende und vielfältige biochemische Verbindungen bestehen. Indem Sie den Smaragd zuerst in Ihrem Herzen und dann in Ihrem Mittelhirn konkret fühlen, verfestigen Sie diese Verbindung und veranlassen den Ausstoß zahlreicher Hormone, die es Ihnen erleichtern, anhand Ihres sinnlichen Feedbacks zu erkennen, daß dieser Prozeß gerade in Ihnen stattfindet.

Bitten Sie Ihr ganzes Gehirn, sich mit den grünen Wellen im mittleren Alphabereich zu synchronisieren, und lassen Sie es zu, daß die Empfindung der Wellen sich ausbreitet und Sie vollständig erfüllt: Gehirn, Körper und Aura.

Bitten Sie darum, die Wellen, die konkreten Energieschwingungen, in Ihrem Inneren zu fühlen – wie sie sich zuerst in Ihrem ganzen Gehirn ausbreiten und dann, über das Rückenmark, jede einzelne Zelle Ihres Körpers durchdringen. Vielleicht empfangen Sie dieses bestimmte sinnliche Feedback gleich von Anfang an. Es ist aber ebenso möglich, daß Sie die ersten paar Male andere Wirkungen erfahren. Früher oder später werden Sie aber auf jeden Fall lernen, die Bewegung der Wellen in Ihrem ganzen Körper zu spüren.

Wiederholen Sie diese Schritte: erst mit den blauen Wellen eines Saphirs im unteren Alpha-, dann mit den violetten Wellen eines Amethysts im oberen Theta- und schließlich mit den weißen Wellen eines Diamanten im mittleren Thetabereich.

Einige meiner Studenten möchten am liebsten direkt nach Theta-Mitte vorstoßen, weil sich dieser Frequenzbereich so wunderbar anfühlt. Es besteht die Gefahr, daß man sich unbewußt einredet, Smaragdgrün sei gut, Saphirblau sei besser, Amethyst-Violett sei noch besser und Diamant-Weiß sei am allerbesten. Doch das Gehirn funktioniert nicht so. Kosten Sie jede Farbe, jeden einzelnen Schritt des Synchronisierungsprozesses aus. Dann wird der schließlich erreichte Zustand der Synchronizität tiefer und von längerer Dauer sein.

Sobald Sie den Diamanten fühlen, empfinden Sie dessen Mittelpunkt als Ihr eigenes Herzzentrum. Bitten Sie ihn, sich auszudehnen und Ihr Gehirn, Ihren Körper und Ihr gesamtes Energiefeld auszufüllen. Empfinden Sie diesen Diamanten, seine weißen Wellen, die sich durch Ihr Gehirn, Ihren Körper und über dessen Grenzen hinaus bewegen, als Ihr eigenes synchronisiertes Selbst. Sprechen Sie die Affirmation: »Ich bin mein synchronisiertes Selbst.« Bitten Sie zuerst um ein sinnliches Bild aus Ihrem synchronisierten Selbst und dann um eine Affirmation aus demselben tiefen Raum in Ihrem Inneren.

Während der Übung zur Entspannung des ganzen Gehirns sollten Sie unbedingt auf das sinnliche Feedback achten, das Sie von Ihrem synchronisierten Selbst empfangen. Dieses Feedback ist die Grundlage sowohl des Tagebuchschreibens als auch des Lebens aus/mit dem ganzen Gehirn. Die synchronisierten sinnlichen Affirmationen und Bilder kommen aus Ihrem Inneren. Sie haben für Sie einen weit größeren Wert als alle Worte oder Bilder, die Sie von anderen Menschen empfangen können. Diese Botschaften werden sich verändern – vielleicht täglich, vielleicht sogar noch häufiger, aber sie können Ihnen helfen, das Gefühl tiefer Entspannung während des Tagebuchschreibens und bei jeder anderen Tätigkeit immer wieder zurückzuholen.

Fühlen Sie, wie sich Ihr synchronisiertes Selbst ausdehnt, und stellen Sie sich eine frühere Situation vor, in der Sie tiefen Frieden erfahren haben. Benutzen Sie Ihren gesamten Sinnesapparat, um sich die Szene zu vergegenwärtigen – Ihr inneres Gesicht, Gehör, Gefühl, Ihr Schmeck- und Riechvermögen und was immer Ihnen sonst an Sinnen zu Gebote steht. Spüren Sie die Synchronizität dieser Szene. Bitten Sie darum, daß alle Ihre gegenwärtigen begrenzenden Gedanken, Gefühle oder Überzeugungen in diese Szene geholt werden, und lassen Sie es zu, daß sie vom Gefühl der Synchronizität transformiert werden.

Vielleicht haben Sie die Empfindung der Ausdehnung bereits, wenn Sie diese Übung zum allerersten Mal durchführen. Es kann auch etwas länger dauern. Sobald es aber geschieht, haben Sie die felsenfeste Gewißheit, daß es ganz in Ihrer Macht steht, mehr Synchronizität in Ihrem Leben zu schaffen. Es ist eine mächtige und dauerhafte Erlösung, eine selbsttätige, schrittweise Befreiung von den eigenen Begrenzungen.

Manchmal werden Sie ganz genau wissen, was diese begrenzenden Gedanken, Gefühle und Überzeugungen sind, manchmal auch nicht. Wenn Ihnen irgend etwas auf der Seele liegt, dann werden Sie auch wissen, was gerade in Ihr synchronisiertes Selbst überführt wird. Wenn Sie sich aber rundum gut fühlen, kann es durchaus sein, daß Sie die konkrete Natur Ihrer Begrenzung selbst gar nicht kennen. Wie dem auch sei – es spielt wirklich nicht die geringste Rolle. Es kommt einzig und allein darauf an, daß Sie Ihre Grenzen loslassen und dem Prozeß der Selbst-Meisterung gestatten, sich frei zu entfalten.

Gestatten Sie dem Gefühl im Zentrum Ihrer Brust, sich in die Schulter, den Arm, die Hand und die Finger auszudehnen, mit denen Sie schreiben. Kosten Sie das Gefühl von Synchronizität aus. Sobald Sie in sich die Bereitschaft verspüren, dieses Gefühl in kreative Aktivität umzusetzen, schreiben Sie.

Sie müssen nichts anderes tun, als das weiße Licht, den synchronisierten Fluß von Energie zu spüren. Schreiben Sie erst, wenn Sie an Ihrem sinnlichen Feedback deutlich erkennen können, daß der richtige Augenblick gekommen ist. Der Anstoß zum Tagebuchschreiben sollte die vollkommene Einheit in Ihrem Inneren sein – ein Wort, ein Satz, ein Gefühl oder ein Bild.

Machen Sie sich keine Sorgen um den Inhalt Ihres Schreibens. Ich werde Ihnen für jede Übung bestimmte Fragen oder Themen vorschlagen. Lassen Sie aber stets Ihr synchronisiertes Selbst zu Ihnen sprechen. Lauschen Sie ihm, folgen Sie ihm; Sie können später in aller Ruhe darüber nachdenken, was die Botschaft bedeutet. Das kreative Schreiben gerät häufig dadurch ins Stocken, daß automatische Gedankenmuster den freien Fluß der Kreativität hemmen. Achten Sie einfach nur auf das Gefühl von Synchronizität, und die Worte werden aus dieser Quelle hervorströmen.

Bisweilen werden Sie nicht den Wunsch verspüren, Tagebuch zu schreiben. Ich selbst führe beispielsweise jede Nacht vor dem Einschlafen eine Entspannungsübung durch und springe nur selten aus dem Bett, um zu schreiben. Wenn Sie sich also nur tief entspannen wollen, lassen Sie einfach den letzten Schritt aus.

Zweiter Schritt:
Tagebuchschreiben aus dem
ganzen Gehirn

Das Schreiben zählt zu den großen Leistungen des menschlichen Geistes, in denen sich seine Freiheit ausdrückt. Es läßt der Individualität Raum. Es ist eine Quelle der Freude, ein Weg, auf dem es vieles zu entdecken gibt. Wer sein eigenes Leben schreibend verfolgt, vertrauensvoll und gelassen, empfindet die Welt immer als einladend und rätselhaft, als unermeßliche Sphäre, die lebendige Realität und Unberechenbarkeit des Traums miteinander vereint. Durch das Hin-und-her-Wechseln zwischen Erlebnis und Gedanke gelangt der Schreibende über Raum und Zeit hinaus. Ihm gehört das ganze unerforschte Reich der menschlichen Vorstellungskraft.
William Stafford: *Writing the Australian Crawl*, zitiert in: Gabriele Lusser Rico: *Garantiert schreiben lernen*

Wenn Sie schreiben wollen, benötigen Sie nichts anderes als Papier, Stift und ein kleines bißchen Grips. Sie brauchen keine besondere Bildung oder überdurchschnittliche Intelligenz. Sie brauchen keine Rechtschreibung oder Zeichensetzungsregeln zu beherrschen. (. . .) Das einzige, was Sie brauchen, wenn Sie schreiben wollen, ist Erfahrung: Erfahrung im Leben und Erfahrung im Schreiben. Die Lebenserfahrung haben Sie bereits. Die Schreiberfahrung erwerben Sie, wenn Sie den Willen haben, Worte zu Papier zu bringen, dabei stets ehrlich zu sein und aus Ihrer Tätigkeit zu lernen. (. . .) Wie der Grips ist die Fähigkeit zu schreiben nichts, was Sie sich erst aneignen müßten; Sie haben sie bereits, auch wenn Sie es vielleicht noch gar nicht wissen. Jeder Mensch *kann* es. *Jeder Mensch kann schreiben*.
Jean Bryant: *Anybody Can Write*

Die Geschichte begann vor einigen Jahrtausenden mit der Erfindung der Schrift. »Geschichte« und »Geschichtsschreibung« sind also in gewissem Sinne gleichbedeutend. Seit jenem Ur-Anfang – und namentlich seit der Erfindung der Druckerpresse vor etwa 500 Jahren – haben viele Menschen schreiben gelernt.

Und trotzdem, obwohl jeder von uns sich diese Fertigkeit angeeignet hat, gibt es nur wenige Tätigkeiten, die bei uns zulande so sehr mit Ängsten besetzt sind wie das Schreiben. Auf diese Tatsache werde ich im Rahmen der Beta-Mythen näher eingehen. Für die meisten von uns war das Schreibenlernen eine sehr spannende Angelegenheit, die wir – ebenso wie das Lesenlernen – praktisch alle mit gutem Erfolg bewältigten. Wenn Sie das Buch bis zu diesem Punkt gelesen haben, dann beherrschen Sie diese zwei »Künste« in mehr als ausreichendem Maße.

Wieviele Menschen aber haben wirklich das *Bewußtsein*, daß sie schreiben können? Wieviele Menschen sind schon imstande, sich angesichts einer negativen Beurteilung ihrer »literarischen« Erzeugnisse einfach zu sagen: »Na gut, dieser Lehrer (Freund, Redakteur, was auch immer) hat einen anderen Geschmack als ich. Ich bin froh, daß ich selbst mit mir als Autor(in) vollauf zufrieden bin.«

Vermutlich fühlen sich wenigstens 99 Prozent von uns schon bei der allergeringsten Kritik an ihrem Schreibstil persönlich angegriffen und geraten unweigerlich in Streß. Deswegen ist es auch so wichtig, daß wir lernen, unsere vielfältigen Ängste in bezug auf das Schreiben abzubauen.

Im Laufe der letzten Jahrzehnte sind zahlreiche Bücher erschienen, mit deren Hilfe wir lernen können, freier und kreativer zu schreiben. Mir gefallen die folgenden am besten: Ira Progoffs *Practice of Process Meditation* und *At a Journal Workshop*; Jean Bryants *Anybody Can Write*; Lucia Capacchiones *The Creative Journal* und *The Power of Your Other Hand*; Natalie Goldbergs *Writing Down the Bones*; Henriette Anne Klausers *Writing on Both Sides of the Brain*; Tristine Rainers *The New Diary* und Gabriele Lusser Ricos *Garantiert schreiben lernen*. Ira Progoff und Lucia Capacchione kombinieren Meditation mit Tagebuchschreiben; Jean Bryant, Henriette Klauser und Gabriele Lusser Rico werten Erkenntnisse der modernen

Gehirnforschung aus, die uns dabei helfen können, die zwei Hemisphären des neuen Gehirns zu integrieren. In Kapitel 12 werden Sie das *Clustering* kennenlernen, eine von Frau Rico entwickelte Form des »Brainstorming«.

Fünf Beta-Mythen über das Schreiben

Diese Mythen sind ebenso überzeugend und irreführend wie die über die Entspannung. Ich kann das beurteilen, denn ich habe sie zu verschiedenen Zeiten meines Lebens selbst alle für wahr gehalten und in den ersten Jahren meiner Dozententätigkeit auch an meine Studenten weitergegeben. Diese Mythen halten viele von uns davon ab, eine der großen Freuden auszukosten, die das Leben uns bieten kann: uns selbst schreibend auszudrücken.

Mythos 1: Es gibt eine abstrakte, allgemeingültige »richtige Art« zu schreiben

Diese »richtige Art« zu schreiben habe ich in der Grundschule, der Oberschule und auf der Universität gelernt. Diesem ersten Mythos zufolge gibt es bestimmte Regeln, die Deutschlehrer und ähnliche Autoritäten beherrschen und die wir uns als Schüler und Studenten anzueignen haben. Die Lehrer fordern uns auf, zu schreiben, und wir gehorchen, auch wenn wir nicht immer wissen, was von uns eigentlich genau erwartet wird. Wenn wir unsere Aufsätze zurückbekommen, sind sie von roten Zeichen übersät, die uns vor Augen führen, was wir alles noch nicht gelernt haben. Je länger es auf der Schule dauert, bis wir diese »verbindlichen« Regeln beherrschen, desto stärker wird unser innerer Widerstand gegen jede Art von Schreiben überhaupt.

Wenn Sie jünger als dreißig sind (oder älter und ein ausgesprochenes Glückskind), dann hat man Ihnen in der Schule vielleicht beigebracht, daß es *keine* solchen allgemeingültigen Regeln, *keine* abstrakte »richtige Art« zu schreiben gibt. Seit einigen Jahren geht man mehr und mehr dazu über, die Qualität eines Textes *relativ* zu beurteilen, seine Bewertung also davon abhängig zu machen, was der Autor beabsichtigte, welche Zielgruppe er im Auge hatte, wovon sein Text handelt und welche Sprachebene unter Berücksichtigung dieser verschiedenen Faktoren angemessen erscheint. Das Verhältnis zwischen Autor, Leser, Stoff und Sprache wird graphisch im allgemeinen in Form eines Dreiecks wiedergegeben.

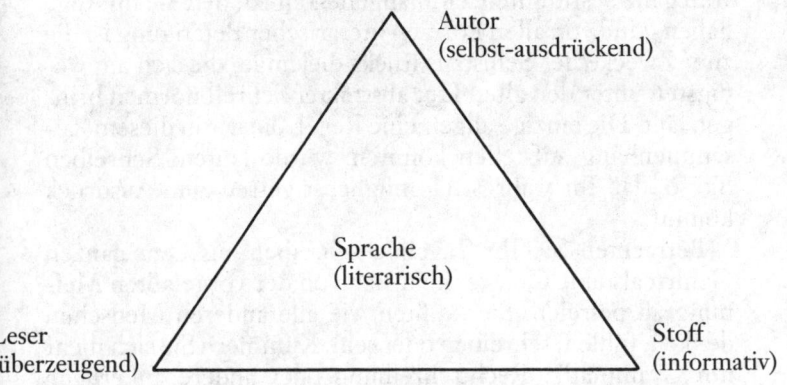

Autor
(selbst-ausdrückend)

Sprache
(literarisch)

Leser
(überzeugend)

Stoff
(informativ)

Der jedem Element jeweils angemessenste Stil wird in Klammern angegeben: Ein Text, der in erster Linie die Vermittlung eines bestimmten Stoffes anstrebt, sollte informativ sein; einer, der eine bestimmte Wirkung auf den Leser anstrebt, überzeugend; einer, bei dem die Sprache im Mittelpunkt steht, literarisch, und ein autorbezogener Text sollte selbst-ausdrückend sein.

Aus diesem Grunde würde ich Ihnen als Lehrer nicht *die richtige Art* zu schreiben vermitteln. Ich würde vielmehr sagen: Wenn Sie einen *informativen* Artikel schreiben, wird der Gegenstand selbst, für den Sie sich entschieden haben, – unter Berücksichtigung der Leserschicht, die Sie ansprechen wollen, und des Rahmens, in welchem dies geschehen soll – Wortwahl, Satzbau und Stil bestimmen. Bei einem *überzeugenden* Text wäre die bestimmte Zielgruppe, die Ihnen vorschwebt, Ihr Kriterium für die Auswahl des Stoffes, des Stils und des konkreten Rahmens (Zeitschrift, Buch, Vortragsraum und so weiter). Wenn Sie sich an der Belletristik versuchen wollen, würde die von Ihnen gewählte *literarische* Gattung (Gedicht, Kurzgeschichte, Roman, Drama) weitgehend über Stil, Publikum und äußeren Rahmen entscheiden. Wenn Sie schließlich schreiben wollen, um *sich selbst auszudrücken*, würden Sie im allgemeinen ein Tagebuch führen, und Sie wären Ihr eigener Leser.

Ich wäre kein guter Lehrer, wenn ich Ihnen einzureden versuchte, daß es nur eine Art zu schreiben gibt – unabhängig vom ganz bestimmten, einmaligen Kontext, den Sie im Auge haben. Und von allen Formen literarischer Betätigung ist die zum Zwecke des Selbstausdrucks diejenige, die sich am wenigsten unter den alten Hut abstrakter Schreibnormen bringen läßt. Die einzige allgemeine Regel, die wir in diesem Zusammenhang aufstellen könnten, würde lauten: Schreiben Sie so, daß Ihr wahres Ich möglichst getreu zum Ausdruck kommt.

Betrachten Sie Ihr Tagebuchschreiben aus dem ganzen Gehirn als eine Gelegenheit, sich von der vorgefaßten Meinung zu befreien, Sie müßten wie alle anderen Menschen denken, fühlen, schreiben oder sein. Kümmern Sie sich nicht um Grammatik, Rechtschreibung oder andere äußerliche Zwänge. Wenn es Ihnen in erster Linie darum geht, die Leistungsfähigkeit Ihres Gehirns zu entwickeln, um Ihr Leben zu meistern, dann können Sie unbesorgt alles vergessen, was Sie je über die »richtige Art« zu schreiben gehört oder gelesen haben und sich voll und ganz darauf konzentrieren, was Sie *sich selbst* sagen wollen.

Mythos 2: Ich kann nicht schreiben, ich bin kein »Schriftsteller«

Wir können unter der Bezeichnung »Schriftsteller« zweierlei verstehen:

1. Van Gogh sagte einmal: »Jeder, der malt, ist ein Maler.« So gesehen ist jeder, der schwimmt, ein Schwimmer, jeder, der denkt, ein Denker, jeder, der schreit, ein Schreier, – und jeder, der Schriften (geschriebene Texte) erstellt, ist ein Schriftsteller. Ein solcher »Schriftsteller« ist ein Amateur, wörtlich ein »Liebhaber«, ein Liebhaber des Schreibens. Wenn ich im folgenden von »Schriftstellern« rede, dann verwende ich den Begriff in diesem allgemeinen Sinne.

2. Ein Mensch, der seine Schriften veröffentlicht und da-

von seinen Lebensunterhalt bestreitet, ist ein »professioneller Schriftsteller«. Der Einfachheit halber wollen wir diesen Schriftsteller im engeren Sinne als »Autor« bezeichnen.

Vor einigen Jahren bekam ich von meinem Sohn Avery, der gerade ein bißchen schreiben gelernt hatte, den folgenden Brief:

Lieber Papa
Ich hab dich lieb.
In Liebe
Avery.

Nach unseren beiden Definitionen war er, als er diesen Brief verfaßte, zwar kein Autor, aber er war ein Schriftsteller.

Die meisten Menschen glauben, sie könnten nicht schreiben, weil sie meinen, nur Autoren seien *wirkliche Schriftsteller.* Das Vorurteil, man müsse ein Autor sein, um zu schreiben, ist offensichtlich dann ganz besonders falsch, wenn es darum geht, sich im Schreiben selbst auszudrücken. Fast alle professionellen Schriftsteller führen ein Tagebuch ausschließlich für sich selbst. In den eher seltenen Fällen, in denen solche Aufzeichnungen veröffentlicht werden, haben die Autoren eben meist (bewußt oder unbewußt) von vornherein für die Öffentlichkeit – und nicht für sich selbst – geschrieben.

Es kann recht lange dauern, bis man ein Autor wird. »Schriftsteller« im Sinne der ersten Definition zu werden ist dagegen einfach. Averys Brief zeigt, daß Volksschulbildung dazu vollkommen ausreicht.

Wenn Sie sich von dem Mythos befreien, der Amateurschriftsteller mit professionellen Autoren verwechselt und bestimmt, daß jeder Schreibende zur letzteren Gattung gehören muß, sind Sie bald auch imstande, sich selbst als »Schriftsteller« zu akzeptieren. Sie wissen dann, daß Sie für sich selbst schreiben.

Mythos 3: Jedesmal, wenn ich zu schreiben versuche, verspüre ich einen Blockierung

Diese »Schreib-Blockierung« kann zwei Ursachen haben. Einmal wird er vom zweiten Mythos bewirkt (»Ich kann nicht schreiben, weil ich kein Schriftsteller bin«). Die zweite Ursache ist allgemeiner Natur: eine Blockierung Ihrer kreativen

Energie, die nicht direkt etwas mit Schreiben zu tun hat. Nach meiner Erfahrung ist die wirkungsvollste Methode, jede Art von blockierter Energie freizusetzen, sich tief zu entspannen. Aus diesem Grund beginnt das kreative Tagebuchschreiben auch immer mit der Entspannung des ganzen Gehirns. Je erfahrener Sie in der tiefen Entspannung werden, desto leichter wird es Ihnen fallen, jede beliebige Blockierung, auf die Sie während des Schreibens stoßen mögen, zu überwinden.

Ich habe gelernt, mich zu entspannen und Tagebuch zu schreiben – und wann immer ich spüre, daß der Fluß meiner kreativen Energie blockiert ist, höre ich auf zu schreiben, entspanne mich und fange dann wieder an. Dieser Prozeß ist mir so sehr in Fleisch und Blut übergegangen, daß er ganz automatisch abläuft. Vor ein paar Semestern führte ich einmal meine Studenten durch eine Entspannungsübung und fing anschließend selbst auch an, Tagebuch zu schreiben. Am Ende der Stunde kam eine Studentin zu mir nach vorn und sagte: »Sie haben mir heute wirklich geholfen. Ich habe gesehen, wie Sie den Stift hinlegten, die Augen schlossen und sich entspannten und dann einfach wieder zu schreiben anfingen. Ich konnte jahrelang kein Wort zu Papier bringen, ich war absolut blockiert. Jetzt habe ich gemerkt, daß es gar nicht so schlimm ist, wenn man sich nur ein bißchen entspannt.« Ich lächelte, dankte ihr, und als sie den Seminarraum verließ, wurde mir klar, daß ich selbst lange Zeit unter einer solchen Blockierung gelitten hatte. Die Entwicklung und Aneignung dieser neuen Art, Tagebuch zu schreiben, hatte mich so von meinem Problem abgelenkt, daß ich es völlig vergessen hatte.

Mythos 4: Schreiben ist schwierig

Ich glaube, daß dieser Mythos in engem Zusammenhang mit dem ersten steht – mit der Vorstellung, es gebe eine »richtige Art« zu schreiben. Dieser abstrakten Idee nachzujagen ist *tatsächlich* eine arge Mühsal. Es ist immer unser – für eine »Beta-Weltanschauung« typischer – Versuch, den gesellschaftlichen Normen zu entsprechen, der uns alles schwierig erscheinen läßt.

Sobald Sie aber lernen, beim Tagebuchschreiben vom

Beta- in den unteren Alpha- und den Thetabereich zu wechseln, werden Sie feststellen, daß es leicht ist und auch noch Spaß macht. Wenn Sie zwischendurch ins Stocken geraten, so heißt das lediglich, daß Sie sich in Beta befinden – und daß es höchste Zeit ist, wieder »unterzutauchen«.

Mythos 5: Wenn ich erst einmal das kreative Tagebuchschreiben beherrsche, habe ich die für mich »richtige Art« zu schreiben gefunden

Diesem speziellen Mythos bin ich weiß Gott aufgesessen! Es ist so aufregend, eine neue Schreibtechnik zu entdecken! Ich möchte am liebsten auf die Straße gehen und sie der ganzen Welt verkünden, und ein Teil von mir möchte sich für immer daran klammern – *bis an mein Lebensende!*

In Wahrheit verändert sich das kreative Tagebuchschreiben genauso, wie wir uns verändern. Die Entspannung des ganzen Gehirns, das Tagebuchschreiben und das Leben mit dem ganzen Gehirn führen uns in immer tiefere Ebenen des Bewußtseins, weil das eben die Natur der Erweiterung des ganzen Gehirns ist. Sich an eine bestimmte Ebene zu klammern, als sei sie die endgültige Wahrheit, heißt, den stetigen Prozeß der Selbst-Meisterung zu leugnen.

Es ist natürlich, sich an etwas zu klammern – ebenso natürlich wie loszulassen. Die meisten von uns sind so sehr ans Festhalten gewöhnt, daß es ihnen nicht einmal bewußt wird, wenn sie es tun. Je mehr wir das Loslassen üben, desto deutlicher erkennen wir, daß es neben dem Klammern durchaus auch andere Alternativen für uns gibt. Indem wir immer und immer wieder loslassen, verschaffen wir uns die Möglichkeit, im alltäglichen Leben unser volles Potential auszunutzen.

Diese fünf Betamythen sind falsche Überzeugungen, die uns davon abhalten, dieses Potential zu verwirklichen. In Kapitel 9 (»Überzeugungen ändern«) werden Sie lernen, wie Sie diese und andere etwaigen Glaubenssätze loslassen können.

Die Elemente des Tagebuchschreibens
aus dem ganzen Gehirn

Das kreative Tagebuchschreiben beginnt mit der Entspannung des ganzen Gehirns.

Es ist Ihr Ziel, die Entspannung des ganzen Gehirns in den Akt des Tagebuchschreibens einzubringen. Es wäre im höchsten Grade überraschend, wenn es Ihnen gelänge, dieses Vorhaben gleich beim ersten Versuch hundertprozentig zu verwirklichen. Sie werden jedoch schon binnen relativ kurzer Zeit imstande sein, während des Schreibens den wohltätigen Fluß der Entspannung in sich zu spüren. Bemühen Sie sich nicht, versuchen Sie nichts zu erzwingen. Bitten Sie und lassen Sie es zu, und Sie werden mehr und mehr feststellen, daß Ihre Worte mit dem inneren Strom der Entspannung aufsteigen und sich aufs Papier ergießen.

Die Entspannung des ganzen Gehirns ist wie ein innerer Motor, der Ihnen die nötige Kraft gibt, Ihr Leben zu verändern. Das Tagebuchschreiben aus dem ganzen Gehirn ist gleichsam das Getriebe, das die Kraft in Bewegung umsetzt und ihre Richtung bestimmt. Ich kenne Menschen, die verschiedene Formen der Entspannung oder Meditation beherrschen, es aber nicht gelernt haben, die in diesen tiefen Zuständen gewonnenen Gefühle und Einsichten in ihr Leben zu übertragen. Das Tagebuchschreiben ist das unerläßliche Bindeglied zwischen der tiefen Entspannung und dem Leben mit dem ganzen Gehirn.

Tagebuchschreiben aus dem ganzen Gehirn ist kreatives Schreiben aus dem rechten/ganzen Gehirn.

Wenn Sie spüren, wie die tiefe Entspannung Sie durchströmt und Sie dieses Gefühl in den Akt des Tagebuchschreibens einfließen lassen, dann entwickeln und kräftigen Sie die Nervenbahnen, die Ihr Mittelhirn mit der rechten Hemisphäre verbinden. Eine verstärkte Aktivität dieser Gehirnhälfte aber führt – da Sie dadurch Ihr Gehirn transformieren – unmittelbar zur Selbst-Meisterung. Je mehr wir die rechte und die linke Hemisphäre des neuen Gehirns benutzen, desto müheloser verändern wir unser ganzes Leben.

Ich möchte mit allem Nachdruck betonen, daß *jede* Tätigkeit kreativ sein und insofern eine verstärkte Aktivität der rechten Gehirnhälfte mit sich führen kann. Ich habe Kurse in modernem Tanz, Malerei und Musik besucht. Ich habe von einigen hervorragenden Handwerkern das kreative Tischlern erlernt. Beim Ausbau meiner Hütte am See lernte ich Gipsdielen anzubringen, Wände und Decken zu verputzen, eine Anlegestelle zu bauen und viele andere Dinge mehr. Alle diese Tätigkeiten sind für mich – insoweit ich dabei meine rechte Gehirnhälfte benutzte – kreativ gewesen. (Und die reinsten Katastrophen, wenn ich nicht synchronisiert war.)

Zwischenmenschliche Beziehungen können gleichfalls kreativ sein – oder auch nicht. Ich lerne ständig neue Weisen, Ehemann/Liebhaber, Vater, Sohn und Arbeitskollege zu sein. Wenn ich den Wellen kreativer Energie gestatte, frei zu fließen, kann ich buchstäblich fühlen, wie meine rechte Hemisphäre und andere Bereiche meines Gehirns aktiv werden.

Ich möchte nicht den Eindruck erwecken, als wollte ich Ihnen das kreative Schreiben *im Gegensatz* zu anderen schöpferischen Aktivitäten empfehlen. Ich meine vielmehr, daß dies *eine* wesentliche Form von Kreativität unter vielen anderen sein sollte. Bleiben Sie jeder schöpferischen Betätigung, an der Sie schon jetzt Ihre Freude haben, treu; öffnen Sie sich jedem neu aufkeimenden Interesse, und auch die Kreativität Ihres Tagebuchschreibens wird davon profitieren.

Tagebuchschreiben ist eine körperliche Tätigkeit. Wir nehmen einen Stift zur Hand, legen ein Blatt Papier bereit und erschaffen etwas, das vorher nicht dagewesen war. Diese physische Betätigung aktiviert das alte Gehirn. Indem wir Gedächtnis, Empfindungsfähigkeit, Willenskraft und Liebe in unser Schreiben einfließen lassen, aktivieren wir das Mittelhirn. Eine kreative Vision, die wir entweder in einer Zeichnung festhalten oder mit sprachlichen Mitteln beschreiben, intensiviert die Aktivität unserer rechten Hemisphäre.

Jede Art kreativen Schreibens ist ein Akt der Imagination, ein komplexer Tanz, der sich zwischen den zwei Hälften des neuen Gehirns abspielt. Dieser Austausch kräftigt das Corpus callosum, den aus Nervenfasern bestehenden »Balken«, der die beiden Großhirnhemisphären miteinander verbindet. So fließen auch blitzartige Intuitionen in den Akt des Tagebuchschreibens ein – plötzlich eintretende Aktivitätsschübe im neuen Gehirn.

Der Wert andersgearteter schriftstellerischer Tätigkeiten ist mir selbstverständlich ebenso bewußt. Informative, überzeugende und literarische Texte spielen in vielen Bereichen unseres Lebens eine kaum zu überschätzende Rolle. Wenn ich mich hier so auf das Tagebuchschreiben konzentriere, dann deswegen, weil ich glaube, daß jeder von uns eine solche Gelegenheit braucht, in erster Linie (wenn nicht sogar ausschließlich) für sich selbst zu schreiben. Sobald wir ein größeres Publikum ansprechen wollen, verfallen wir leicht in den Fehler, uns zu fragen, was oder wie wir schreiben *sollten*, wodurch unsere Kreativität erheblich gehemmt wird. Wenngleich solche Überlegungen auch beim Tagebuchschreiben auftreten können, kommt dies doch im allgemeinen weit seltener vor als bei anderen schriftstellerischen Tätigkeiten.

Als ich anfing, wissenschaftliche Artikel zu schreiben, führte ich noch kein Tagebuch, und ich war bei meinen Versuchen, meine Arbeiten zu veröffentlichen, nicht sehr erfolgreich. Einen Verleger zu finden kann – insbesondere für einen Neuling – wirklich ein mühsames und langwieriges Unterfangen sein. Von meinen ersten drei Artikeln wurde, bevor ich das Tagebuchschreiben aufnahm, einer zur Veröffentlichung angenommen. Die nächsten vier, die ich *danach* verfaßte, wurden ausnahmslos akzeptiert.

Der Grund dafür war, wie ich glaube, die Tatsache, daß ich durch das Tagebuchschreiben mehr Selbstvertrauen in bezug auf meine schriftstellerischen Fähigkeiten gewann; die Kreativität, die dadurch freigesetzt wurde, konnte dann auch in meine wissenschaftlichen Arbeiten einfließen. Der Großteil meiner Schriften – meine Tagebuchaufzeichnungen – wurde einfach deswegen »akzeptiert«, weil er für mich selbst bestimmt war. Viele Autoren führen ein Tagebuch. Sie wissen, daß sie ein »Kreativitätsventil« brauchen, das durch keinerlei Gedanken an Abgabefristen, mögliche Ablehnungen und Honorare in seiner Funktion beeinträchtigt werden kann. In vielen Fällen kamen ihnen die Ideen zu ihren besten Arbeiten gerade beim Tagebuchschreiben.

Das Tagebuchschreiben aus dem ganzen Gehirn ist ein freies Schreiben, das aus einem gewaltigen Reservoir innerer Weisheit schöpft.

Indem Sie sich entspannen und Tagebuch schreiben, entdecken Sie die wahre Natur dieser Tätigkeit: *Sie ist frei*. Das kreative Tagebuchschreiben hilft Ihnen dabei, sich von innen heraus in einen freien Menschen zu verwandeln. Sobald Sie sich dem Diktat gesellschaftlicher Normen entziehen, haben Sie die Möglichkeit, herauszufinden, wer sie wirklich sind (statt, wie bisher, wer Sie Ihrer Meinung nach sein sollten). Je freier Sie sich dabei fühlen und je geringer die Erwartungen sind, die Sie in das Ergebnis Ihres Schreibens setzen, desto mehr können Sie aus den tieferen Quellen des Wissens schöpfen, die Ihnen stets zur Verfügung stehen.

Sie haben in sich alles, was Sie an Wissen benötigen, um Ihr eigentliches Potential zu verwirklichen. Schritt für Schritt, Schicht um Schicht, fördern Sie alles zutage, was Ihnen Ihr Herz und Ihr Geist zu sagen haben. Sie entdecken ein gewaltiges Reservoir an innerer Weisheit.

Sobald Sie sich dazu entschließen, im Akt des Tagebuchschreibens ein freier Erforscher Ihrer selbst zu sein, werden Ihre inneren Schätze in einem ganz neuen Sinne zu Ihrem Eigentum. Je mehr davon Sie entdecken, desto sicherer wissen Sie, daß Sie von niemandem sonst etwas brauchen. Im Gegenteil: *Sie* teilen anderen Menschen von Ihrem Reichtum mit – Menschen, die alle ganz genauso reich sind wie Sie.

In Ihrem Tagebuch werden Sie möglicherweise Affirmationen entdecken, die Ihnen helfen können, die Kreativität Ihres Schreibens auch auf andere Bereiche Ihres Lebens zu übertragen.

Als ich 1974 begann, ein Tagebuch zu führen, kam mir jedesmal, wenn ich zu schreiben anfing, und sobald ich damit aufhörte, regelmäßig ein kurzer deutscher Satz in den Sinn: *Ich schreibe mir die Seele frei.* Dieser Satz hatte gleich von Anfang an eine ganz besondere emotionale Bedeutung für mich. Oft fiel er mir noch Stunden später wieder ein, gleichgültig, was ich gerade tat, und ich fühlte mich dann schlagartig besser – so, als weitete sich etwas in mir.

Ich schreibe mir die Seele frei war für mich eine überaus machtvolle sinnliche Affirmation. Sie tauchte immer wieder in meinem Bewußtsein auf und half mir, mein Leben zu meistern. Wenn ich sie in mir fühlte, war ich ruhiger, tiefer, bewußter – eben mein synchronisiertes Selbst, wie ich es heute nennen würde. Einige Monate später begannen neue Affirmationen zu kommen. Jeden Tag bat ich während des Schreibens um ein Wort oder einen Satz, aus dem ich bis zum Abend Kraft würde schöpfen können. Und jeden Tag fand ich diese Kraft in dem, was ich schrieb. Manchmal war es ein Zitat aus einem Buch, das ich kürzlich (oder auch mehrere Jahre früher) gelesen hatte, manchmal war es eine Zeile aus einem Lied und manchmal ein brandneuer Satz.

Affirmationen können ein äußerst wirksames Mittel zur Selbst-Meisterung sein – wie Sie am Beispiel eines meiner Klienten erkennen werden. Jim machte gerade eine sehr schwierige Periode durch. In seiner Ehe kriselte es beträchtlich, und geschäftlich stand er kurz vor dem Bankrott. Ich sagte, wenn er nicht schleunigst etwas dagegen unternähme, würde er beides verlieren: Frau und Geschäft. Er glaubte mir nicht, und ich sah ihn danach einige Wochen lang nicht.

Dann rief er mich an und bat um eine »Notsitzung«. Seine Frau hatte vor ein paar Tagen die Scheidung eingereicht, und die Bank hatte ihm gerade alle Kredite gekündigt. Er war regelrecht am Boden zerstört. Es würde ihn eine Menge Kraft kosten, wieder auf die Beine zu kommen.

Als er in mein Büro kam, sagte ich: »Okay, Jim, jetzt ist es wirklich an der Zeit, eine Entspannungsübung zu machen *und* Tagebuch zu schreiben.« Die Entspannungsübungen hatte er schon immer sehr genossen, doch für das Schreiben hatte er sich nie sonderlich erwärmen können. Er meinte, das sei so eine fixe Idee von mir und er sei eben kein »Schriftsteller«. Doch an dem Tag war er zu allem bereit.

Nach der Übung sagte er, er habe nicht viel zustande gebracht: »Ein einziges Wort – *Frieden*.« Ich antwortete, das klinge wie ein vielversprechender Anfang. Ich bat ihn – wann immer er in den kommenden Tagen und Wochen das Gefühl haben würde, er könne die Trennung von seiner Frau und seinen Kindern nicht ertragen – dieses eine Wörtchen zu *spüren*. Er sagte, er würde sein Bestes tun.

Und er tat es. Ich habe keinen anderen Menschen sich so schnell verändern sehen. Er schrieb regelmäßig aus dem bewußten Wunsch heraus, Frieden zu finden und zu *leben*. Nach zwei Wochen hatte er einen Halbtagsjob gefunden und nach weiteren zwei Wochen eine sehr gut bezahlte Ganztagsarbeit. Wiederum zwei Wochen später rief ihn seine Frau an und teilte ihm mit, sie wolle die Scheidungsklage zurückziehen und es mit ihrer Ehe noch einmal versuchen. Er war im siebten Himmel. Das war vor zwei Jahren, und nach dem, was ich gehört habe, geht es ihnen ständig besser und besser.

Das transformative Tagebuchschreiben ist ein Abenteuerspielplatz für die Selbst-Entdeckung.

Die meisten Erwachsenen haben die Fähigkeit zu spielen verloren. Haben Sie schon mal jemanden sagen hören: »Ich habe Probleme mit meiner Frau. Ich werde an unserer Beziehung *arbeiten* müssen«? Mir läuft es dabei immer kalt den Rücken runter, weil ich selbst jahrelang so geredet und gehandelt habe. Eine solche »Arbeit« ist nicht sehr amüsant, und ich glaube auch nicht, daß sie einer Beziehung groß weiterhilft.

Wir können alles zu einer Arbeit machen, einschließlich dieses Prozesses der Selbst-Meisterung. Sie könnten irgendwo in Ihrem inneren »Archiv aller Pflichten des Erwachsenseins« die eine oder andere fixe Idee herumliegen haben – etwa: »Nun, jetzt ist es aber Zeit, daß ich an mir *arbeite*. Ich bringe nicht meine volle Leistung. Das beste wird wirklich sein, ich lerne Tagebuch schreiben und mache mich ernsthaft daran, ein paar schlechte Angewohnheiten, die ich mir im Laufe der Jahre zugelegt habe, wieder loszuwerden.«

Sollten Sie vorhaben, mit dieser Haltung an die Sache heranzugehen, dann würde ich Ihnen eher empfehlen, sich ganz locker vor den Fernseher zu setzen oder sonst etwas zu tun, was Ihnen Spaß macht. Wenn Sie das kreative Tagebuchschreiben als eine Mühsal betrachten, als eine zusätzliche Pflicht, die Sie in Ihrem ohnehin schon überfüllten Tagesablauf noch zusätzlich unterbringen müssen, dann wird es bei Ihnen garantiert nicht funktionieren. Gelingt es Ihnen hingegen, es als ein Spiel anzusehen, dann werden Sie mit Hilfe des Tagebuchschreibens bald imstande sein, mehr und mehr Bereiche Ihres Lebens spielerisch anzugehen.

Als ich den Kindergarten und die erste Volksschulklasse in Kansas City besuchte, war der Spielplatz so groß und aufregend, daß ich es nie erwarten konnte, bis die Pause kam und man uns hinausließ. Mit der Zeit verlor ich den Zugang zu den tieferen Wellenfrequenzen des Wachens und damit auch diese Begeisterungsfähigkeit. Wenn ich mich jetzt hinsetze, um Tagebuch zu schreiben, erreiche ich mühelos den unteren

Alpha- und den Thetazustand und erlebe oft wieder dieses Gefühl, das ich seinerzeit auf dem Spielplatz hatte. Die Pause dauerte nur 15 bis 20 Minuten, doch das machte mir gar nichts aus. Ich hatte unendlich viel Zeit, um Fußball zu spielen, auf dem Klettergerüst herumzukraxeln oder einfach herumzustreunen und den anderen Kindern zuzuschauen. Genauso fühle ich mich heute, wenn ich synchronisiert bin. Selbst wenn es objektiv nur 15 Minuten sind, kommt es mir so vor, als hätte ich unendlich viel Zeit, um schreibend zu erforschen, wie ich mich wirklich fühle und was ich wirklich will.

Das kreative Tagebuchschreiben ist ein sicherer »Ort«, an dem Sie Ihre Gedanken, Gefühle und Überzeugungen erforschen können.

Wir alle brauchen einen sicheren Ort, wo wir uns in aller Ruhe bewußtmachen können, was wir in bezug auf bestimmte neue Erlebnisse denken, fühlen und glauben. Beim Tagebuchschreiben haben Sie Zeit und Gelegenheit, herauszufinden, wer Sie in jeder neuen Lebenssituation wirklich sind.

Es scheint für die meisten von uns besonders schwierig zu sein, Gefühle in all ihrer Tiefe zu erfahren und sie dann anderen mitzuteilen. Wir leben nun einmal in einer Welt, die freie und offene Gefühlsäußerungen nicht selten recht negativ bewertet. Ich persönlich habe schon in einem frühen Stadium meines Lebens gelernt, intensiven Gefühlen aus dem Weg zu gehen. Und in den seltenen Fällen, in denen ich tatsächlich tief empfand, gewöhnte ich mir rasch an, es vor anderen Menschen, so gut es eben ging, zu verbergen. Im Laufe der Jahre forderte diese ständige Unterdrückung und Verdrängung von Gefühlen ihren Tribut – besonders in meinen intimen Beziehungen. Es lief immer nach demselben Muster ab: Sobald die Intensität meiner Liebe einen bestimmten Punkt erreicht hatte, schreckte ich innerlich zurück und sperrte mich dagegen, meine Empfindungen offen und ehrlich zum Ausdruck zu bringen.

Ich erforsche jetzt schon seit vielen Jahren meine Gefühle, und ich kenne keinen anderen »Ort«, keinen anderen Kontext, der diesem Prozeß förderlicher wäre als das kreative Tagebuchschreiben. Es gibt mir ein Gefühl der Geborgenheit, Tagebuch zu schreiben und dabei jede Empfindung, die in mir vorhanden sein mag, zwanglos an die Oberfläche meines

Bewußtseins steigen zu lassen. Lange Zeit fürchtete ich mich davor, diesen Gefühlen Ausdruck zu verleihen, bis ich erkannte, daß ich mich viel besser fühlte, sobald ich sie zu Papier gebracht hatte. Unsere Emotionen aufzuschreiben bedeutet, sie anzuerkennen, ihnen Ehre widerfahren zu lassen; und da sie ein Teil von uns sind, lassen wir dadurch uns selbst Ehre widerfahren.

Neuere Untersuchungen von James Pennebaker, Janice Kiecolt-Glaser und Ronald Glaser deuten darauf hin, daß es Streß vermindert und unseren allgemeinen Gesundheitszustand verbessert, wenn wir über traumatische Erlebnisse schreiben oder sprechen. Dabei scheint es zuweilen förderlicher zu sein, für sich selbst zu schreiben oder Selbstgespräche zu führen, als sich anderen Menschen mitzuteilen, und zwar einfach deswegen, weil wir dann offener und ehrlicher sind. Vor Zeugen neigen wir leicht dazu, unsere Gedanken und Empfindungen nur in zensierter Form aus uns herauszulassen. »Möglicherweise«, schreibt Pennebaker, »ist die christliche Beichte nicht so wohltuend und befreiend in ihrer Wirkung, wie in der Einsamkeit über Probleme zu reden oder zu schreiben. Im letzteren Fall scheinen wir weit weniger gehemmt zu sein.«

Indem Sie aus dem ganzen Gehirn Tagebuch schreiben, lernen Sie, Ihre Gefühle, Gedanken und Überzeugungen in Alpha- und Betawellen zu verwandeln.

Ich habe es schon immer als äußerst wohltuend empfunden, meine Gefühle aufzuschreiben. Doch als ich 1981 lernte, mein ganzes Gehirn zu entspannen und diese Entspannung in den Prozeß des Tagebuchschreibens einzubringen, stellte ich eine neue Wirkung fest. Nicht nur, daß ich mich besser fühlte – was schon in sich wunderbar genug war: Ich begann tatsächlich mein Leben zu meistern. Anstatt wie bisher ständig zwischen »positiven« und »negativen« Gefühlen hin und her zu pendeln, begann ich mehr und mehr, jede beliebige Erfahrung zu akzeptieren und bewußt auszukosten.

Die Veränderungen treten dann ein, wenn wir unsere Erfahrungen in die tieferen Alpha- und Theta-Gehirnwellen hinabführen. Wir fühlen uns dann so, als sei uns eine Last von der Seele genommen – und das ist sie tatsächlich. So oft ich diese innere Transformation auch schon erlebt habe, verwundert mich ihre tiefgreifende Wirkung immer wieder aufs neue.

Das kreative Tagebuch ist eine Chronik Ihrer Veränderungen.

Es liegt in unserer Natur, zu glauben, was wir wahrnehmen sei *die Wirklichkeit* – gleichgültig, auf welcher Gehirnfrequenz wir uns gerade befinden. Einer der großen Vorteile des kreativen Tagebuchschreibens ist die Tatsache, daß Sie damit ein Protokoll Ihrer Verwandlungen besitzen – Ihrer sich nach und nach verändernden Wahrnehmung verschiedener Ebenen der Wirklichkeit. Wenn Sie Ihre Aufzeichnungen von Zeit zu Zeit wieder durchlesen, erkennen Sie, daß Sie Ihre Welt auf recht unterschiedliche Weise interpretieren können.

Ich fordere meine Studenten und Klienten immer wieder auf, anhand ihrer Tagebucheinträge solche Veränderungen aufzuspüren. Sie sind oft überrascht und stolz, wenn sie feststellen, wie sehr sie sich verändert haben. Später werde ich Sie bitten, am Ende jedes Übungskapitels in Ihren Aufzeichnungen zurückzublättern und die Chronik Ihrer Verwandlungen nachzulesen. Ich wette, auch Sie werden überrascht und stolz sein!

Ich teile meine kreativen Aufzeichnungen anderen Menschen mit

Ich beende dieses Kapitel mit zwei Einträgen aus meinem Tagebuch – und stelle Ihnen später auch ausgewählte Aufzeichnungen meiner Studenten vor –, damit Sie konkret nachvollziehen können, wie dieser Prozeß abläuft. In meinen Kursen bitte ich die Studenten immer, ihre Eintragungen vorzulesen. Das ist für alle Beteiligten von großem Nutzen, sowohl für diejenigen, die ihre Erfahrungen aussprechen, als auch für die Zuhörer. Ich selbst habe daraus, wie andere Menschen ihr Leben verändern, sehr viel gelernt.

Vielleicht werden Sie den Wunsch verspüren, Ihre Aufzeichnungen einem besonders vertrauten Familienmitglied oder Freund mitzuteilen. Meine Studenten und Klienten berichten immer wieder, daß ihre Beziehungen dadurch beträchtlich an Tiefe gewinnen. Und vielleicht werden Sie feststellen, daß andere Menschen Ihnen dann auch ihr Tagebuch zu lesen geben möchten.

Ich schreibe mir die Seele frei – 6. Juni 19 . .
Ich bin wirklich wütend. Ein Volltrottel wäre beinah frontal mit mir zusammengestoßen, als er versuchte, mehrere Autos auf einmal zu überholen. Ich konnte gerade noch auf den Seitenstreifen ausweichen. Und ich bin sogar wütend darüber, daß ich heute zum See rausfahren muß. Dan hat mich gestern gebeten, mit dem Lieferwagen seines Vaters zu kommen. Ein inkompetenter Idiot von Holzhändler hat ihm anscheinend falsche Bretter für das Bett verkauft, und die soll ich wieder mitnehmen. Warum muß ausgerechnet ich für seine Blödheit büßen?

Heute ist Montag, nach einem verlängerten Wochenende. Ich habe seit Donnerstag nicht eine Zeile schreiben können, und die Sommerferien sind schon halb vorbei! Ich habe Angst, daß ich die Endkorrektur von *Ich schreibe mir die Seele frei* bis zum Wintersemester nicht mehr schaffe.

Ich brauche dringend Hilfe, bevor mir alles zuviel wird. Ich bitte mein ganzes Gehirn, sich zu synchronisieren, in einem tiefen Alpha/Theta-Zustand . . . So, das ist schon besser. Ich muß mich entscheiden, ob ich an den See fahren will oder nicht. Der Gedanke, ich *müsse* da hin, fühlt sich überhaupt nicht gut an, und es nützt auch nichts, andere Autofahrer oder den Kerl zu verfluchen, der uns zu lange oder zu kurze Bretter verkauft hat.

Was wäre das Liebevollste, was ich jetzt tun könnte? . . . Es ist an der Zeit, eine innige Verbindung zu allen Autofahrern zu empfinden, dem Holzverkäufer, unseren Freunden am See. Heute ist kein Tag zum Schreiben. Ich habe einige wichtige innere Veränderungen durchgemacht, und es sind noch weitere nötig, ehe ich das Buch endgültig abschließen kann. Es stellt sich allmählich eine ganz neue Schlichtheit ein. Kein Grund, mir Sorgen zu machen, mir den Kopf darüber zu zerbrechen, wie ich es schaffen soll, erst zum See raus, dann zur Holzhandlung zu fahren und rechtzeitig wieder nach Hause zu kommen, um noch ein bißchen schreiben zu können. Gib diesen Plan auf und genieße es lieber, diesen großen alten Lieferwagen durch das grüne ländliche Indiana zu fahren.

Genieße den See, das Zusammensein mit Dan. Und laß neue Einsichten hervorsprudeln, bis ich morgen bereit bin, weiterzuschreiben.

Ich schreibe mir die Seele frei – 9. Juni 19 . .
Ich bitte darum, mich an meinen Traum von gestern nacht zu erinnern – zu erkennen und zu erleben, was er mir heute zu bieten hat:

Ich bin im Sheraton, der besten Adresse in der Stadt. Es ist so aufregend. Riesig. Viele Stockwerke, Rolltreppen, Ebenen, die zusammenlaufen. Ich möchte hier wohnen, zum 1. Juli einziehen. Aber sie sagen, das sei unmöglich. Die Warteliste ist kilometerlang, und bis zum Herbst wird nichts frei. Trotzdem weiß ich mit Bestimmtheit, daß ich bald hier wohnen werde.

Ich mache mich auf die Suche nach der Frau, die für die Buchungen zuständig ist. Sie ist lange nicht zu finden, aber plötzlich stehe ich in ihrem Büro. Ich sage ihr, was ich möchte. Sie antwortet, es sei nur ein kleines Zimmer frei, anderthalb mal zwei Meter, und die monatliche Miete betrage 380 Dollar. Ich sehe es vor meinem geistigen Auge und weiß im selben Augenblick, daß es *mein Zimmer* ist. Also sage ich: Ja, ich möchte es haben. Sofort ist es da, direkt vor mir. Ich unterhalte mich weiter mit der Frau und untersuche dabei das Zimmer. Der Mietvertrag ist aufregend. Wenn ich irgendwelche Kunstwerke entdecke und das Sheraton sie verkauft, erhalte ich einen Anteil am Erlös.

Während ich das Zimmer untersuche, wird mir mehr und mehr bewußt, daß ich träume. Ich spüre intuitiv eine bestimmte Stelle auf, und plötzlich öffnet sich dort ein geheimer Raum, weit größer als das ursprüngliche Zimmer. Ich sehe vor mir eine der wertvollsten Skulpturen, die es auf der ganzen Welt gibt! Es ist ein freies Gebilde, so groß wie drei große Zimmer, das ein Künstler des achtzehnten Jahrhunderts geschaffen hat, um zu zeigen, was er beim Hören von Mozarts Musik empfand. Das Werk war seit dem Zweiten Weltkrieg verschollen und ist viele Millionen wert. Rokoko, lauter Freude, Gold und tiefe Rottöne, Poesie in fließender Bewegung.

Ich erforsche Raum um Raum, und jeder von ihnen eröffnet mir immer größere und größere Zimmer, in denen ich jetzt wohne . . .

Was bedeutet dieser Traum? Eindeutig: Sei kreativ! Lasse es zu, daß die Synchronizität dich für immer neue Ebenen der Kreativität offen und bereit macht. Jede von ihnen erweitert mich. Dieses Buch und das nächste und wieder das nächste sind ganze Universen, in denen ich schon jetzt zu leben beginne.

Dritter Schritt:
Leben mit dem ganzen Gehirn

Gelassenheit bedeutet nicht, daß Sie von allem Handeln
ablassen sollten. Wirkliche Gelassenheit sollte sich im
Handeln selbst finden.
Shunryu Suzuki: *Zen-Geist Anfänger-Geist.*

Sobald du dir vertraust, sobald weißt du zu leben.
Goethe: *Faust. Der Tragödie erster Teil*

Fünf Beta-Mythen über das Leben

Diese Mythen sind wahrscheinlich diejenigen, die wir am
schwersten als solche erkennen und aufgeben können – einmal, weil sie so weitverbreitet sind, und zweitens, weil wir allgemein eine starke Neigung haben, uns an unsere vertrauten
Ansichten über die Natur des Lebens zu klammern. Ein klares Verständnis dieser Mythen wird Ihnen dabei behilflich
sein, Ihr Leben zu meistern.

Mythos 1: Ich muß hart arbeiten,
um Erfolg im Leben zu haben

Es wird kaum jemand bestreiten, daß zum Erfolg Konzentration, eine klare Absicht, Flexibilität und Beharrlichkeit gehören. Keines dieser Dinge macht es aber nach meiner Erfahrung erforderlich, daß wir Arbeit als etwas grundsätzlich
Schwieriges oder Anstrengendes betrachten. An einem Tag
geht uns unsere Arbeit vielleicht unvorstellbar leicht von der
Hand, und schon am darauffolgenden Tag kann sie uns große
Mühe bereiten. Entscheidend ist die Gehirnwelle, durch welche wir die Arbeit die meiste Zeit über betrachten.
    In Beta glauben wir, alles müsse schwierig sein, weil alles
sich tatsächlich so anfühlt. Je härter wir arbeiten, desto selte-

ner erreichen wir Alpha und Theta, da uns diese Frequenzen nur im Zustand der Entspannung und der Kreativität verfügbar sind. Solange wir also unsere durch falsche Überzeugungen untermauerte Einstellung zur Arbeit nicht von Grund auf ändern, bleiben wir in diesem Teufelskreis gefangen: immer mehr Beta und immer mehr harte Arbeit.

Gewiß, man muß nicht unbedingt entspannt und kreativ sein, um Erfolg zu haben. Wir alle kennen Menschen, die sich jahrelang abgehetzt haben, um in ihrem jeweiligen Beruf erfolgreich zu sein. In der Regel haben sie jedoch einen hohen Preis dafür zahlen müssen. Oft genug haben ihre Ehe, die Beziehung zu ihren Kindern und ihr inneres Gleichgewicht sehr darunter gelitten.

Genauso ist es mir zwanzig Jahre lang ergangen. Beruflich hatte ich ziemlich viel Erfolg, doch in anderen Bereichen meines Lebens schien es ganz und gar nicht klappen zu wollen. Heute merke ich, daß ich in *jeglicher* Hinsicht erfolgreicher bin, wenn ich mich regelmäßig in niederfrequenten Gehirnwellen synchronisiere.

Die meisten meiner Studenten glauben an diesen ersten Mythos. Sie haben die unterschiedlichsten Berufswünsche, studieren Geistes- und Naturwissenschaften, Maschinenbau, Architektur und Zahnmedizin. Doch in einem Punkt sind sie sich alle einig: Das Studium wird schwierig, und sie werden von früh bis spät pauken müssen; doch wenn sie durchhalten, werden sie zu guter Letzt ihre wohlverdienten akademischen Lorbeeren ernten. Eines der ersten Dinge, die ich ihnen sage, ist, daß es gar nicht so anstrengend werden muß. Es ist richtig, sie müssen ihre Pflichtveranstaltungen besuchen, sich konzentrieren und überhaupt ihr Bestes tun; doch indem sie lernen, das gesamte Spektrum ihrer Gehirnwellen auszuschöpfen, können sie das alles mit relativ wenig Mühe schaffen. Anfangs glaubt mir fast niemand. Je mehr die Studenten jedoch lernen, ihre Gehirnwellen zu kontrollieren, desto zahlreicher werden die Berichte ihrer Erfolgserlebnisse.

Fast alle diese Studenten haben noch eine weitere Einstellung, die oberflächlich betrachtet in krassem Widerspruch zu ihrer Arbeitsethik zu stehen scheint. Wenngleich sie einerseits meinen, sie *müßten* ununterbrochen arbeiten, möchte diese andere Seite ihrer Persönlichkeit am liebsten alles

»schmeißen« und sich immer nur amüsieren. Diese zwei entgegengesetzten Einstellungen – »ich muß hart arbeiten«, aber »ich möchte gern faulenzen« – sind tatsächlich die zwei Seiten einer Medaille. Solche Polaritäten sind typisch für das Beta-Bewußtsein. In Beta pendeln wir immer wieder zwischen harter Arbeit und Vergnügen, Fühlen und Denken, Privat- und Berufsleben und so weiter hin und her. Mit solchen inneren Widersprüchen können wir niemals Frieden finden – jedenfalls solange nicht, bis wir unsere Gehirnwellen tatsächlich verändern und unser ganzes Leben aus einer von Grund auf neuen Perspektive betrachten.

Eine Frau aus meinem Bekanntenkreis hat als Studentin diesbezüglich so ziemlich alle Möglichkeiten durchprobiert. Mit achtzehn Jahren ging sie auf die Universität, weil ihre Eltern es so wollten, brachte die meiste Zeit mit Kartenspielen zu und fiel zwei Semester hintereinander in allen Kursen durch. Dann heiratete sie, zog zwei Kinder groß und fing mit Anfang Dreißig wieder an zu studieren. Diesmal arbeitete sie drei Jahre lang wirklich sehr hart und bekam lauter Einsen. Nach ihrer Scheidung – im Sommer vor ihrem letzten Studienjahr – begann sie, die Entspannung des ganzen Gehirns zu üben. Sie arbeitete jetzt nur noch ein Drittel der Zeit, die sie in den vergangenen Jahren in ihr Studium investiert hatte; doch da in den niederfrequenten Gehirnwellen unsere Aufnahmefähigkeit weit größer und jeder Lernprozeß somit bedeutend effektiver ist, bekam sie auch in den beiden letzten Semestern glatte Einsen und bestand ihr Abschlußexamen mit höchster Auszeichnung.

Es ist natürlich, sich wunderbar zu fühlen, wenn man sich die meiste Zeit über im unteren Alpha- und im Thetazustand befindet. Was immer wir im Einflußbereich dieser Wellen tun, ist wie ein Spiel. Haben Sie schon jemals Kinder gesehen, die so spielten, als sei es für sie Arbeit? Sie amüsieren sich! Haben Freude! Und so sollte meiner Meinung nach unser ganzes Leben sein.

Letztes Semester kam einmal eine Studentin am Ende meines Kurses in den Vorlesungsraum, wo in wenigen Minuten eine andere Vorlesung beginnen sollte. Ich war gerade dabei, meine Sachen zusammenzupacken, um zu gehen. Sie fragte: »Was war denn das eben für eine Veranstaltung? Ich habe noch nie so etwas gesehen. Ihre Studenten kommen hier raus und lächeln! Was ist das überhaupt für ein Kurs?« Ich sagte ihr, es sei »Englisch W131«, eine Einführung in die Stilkunde. »Gütiger Himmel!« rief sie aus. »Den gleichen Kurs habe ich auch belegt! Was soll an englischer Stilkunde amüsant sein?« Ich erklärte ihr, ich bringe den Studenten bestimmte Entspannungstechniken bei, die das Schreiben zu einer unterhaltsameren Tätigkeit machen können. Sie murmelte mehr zu sich selbst: »Ich weiß wirklich nicht, wie ›Englisch W131‹ Spaß machen soll.« Genau das ist das Problem: Solange wir unsere Einstellung nicht ändern, solange wir unsere Arbeit und überhaupt alles, was wir tun, nicht durch die Brille der langsameren Gehirnwellen sehen, wird Arbeit stets zu anstrengend sein, um Spaß machen zu können.

Mythos 2: Ich muß immer Herr der Lage bleiben

Da wir uns in Beta an eine begrenzte Gehirnkapazität klammern, empfinden wir uns selbst allzuleicht als von anderen Menschen und von unserem eigenen synchronisierten Selbst getrennt. So gesehen sind wir wie winzige Wassertröpfchen im aufspritzenden Schaum einer Woge, die versuchen, die Kurvenbahn ihres Auf- und Abstiegs zu beeinflussen, um nicht wieder mit dem Ozean eins zu werden. Vom Alpha- oder Theta-Standpunkt aus betrachtet ist dies schlicht unsinnig. Jeder Wassertropfen ist selbstverständlich ein Teil des Ozeans, und wir haben immer die Möglichkeit, seine unglaubliche Kraft zu spüren und an ihr teilzuhaben.

Sobald wir wieder in Beta sind, verspüren wir erneut den Drang, alles unter Kontrolle zu behalten, und wehren uns gegen diese aufwallende Macht. Der Versuch, alles uns Widerfahrende zu beeinflussen, ist ein nie endender Kampf. Wir benötigen und verbrauchen immer mehr Kraft, um die gewaltige Macht auszusperren, die wir um uns herum erfahren. Diese »herrschsüchtige« Wahrnehmungsweise führt unweigerlich dazu, daß wir uns immer wieder von den Ereignissen überrannt und allgemein ungerecht behandelt fühlen.

Es sind unsere in Beta entstandenen Gedanken, Gefühle und Überzeugungen, die uns an diese Wellenlänge ketten. Im Übungsteil dieses Buches werden Sie nicht nur lernen, Ihre

Energie auf der Alpha- und Theta-Ebene aufzubauen, sondern gleichzeitig auch, diese hinderlichen Beta-Inhalte zu transformieren. Diese Gedanken, Gefühle und Überzeugungen sind die winzigen Tröpfchen, die mit dem Ozean der tieferen Gehirnwellen verschmelzen und mit ihm wesensgleich werden.

Die ständige Bemühung, alle Ereignisse in den Griff zu bekommen, und die Selbst-Meisterung sind zwei vollkommen verschiedene Lebensweisen. Die Selbst-Meisterung ist ein stetiger Prozeß, durch den wir uns selbst – und uns selbst mit der Welt – synchronisieren, um uns ein ausgewogenes, freies und integriertes Leben zu schaffen. Wenn wir aber versuchen, alles zu kontrollieren, was mit uns geschieht, erzeugen wir durch widersprüchliche Prämissen eine Situation, die für uns einfach unlösbar bleiben *muß*. Selbst, wenn uns dies nicht bewußt ist, behaupten wir durch eine solche Einstellung nämlich zweierlei: Die Macht ist außerhalb von mir, und ich will sie kontrollieren. Wir können jedoch überhaupt nichts kontrollieren, solange wir uns unsere Macht nicht angeeignet haben.

Unsere Umgebung können wir ohnehin nicht beherrschen. Was andere Menschen tun und lassen, ist nicht von unserem Willen abhängig. Wir haben sicher die Macht, die Ereignisse in unserer Umgebung bis zu einem gewissen Grad zu beeinflussen, doch wir sind nicht für alle äußeren Umstände, für den allgemeinen Lauf der Welt verantwortlich. Es ist aus diesem Grunde von herausragender Bedeutung, daß wir erkennen, *wofür* wir verantwortlich sind – nämlich für unsere Reaktionen, Reflexe und Wahrnehmungen. Wir sind für uns selbst verantwortlich. Ich ziehe es vor, eher von »Selbst-Meisterung« als von »Selbstkontrolle« zu sprechen, weil so viele von uns sich vom Begriff der Kontrolle zu starren, zwanghaften Verhaltensmustern verleiten lassen. Je mehr wir uns aber von diesen befreien, desto mehr können wir uns auf den natürlichen Prozeß der Selbst-Meisterung konzentrieren.

Mythos 3: Ich bin ein Opfer widriger Umstände

Ich habe viele Jahre meines Lebens in dem Bewußtsein verbracht, ungerecht behandelt zu werden und ein Opfer äußerer Umstände zu sein. Viele Menschen scheinen ebenso zu empfinden: Wir sind bloße Marionetten in der Hand des Schicksals, weitgehend unschuldige Opfer verschiedenster Umstände, die sich unserer Einflußnahme entziehen.

Es ist leichter, diesen Glauben bei anderen als bei sich selbst zu erkennen. Hören Sie doch mal ihren Freunden, Verwandten oder Arbeitskollegen eine Zeitlang zu. Wieviele von ihnen sprechen von »schlechtem« Wetter, als sei es die Norm, und »gutes« Wetter nur eine kurze, vorübergehende Besserung ansonsten entsetzlicher klimatischer Bedingungen? Wieviele von ihnen meinen, sie seien vom Glück begünstigt, und wieviele beklagen sich über ihr ständiges Pech? Wenn von Ehe- oder Beziehungsproblemen die Rede ist, wie oft hören Sie: »Ich habe mich meinem/r Partner(in) gegenüber wirklich mies verhalten« – und wie oft: »Weißt du eigentlich, was er/sie mir angetan hat?"

Die meisten von uns können diesen Aberglauben bei sich selbst deswegen nicht erkennen, weil sie denken, was wir erfahren, sei *Tatsache*, sei die Wirklichkeit. Zweifellos sind an den meisten unserer Erfahrungen auch Tatsachen beteiligt; doch unsere bestimmte Wahrnehmung der Welt ist das Ergebnis unserer persönlichen Einstellungen und keineswegs einer objektiven und allgemeingültigen Betrachtungsweise. Jede Betrachtungsweise, jeder Standpunkt ist von inneren Überzeugungen abhängig.

So gab es zum Beispiel selbst in den Konzentrationslagern der Nazis Gefangene, die sich nicht *ausschließlich* als Opfer unbeeinflußbarer äußerer Umstände verstanden; sie erkannten, daß es in ihrer Macht lag, ihre Situation anders zu erfahren. Erstaunlich vielen von ihnen gelang deswegen die Flucht, weil sie sich – gleichgültig, wie die Chancen für sie zu stehen schienen – ihren Glauben bewahrten, daß sie *handeln* konnten. Judith etwa, eine Bekannte von mir, schaffte es, im Alter von zwölf Jahren ihre Mutter und Schwester aus einem polnischen Lager in die Freiheit zu führen. Zwei jüdische Mädchen und ihre Mutter marschierten mehrere Hundert Kilometer weit, bis sie endlich in Bayern auf amerikanische Truppen stießen.

Diese drei Menschen glaubten einfach nicht daran, wehrlose Opfer zu sein. Ich fragte Judith einmal, wie sie es schaffen konnte. Sie antwortete: »Ich wußte, wenn wir blieben, wären wir sehr bald gestorben. Wenn wir die Flucht wagten, konnten wir überleben. Und ich war eine Abenteurerin. Ich dachte, es würde mehr Spaß machen, zu fliehen als zu bleiben.« In ihr brannte ein Funke, eine Flamme, die nichts auf der Welt auslöschen konnte.

Wenn Judith sich in einem Konzentrationslager als Abenteurerin fühlen konnte, dann können wir das auch – und zwar in *jeder* Situation!

Mythos 4: Wenn wir erst einmal begriffen haben, daß wir keine wehrlosen Opfer sind, daß wir darüber bestimmen können, wie wir die Welt wahrnehmen, dann haben wir es geschafft: Wir werden uns nie wieder machtlos oder unterlegen fühlen

Auf den ersten Blick könnte man meinen, daß kein vernünftiger Mensch diesem Mythos aufsitzen würde. Fortschritte heißen schließlich so, weil man sie schrittweise macht – bestenfalls zwei vor und einen zurück. Ich muß dennoch zugeben, daß ich selbst sehr oft darauf hereingefallen bin. Anfangs befürchtete ich, niemand außer mir könne so oft so naiv sein. Später habe ich allerdings bei immer mehr Studenten und Einzelklienten festgestellt, daß die meisten von uns dazu neigen, von Zeit zu Zeit über ihren eigenen Erfolg zu stolpern.

Wenn Ihnen das noch niemals passiert ist (oder wenn Sie Ihre Ausrutscher erfolgreich verdrängt haben), könnten Sie sich vielleicht fragen, warum dieser Mythos unter uns, die wir nach der Selbst-Meisterung streben, so weitverbreitet ist. Die Antwort darauf ist, wie ich glaube, in der Natur der menschlichen Emotionen zu finden. In einem Augenblick des Triumphes, wenn wir eine schwierige Situation in unserem Leben gemeistert, wenn wir die Ursache unserer Probleme erkannt haben, fühlen wir uns sooo gut. Wir *wissen* dann, daß wir »es« diesmal haben und es nie, *nie wieder* verlieren werden. Wie ich im zweiten Kapitel erklärte, neigen wir aber alle dazu, uns von unseren jeweils gegenwärtigen Emotionen beeinflussen zu lassen, also die Welt und uns selbst *zustandsspezifisch* wahrzunehmen. Wenn alles in Ordnung ist, glauben wir oft, es werde *immer* so bleiben; gibt es Probleme, erst recht.

Wie können wir also unseren Glauben ablegen, was immer wir gerade empfinden, sei die *einzige* Wahrheit? Der erste Schritt besteht einfach darin, zu lernen, das dauernde Auf und Ab der Gefühle als eine ganz natürliche Angelegenheit zu erleben. Je häufiger wir uns gestatten, frei von einer Emotion in die andere zu wechseln, desto leichter fällt uns der zweite Schritt – desto leichter erreichen wir das Bewußtsein: Was immer wir gerade empfinden, es wird sich bald ändern. Das ist der Sinn des kurzen Bibelverses: »Auch dies wird vorübergehen.«

Dieses Wissen, daß Gefühle im gegenwärtigen Augenblick real sind, uns aber nicht binden, ist das wirksamste Mittel, das ich kenne, um Mythos 3 und 4 zu widerlegen. Wenn ich mich von der Welt ungerecht behandelt fühle, so weiß ich doch gleichzeitig auch: Ich kann diese bestimmte Wahrnehmung einfach dadurch verändern, daß ich mir erlaube, mich tief zu entspannen. Wenn ich mich andererseits friedlich und gelassen fühle und schon glauben möchte, das werde jetzt immer so bleiben, dann kann ich mir sagen: Es werden früher oder später bestimmt wieder Augenblicke der Verwirrung und Angst kommen – und jedes Gefühl, das in mir auftaucht, hat seine Berechtigung.

Mit dieser Einstellung bin ich weder ein armes Opfer, noch ein endgültig Erlöster und Seliger. Ich empfinde im Vorbeigehen. Solange ich weiß, daß jedes Gefühl ein Aspekt des natürlichen Lebensflusses ist und daß »auch dies vorübergehen wird«, kann ich mich zu meinem Prozeß der Veränderung bekennen, ohne in eines dieser zwei mythischen Extreme zu verfallen.

Mythos 5: Alles ist gut oder schlecht

Der Glaube, alles auf Erden sei mit dem Etikett »gut« oder »schlecht« beziehungsweise »böse« zu versehen, dürfte der für sich genommen einflußreichste »Lebens-Mythos« überhaupt sein. Dieser Standpunkt scheint uns so unmittelbar einsichtig, daß die Bezeichnung »Mythos« in diesem Zusammenhang oft die empörtesten Reaktionen hervorruft. »Was

soll das heißen, es gibt weder Gut noch Böse? Vergewaltigung und Mord und Lüge sind böse! Liebe und Schutz allen
Lebens und Ehrlichkeit sind gut!« Und aus einer bestimmten
Perspektive – wenn wir uns nämlich in Beta befinden-, ist das
zweifellos wahr. Was im einzelnen zu welcher Kategorie gehört, mag von Mensch zu Mensch, von Kultur zu Kultur verschieden sein; doch »jenseits von Gut und Böse« ist – im Betazustand – niemand.

Vergleichen wir doch einmal unsere wertende Wahrnehmung von Entspannung und Streß in Beta mit unserer entsprechenden Einstellung im unteren Alpha- und Thetabereich: In Beta glaube ich, daß Entspannung gut und Streß
schlecht ist – daß es mir gut geht, wenn ich entspannt bin, und
schlecht, wenn ich im Streß bin. Wenn ich aber meine Ge-
hirnwellenfrequenz auf Alpha und Theta herabgesetzt habe,
stehe ich nicht mehr unter dem Einfluß dieser Kategorien
»gut« und »schlecht/böse«. Ich sehe dann, daß jeder Zustand
– Entspanntsein oder Streß – durch eine Reihe von Entscheidungen bedingt ist. Das Gefühl von Entspannung ist ein Feedback, an dem ich erkennen kann, daß ich gegenwärtig ein
harmonisches Leben führe. Streß wiederum zeigt an, daß ich
diese Harmonie verloren habe. Beide Zustände sind insofern
nützlich und positiv, als sie mir mitteilen, was gerade in mir
vorgeht.

Nehmen wir ein extremeres Beispiel: Vergewaltigung. Ich
arbeite als Berater im *Center for Nonviolence* (Zentrum für Gewaltlosigkeit) in Fort Wayne. Diese Organisation bietet Kurse und Gesprächstherapien für Männer an, die ihre Frauen
und/oder Kinder mißhandeln. Dadurch bin ich mit zahlrei-
chen Männern in Berührung gekommen, die Vergewaltigun-
gen verübt haben.

Ein Mann, den ich Charles nennen werde, war wegen mehrerer Fälle von Notzucht angeklagt und hatte schon eine
mehrjährige Gefängnisstrafe wegen Kindesmißbrauch ver-
büßt. Ich arbeitete zwei Jahre lang mit Charles, in Einzel-
und in Gruppensitzungen, und lernte ihn schließlich schät-
zen und lieben. Anfangs beurteilte ich ihn einzig nach seinen
Taten. Doch mit der Zeit – nach persönlichen Begegnungen
und vielen Tagebuchsitzungen, in denen ich mir meine Reaktionen auf diesen Mann bewußtmachte, und nachdem ich ge-

sehen und gespürt hatte, daß er sein ganzes Leben von Grund auf veränderte – merkte ich, daß wir uns tief innen gleich waren. Wir beide hatten Dinge getan, auf die wir alles andere als stolz waren; doch wenn wir unsere Gehirnfrequenz senkten, konnten wir sie akzeptieren.

Es kam während der Gruppensitzungen häufig vor, daß Männer, denen es Schwierigkeiten bereitete, mir oder anderen Beratern zu glauben, sich durch Charles' Beispiel überzeugen ließen. Er hatte so viele Gewaltakte begangen, und doch änderte er sich, wurde sogar zu einem erklärten Verfechter der Gewaltlosigkeit. Warum sollten sie sich dann nicht auch ändern können?

Aus der Perspektive des synchronisierten Selbst ist jeder Akt der Gewalt, der Unehrlichkeit, des Hasses etwas, das akzeptiert werden »möchte«. Anstatt andere oder uns selbst als schlecht zu verurteilen, anstatt uns oder andere zu Heiligen hochzustilisieren, täten wir besser daran, zu lernen, die seelischen Ursachen solcher Taten zu erkennen und sie nach bestem Vermögen zu beseitigen.

Ich glaube nicht, daß Selbst-Meisterung möglich ist, solange wir in einem ewigen Kreislauf von Hochs und Tiefs, Gut und Böse, Recht und Unrecht eingeschlossen bleiben. Genau das passiert aber im Beta-Zustand. Was wir brauchen, sind der Frieden und das Glück, wie sie uns immer längere Aufenthalte in den tieferen Frequenzen unseres Bewußtseins schenken.

Bevor ich die Elemente des »Lebens mit dem ganzen Gehirn« im einzelnen vorstelle, möchte ich Ihnen eine Geschichte erzählen, aus der Sie ersehen können, wie sehr sich unser Leben durch tiefe Entspannung und Tagebuchschreiben verändern kann. Als ich einmal vor mehreren Jahren zur Arbeit fuhr, wurde mir plötzlich bewußt, wie wütend ich auf Otto war. Wir waren Kollegen und seit Jahren verfeindet. Ich war jetzt endlich bereit, etwas daran zu ändern. Ich ging schnurstracks in mein Büro, machte eine Entspannungsübung und erkannte, daß ich ihm sehr oft unrecht getan hatte. Ich hatte bislang in dem Bewußtsein gelebt, ich sei der Professionelle, Vernünftige und Otto der Unprofessionelle, Unvernünftige von uns beiden. Sicher, er hatte mich in den geheiligten Hallen der Universität angebrüllt; ich war ihm genüber zwar niemals laut geworden, doch innerlich schrie ich förmlich auf ihn ein. Ich war kein bißchen besser als er und er kein bißchen besser als ich. Wir waren beide in dieser Privatfehde gefangen, und es war Zeit, daß ich diesem Zustand ein Ende bereitete.

Wenn ich ehrlich sein soll, wehrte ich mich anfangs gegen diese Erkenntnis, daß Otto und ich uns diesbezüglich ebenbürtig seien. Kaum hatte ich aufgehört zu schreiben, versuchte ich mich auch schon vor diesem Wissen aus meinem synchronisierten Selbst zu verschließen. Schließlich hatte *ich* mich immer gelassen und kultiviert verhalten. Tief in meinem Herzen wußte ich jedoch, daß ich mich ändern mußte, wenn ich glücklich sein wollte. Also führte ich eine Woche lang jeden Tag in der Mittagspause die Entspannungs- und Tagebuchübung durch. Ich fragte jedesmal wieder, was meine Rolle in dieser Angelegenheit sei, und entließ sie dann in mein synchronisiertes Selbst. Die ersten paar Tage brachten keine spürbare Besserung, doch dann packte es mich. Ich merkte, daß ich mich änderte; ich fühlte mich besser. Es spielte wirklich keine Rolle, wer was wann gesagt hatte, wer im »Recht« und wer im »Unrecht« war. Das einzige, was zählte, war das Gefühl der Synchronizität, das diese Veränderung mit sich brachte.

Nur eins machte mir angst: das Wissen, daß ich nach Ablauf dieser Woche, nach dem letzten Tagebucheintrag zu Otto ins Büro gehen, ihn um Entschuldigung bitten und vorschlagen würde, doch endlich »die Streitaxt zu begraben«. Ich befürchtete, er würde mir die Axt viel eher an den Kopf schmeißen! Als ich am letzten Tag den Stift niederlegte, fühlte ich mich absolut wunderbar. Ich fühlte mich so ruhig und friedlich wie noch niemals zuvor. Ich stand auf, ging zur Tür und hatte schon die Klinke in der Hand, als jemand anklopfte. Es ging mir durch und durch. Ich öffnete die Tür, und da stand Otto, guckte etwas verlegen drein und fragte an, ob wir nicht einfach »die Streitaxt begraben« und ganz von vorn anfangen könnten. »Klar«, sagte ich, »genau dasselbe hatte ich Ihnen gerade vorschlagen wollen!« Ich bat ihn hereinzukommen, und wir führten unser erstes wirklich offenes Gespräch – das erste von vielen. Mit einem Mal waren Otto und ich Freunde und sind es seitdem auch geblieben.

Die Elemente des Lebens mit dem ganzen Gehirn

Das Leben mit dem ganzen Gehirn beginnt mit der tiefen Entspannung und dem kreativen Schreiben.

Regelmäßig praktiziert, werden die Entspannung des ganzen Gehirns und das Tagebuchschreiben aus dem ganzen Gehirn Ihr Leben von Grund auf ändern. Ich unterrichte seit über zwanzig Jahren Stilkunde; doch erst seitdem ich diese Techniken beherrsche und sie meinen Studenten vermittle, stelle ich so verblüffende Erfolge fest.

Ich glaube, wir stehen am Anfang einer Revolution. Eine völlig neue Art zu schreiben, zu lernen und zu leben wird uns alle weit über den Punkt hinausführen, den viele für den Gipfel unserer möglichen Entwicklung halten. Das einzige, was dieser Revolution noch im Wege steht, ist ein Mangel an Wissen und Erfahrung. In diesen ersten drei Kapiteln eignen Sie sich das Wissen an, das Sie benötigen, um Ihr eigentliches Potential besser auszuschöpfen. Im vierten Kapitel werden Sie anfangen, gezielt und bewußt synchronisierte Gehirnwellen zu erfahren.

Die Entspannung des ganzen Gehirns eröffnet Ihnen eine fast unerschöpfliche Energie, die Sie an jedes Ziel führen kann, das Sie sich nur setzen. Das kreative Tagebuchschreiben bündelt diese Energie und führt sie in die verschiedenen Bereiche Ihres Lebens, die Sie zu erforschen wünschen.

»Regelmäßig praktiziert« bedeutet, daß Sie die Übungen wenigstens vier- bis fünfmal die Woche, jeweils für die Dauer von mindestens 20 bis 30 Minuten durchführen sollten. Noch besser wäre täglich; Sie sollten es allerdings auf keinen Fall als eine *Pflicht* empfinden. Die besten Erfolge dürften die meisten von uns dadurch erzielen, daß sie sich jeden Morgen tief entspannen und Tagebuch schreiben und sich jeden Abend vor dem Einschlafen noch einmal entspannen. Je häufiger Sie die Übungen durchführen, desto eher werden Sie merken, welcher Rhythmus Ihnen persönlich am ehesten entspricht.

Die meisten meiner Studenten und Klienten berichten, jede Art von Schreiben falle ihnen jetzt leichter als jemals zuvor. Diejenigen unter ihnen, die tanzen, musizieren, malen oder sich sonstwie kreativ betätigen, stellen immer wieder fest, daß ihre Aktivitäten flüssiger vonstatten gehen und ihnen eine weit größere Befriedigung verschaffen, wenn sie direkt von Anfang an synchronisiert sind.

Ich muß hier besonders an eine Studentin denken, die der meistbeschäftigte Mensch gewesen sein dürfte, den ich jemals kennengelernt habe. Sie war mit einem Arzt verheiratet, Mutter von zehn Kindern, studierte an der Kunstakademie und war aktives Mitglied mehrerer Kunstvereine. Nachdem sie in aller Frühe (was bei ihr 4 Uhr bedeutete) ihre Entspannungsübungen gemacht und Tagebuch geschrieben hatte, schaffte sie es, ihr tägliches künstlerisches Pensum zu erledigen, noch bevor eines ihrer Kinder aufstand. Sie merkte, daß sie – seitdem sie regelmäßig vor dem Einschlafen eine Entspannungsübung durchführte – weniger Schlaf brauchte und trotzdem erfrischter aufwachte.

Synchronisieren Sie sich mit den synchronisierten Bildern und Affirmationen, die Sie während der Entspannung und des Tagebuchschreibens empfangen haben.

Die synchronisierten Bilder und Affirmationen »enthalten« die Synchronizität Ihrer Entspannungs- und Tagebuchübung. In Kapitel 2 habe ich Ihnen erzählt, wie mein Klient Jim mit Hilfe des einen Wortes *Frieden* seine Probleme bewältigte: drohende Scheidung, Bankrott und Depressionen. Ein synchronisiertes Bild kann ebenso wirkungsvoll sein.

Sie sollten in jeder Lebenslage – was immer Sie gerade tun und wie immer Sie sich dabei fühlen – die empfangene Affirmation wiederholen oder bitten, das empfangene Bild wieder in Ihrem Inneren zu spüren. Je mehr Sie sich darin üben, desto klarer wird das Gefühl von Synchronizität in Ihnen aufsteigen. Im Anfangsstadium Ihres Lebens mit dem ganzen Gehirn wird es Ihnen wahrscheinlich schwerfallen, an alles zu denken, und dementsprechend ungleichmäßig werden die Ergebnisse ausfallen. Das bedeutet aber nur, daß Sie dabei sind, Ihre Gewohnheiten zu ändern, und mehr Übung brauchen. Freuen Sie sich über die Erfolge – und lernen Sie aus dem, was (noch) nicht so richtig klappt. Die Fortschritte werden nicht lange auf sich warten lassen.

Führen Sie während jeder anderen Tätigkeit »Mini-Entspannungsübungen« durch.

Durch die vollständigen Übungen spannen Sie allmorgendlich (oder wann immer Sie sie durchführen) gleichsam eine Wäscheleine der Synchronizität, die solange straff bleibt, bis Sie anfangen, mehr und mehr Wäschestücke – Situationen oder Erlebnisse, die Ihnen Streß bereiten – daran aufzuhängen. Die Leine gibt ein bißchen nach, Sie sind müde und »hängen durch«. Sie brauchen etwas Auftrieb.

Ihre synchronisierten Affirmationen und Bilder können Ihnen den nötigen Auftrieb geben. Sie erfordern nicht viel Zeit und haben oft eine gute Wirkung. Wenn der Erfolg allerdings ausbleibt, dann sollten Sie noch ein paar weitere Schritte Ihrer Entspannungsübung wiederholen. Ich nenne diese verkürzten Übungen »Mini-Übungen für das ganze Gehirn« oder kurz »Minis«.

Sobald es die äußeren Umstände erlauben, führen Sie einfach – mit geschlossenen oder (wenn Sie mehr Übung haben) offenen Augen – diejenigen Teile der gesamten Übung durch, die bei Ihnen am besten wirken, und konzentrieren sich dabei auf Ihr sinnliches Feedback. Sie könnten beispielsweise ein paarmal tief durchatmen, sich den Edelstein in Ihrem Inneren vergegenwärtigen, bitten, sich im mittleren und unteren Alpha-, im oberen und mittleren Thetabereich zu synchronisieren, und zulassen, daß sich das Gefühl von Ausdehnung intensiviert.

Bei den meisten von uns zeitigen solche Minis die ersten Erfolge, wenn sie während einfacher und relativ gleichförmiger Aktivitäten durchgeführt werden. Mark etwa, ein neuer Klient von mir, fährt ziemlich viel – letzte Woche waren es 2800 Kilometer –, und er hat gelernt, sich am Steuer zu entspannen. Anfangs hörte er sich eine Kassette mit einer ganzen Entspannungsübung an. Nach ein paar Tagen bat er, ein sinnliches Bild zu spüren, das er während einer früheren Übung empfangen hatte. Ein anderes Mal wiederholte er eine Affirmation aus seinem Tagebuch. Indem er so mit unterschiedlichen Möglichkeiten experimentierte, stellte er sich nach und nach ein ganzes Repertoire an Techniken zusammen, die ihm das Autofahren erleichtern.

Sie werden feststellen, daß in verschiedenen Situationen auch jeweils verschiedene Teile solcher Minis am besten wirken. Einmal war Mark beim Autorennen in Indianapolis und fühlte sich sehr unwohl. Er hat eine lange Narbe quer über die Stirn, und als er aufstand, um sich etwas zu trinken zu holen, bildete er sich plötzlich ein, alle Zuschauer würden ihn anstarren. Er *wußte* zwar, daß das nicht stimmte, doch es änderte nichts an seinem Gefühl. Also bat er einfach, sich den blauen Saphir vorzustellen, wie er sich in seinem Gehirn ausdehnte. Schon nach Sekunden spürte er deutliche Wellen der Erleichterung, die vom Mittelpunkt seines Gehirns ausströmten; mit einem Mal war seine Angst verschwunden.

Schaffen Sie sich synchronisierte Aktivitäten – Tätigkeiten, die Sie vornehmlich in einem tiefen Alpha- beziehungsweise im Thetabewußtsein ausführen.

Anfangs werden die vollständigen Entspannungs- und Tagebuchübungen diejenigen Aktivitäten sein, die Sie in erster Linie in den niederen Frequenzbereichen Ihres Gehirns durchführen. Sie werden aber lernen, die dort erreichte Entspannung und Kreativität auch auf andere Tätigkeiten zu übertragen und damit Ihr Leben mit dem ganzen Gehirn nach und nach erweitern.

Judy etwa, die Studentin, die sich ein Bein gebrochen hatte und die ersten sechs Wochen des Semesters nicht trainieren konnte, widmete einen Teil ihrer täglichen Übungen dem »geistigen Laufen«: Sie stellte sich vor, sie liefe, und konzentrierte sich auf das Gefühl, das diese Vorstellung in ihr verursachte. Schon kurze Zeit, nachdem sie ihr Training wiederaufgenommen hatte, lief sie schneller und leichter denn je. Vor jedem Start entspannte sie ihr ganzes Gehirn, und während sie lief, wiederholte sie Affirmationen und führte Minis durch.

Bis zum Ende des Semesters war das Laufen für sie eindeutig zu einer synchronisierten Aktivität geworden. Dieser Sport hatte ihr auch schon vorher große Freude bereitet; doch im Verlauf dieser Wochen, in denen sie lernte, ihr Gehirn zu synchronisieren, steigerten sich ihre Leistungen noch sehr beträchtlich, und sie war bald imstande, die Synchronizität des Laufens auch auf andere Bereiche ihres Lebens zu übertragen.

Wenn es eine bestimmte Tätigkeit gibt, die Sie schon entspannend finden oder die Sie vielleicht ausprobieren möchten, werden Sie merken, daß Sie dabei in relativ kurzer Zeit ein hohes Ausmaß an Synchronizität erzielen können. Bei

Dingen, die Ihnen Streß bereiten, wird es natürlich länger dauern; doch auch solche Aktivitäten können mit der Zeit durchaus synchronisiert werden.

Dehnen Sie Ihre Entscheidungsfreiheit auf immer mehr Bereiche Ihres Lebens aus.

Entscheidungsfreiheit und Synchronizität sind eng miteinander verknüpft. Je synchronisierter Sie sich fühlen, desto mehr werden Sie sich Ihrer Auswahlmöglichkeiten bewußt – und desto mehr verspüren Sie auch den Wunsch, diese Freiheit der Wahl noch weiter auszudehnen.

Solange wir unser Leben als eine Reihe von *Pflichten und Zwängen* erfahren, berauben wir es möglicher Synchronizität. Zu glauben, wir *müßten* arbeiten, bestimmte Dinge für unsere Freunde und Verwandte tun oder uns entspannen, verbraucht die innere Ruhe und Kreativität, die uns die Übungen oder andere synchronisierte Tätigkeiten schenken.

Es ist für ein Leben mit dem ganzen Gehirn unerläßlich, daß Sie ein solches Gefühl der »Wahl-Losigkeit« nach und nach durch das Bewußtsein Ihrer Entscheidungsfreiheit ersetzen und damit Ihr Ich stärken.

Erkennen Sie, wie Sie allmählich mit Ihrer ganzen Umwelt synchron werden.

Während Sie sich auf Ihren eigenen Veränderungsprozeß konzentrieren, werden Sie merken, daß auch der eine oder andere Mensch in Ihrer Umgebung spontan beginnt, sich zu ändern. Das ist Synchronizität auf zwischenmenschlicher Ebene. Sie kann von Ihrer Familie und Ihren Freunden ausgehen und immer größere Kreise ziehen, Ihre Arbeitskollegen und zuletzt Ihr ganzes Viertel, Ihre Stadt und Ihr Land einschließen. Genau das ist das Ziel des vierten Teils dieses Buches: Ihre Synchronizität an jedem Ort, bei jeder Tätigkeit, in jeder Situation zu steigern und zu vertiefen.

Zweiter Teil

Das Mittelhirn und das alte Gehirn

Kapitel 4

Das Gedächtnis

Man nahm bisher an, das Erreichen des Erwachsenenalters bezeichne nicht nur das Ende des Wachstums unseres Gehirns, sondern auch den Beginn seines unaufhaltsamen und zwangsläufigen Verfalls. Jetzt haben Untersuchungen gezeigt, daß das Gehirn, wenn es angemessen stimuliert wird, keineswegs an Substanz verliert – ja, daß sogar einzelne seiner Teile weiterwachsen und selbst im Alter von siebzig, achtzig und neunzig Jahren noch eine Steigerung der Intelligenz und anderer geistiger Fähigkeiten bewirken können.

Michael Hutchison: *Megabrain*

Je mehr Verbindungen im Gehirn hergestellt werden können, desto integrierter ist die Erfahrung im Erinnerungsprozeß.

Don Campbell

In diesem ersten Übungskapitel werden Sie sich auf Ihr Gedächtnis konzentrieren, auf Ihre Fähigkeit also, auf den riesigen Speicher von Informationen aus Ihren vergangenen Erfahrungen zuzugreifen. Der zweite Teil dieses Buches, der außer diesem noch die nächsten vier Kapitel umfaßt, verfolgt den Zweck, die Funktionen Ihres Mittelhirns und alten Gehirns zu stärken: die Gefühle, die Willenskraft, die Liebe und die Körpersinne. Wenn Sie die Übungen dieser fünf Kapitel erfolgreich durchgeführt haben, werden Sie sich insgesamt »kräftiger« fühlen – weit besser imstande, sich auf jede Situation in Ihrem Leben einzustellen und sie zu meistern.

Wissenschaftliche Untersuchungen haben gezeigt, daß die Leistungsfähigkeit unseres Gehirns selbst im fortgeschrittenen Alter wachsen kann. Dennoch glauben viele von uns immer noch, sie nehme im Laufe der Jahre ab – und damit auch unser Gedächtnis. Ich habe festgestellt, daß sowohl der Umfang als auch die Schärfe meines Erinnerungsvermögens deutlich zunehmen, wenn ich aus meinem ganzen Gehirn schöpfe. Manchmal hilft mir mein Gedächtnis, konkrete Fragen zu beantworten, wie sie im Laufe des Tages auftauchen können: Wo habe ich das Teppichmesser gelassen, wann habe ich die nächste Sitzung mit einem Klienten, wer ist diese Woche dran, das Badezimmer zu wischen? Bei anderen Gelegenheiten führt mir mein Gedächtnis spontan eine große Fülle vergangener Ereignisse, Gedanken, Gefühle und Bilder vor.

Die meisten von uns engen ihr Gedächtnis ein, ohne es überhaupt zu merken. Wir alle haben im Laufe unseres Lebens unerfreuliche Erfahrungen gemacht; also haben wir größtenteils unbewußte Verdrängungsmechanismen entwickelt, um sie aus unserem Bewußtsein auszuschließen. Doch wenn wir *diese* Erinnerungen aussperren, schränken wir unsere Fähigkeit ein, überhaupt auf das Mittelhirn – und damit auf *jegliche*, positive wie negative, vergangene Erfahrung – zurückzugreifen. Synchronizität kehrt diesen Prozeß um.

Durch die Übungen dieses Kapitels werden Sie lernen, gezielt Erinnerungen abzurufen, die Ihre Erfahrung von Synchronizität vertiefen. In der ersten Übung – der Grundübung zur Selbst-Meisterung – werden Sie die Gelegenheit haben, sich an eine Situation (oder mehrere) in Ihrem Leben zu erinnern, in der (denen) Sie Frieden erfahren haben. In der zweiten Übung werden Sie Ihre Aufmerksamkeit auf eine Situation richten, in der Sie glücklich gewesen sind. Frieden und Glück (oder Freude) sind die zwei Empfindungen, die am ehesten mit der Synchronizität einhergehen.

In der dritten und vierten Übung werden Sie bitten, sich an Erlebnisse aus der jüngeren Vergangenheit und Ihrer Kindheit zu erinnern, in denen Sie synchronisiert gewesen sind. Sie werden auch hier wahrscheinlich Frieden oder Glück empfinden; doch Ihr Hauptinteresse wird dabei sein, wieder den inneren Kontakt zu diesen Augenblicken oder »guten Tagen« herzustellen, in denen alles mit der größten Leichtigkeit, »wie von selbst« klappte. Fühlen Sie sich bitte weder hier noch sonst dazu verpflichtet, auf meine Vorschläge einzugehen! Es kommt lediglich darauf an, daß Sie sich Ihrer inneren Synchronizität öffnen und, was immer aus ihr hervorströmt, in Ihr Bewußtsein einlassen. Die Erfahrung dieses Erinnerungsstromes und des gleichzeitigen sinnlichen Feedbacks wird Ihnen dabei helfen, jetzt und künftig häufiger und in stärkerem Ausmaße synchronisiert zu sein.

In der fünften Übung werden Sie sich die Gefühle und Erfahrungen, die Sie in den vorangegangenen Übungen gehabt haben, noch einmal ins Bewußtsein zurückrufen. Sie werden überhaupt am Ende jedes Übungskapitels die Gelegenheit haben, alles, was Sie bis dahin gelernt haben, vor Ihrem geistigen Auge Revue passieren zu lassen. Vor allem aus dieser bewußten Vergegenwärtigung der Synchronizität der tiefen Entspannung und des Tagebuchschreibens werden Sie die Kraft schöpfen, die Sie zum Leben mit dem ganzen Gehirn benötigen.

In der ersten und zweiten Übung empfehle ich Ihnen, sich auf das Gefühl von Frieden beziehungsweise Glück *in der Einsamkeit* zu konzentrieren. Vielleicht möchten Sie sich an Situationen erinnern, in denen Sie in der freien Natur gewesen sind – am Meer, auf einer Wiese, in den Bergen und so weiter. Wenn in den Szenen, die sich einstellen, auch andere Menschen vorkommen, so ist das völlig in Ordnung; doch Ihre speziellen Erfahrungen *mit* anderen Menschen werden Gegenstand späterer Übungen sein. Es ist sehr hilfreich, gleich von Anfang an zu erkennen, daß Sie auch *allein* Frieden und Glück erlebt haben – und daß Sie imstande sind, diese beiden Empfindungen aus eigener Kraft zu vertiefen. Ich glaube, daß die direkte Erfahrung dieser »privaten« Gefühle Ihre Beziehung zu anderen Menschen sehr positiv beeinflussen kann.

Vergessen Sie nicht, sich ausreichend Zeit für die Entspannungs- und Tagebuchübung zu lassen (wenigstens 20 bis 30 Minuten). Zeitmangel kann Ihnen jede Tätigkeit vergällen: Wenn Sie hetzen müssen, verlieren Sie all Ihre innere Ruhe und Kreativität.

Suchen Sie sich eine ruhige und gemütliche Umgebung für diese Übungen aus. Während der tiefen Entspannung können Sie wahlweise liegen oder sitzen. Schreiben sollten Sie vielleicht mit Ihrem Lieblingsstift. Ich würde Ihnen auch empfehlen, ein besonderes Heft für Ihre Tagebucheinträge zu verwenden, doch die Hauptsache ist, Sie fühlen sich mit

Ihrem Arbeitsmaterial wohl. In letzter Zeit schreibe ich praktisch alles am Computer.

Während der Entspannung werden Sie wahrscheinlich die Augen geschlossen halten – außer, wenn Sie lesen müssen, wie die Übung weitergeht. Mit der Zeit werden Sie die Anweisungen auswendig wissen.

Wenn ich Sie auffordere, sich an eine oder mehrere Situationen in Ihrem Leben zu erinnern, in der beziehungsweise denen Sie Frieden, Glück oder einfach den ruhigen Fluß der Synchronizität gespürt haben, so werden Ihnen manchmal konkrete Ereignisse einfallen, manchmal aber auch nicht. Zuweilen stellt sich dann nur ein bestimmtes Gefühl ein. Genau darauf kommt es an – auf das Gefühl. Je mehr Sie üben, desto eher wird die vollständige Erinnerung auftauchen.

Sinnliche Affirmationen und Bilder stellen eine äußerst wertvolle Verbindung zwischen den Entspannungsübungen und dem Tagebuchschreiben dar. Viele erfolgreiche Schriftsteller und andere kreative Menschen bedienen sich solcher Affirmationen und Bilder. Wie ich Ihnen schon sagte, sind diese »Bilder« keineswegs nur visueller Natur. Die zeitgenössische Autorin Joan Didion zeigt in der folgenden Beschreibung eines Morgens auf dem Flughafen von Panama, dessen Erinnerung sie durch ihr ganzes Werk *A Book of Common Prayer* begleitete, wie tief sie zahlreiche verschiedene Sinneseindrücke erfuhr:

Die Erinnerung an jenen Morgen hat bis zu dem Tag, an dem ich *A Book of Common Prayer* vollendete, jede meiner Wahrnehmungen überlagert. Dieser Flughafen ist mehrere Jahre lang meine Heimat gewesen. Noch heute kann ich die heiße Luft spüren, die mir entgegenschlägt, als ich aus dem Flugzeug steige, kann die Hitze sehen, die schon um 6 Uhr früh über dem Asphalt aufsteigt. Ich kann den feuchten und zerknitterten Rock an meinen Beinen fühlen. Ich kann spüren, wie meine Sandalen am Asphalt klebenbleiben. Ich erinnere mich an den großen Schwanz einer landenden Pan-American-Maschine, die reglos über dem Ende der Rollbahn schwebt. Ich erinnere mich an das Geräusch eines Münzautomaten im Warteraum.
Zitiert in: Rico: *Balancing the Hemispheres*

Albert Einstein beschreibt seine besondere Art bildlicher Vorstellung, die er bereits im Alter von sechzehn Jahren zu entwickeln begann und die schließlich zu seinen unglaublichen wissenschaftlichen Entdeckungen führte:

> Die psychischen Tatsachen, die als Bausteine des Denkens zu fungieren scheinen, sind bestimmte Zeichen und mehr oder weniger deutliche Bilder, die »willkürlich« reproduziert und kombiniert werden können. (. . .) Dieses Kombinationsspiel scheint das wesentliche Merkmal schöpferischen Denkens zu sein – bevor es durch Wörter oder andere mitteilbare Zeichen in eine logische Struktur überführt wird. (. . .) Besagte Elemente sind in meinem Fall visueller, bisweilen auch muskulärer Natur.
> Zitiert in: Rico: *Balancing the Hemispheres*

Öffnen Sie sich bei den folgenden Übungen einfach Ihren sinnlichen Affirmationen und Bildern. Auch Sie können – wie Joan Didion und Einstein – Ihr schöpferisches Potential anzapfen, indem Sie auf Ihre inneren Feedback-Mechanismen achten.

In allen Übungskapiteln werden Sie ausgewählte Passagen aus den Tagebüchern meiner Studenten und Klienten finden. Ich bin ihnen allen dafür dankbar, daß sie sich entschlossen haben, die Leser dieses Buches an ihren privaten Aufzeichnungen teilhaben zu lassen. In diesem ersten Beispiel konzentriert sich ein Student auf eine vergangene Erfahrung von Frieden:

> Als ich ungefähr vierzehn war, habe ich einmal eine Woche am Michigansee verbracht. Es ist die glücklichste Zeit meines Lebens gewesen. Wir zelteten in der Nähe der Steilküste, keine hundert Meter vom Wasser entfernt. Jeden Abend ging ich allein weg, setzte mich an den Rand der Klippen und betrachtete den Sonnenuntergang. Ich sehe noch die leuchtend rote Sonne vor mir, wie sie über dem aufgewühlten Wasser hängt. Ihre Strahlen schienen mich mit reinen, klaren Empfindungen zu erfüllen. Ich war im Frieden mit mir und der Welt. Ausnahmsweise einmal war es mir egal, was die Leute über mich dachten oder was ich

tat. Ich war in einem Zustand vollkommener Harmonie. Im Laufe der Jahre habe ich diese eine Woche und diese Empfindungen vollständig vergessen. Jetzt kommen sie zurück.

Übung zur Selbst-Meisterung Nr. 1

1. *Entspannung des ganzen Gehirns.* Schließen Sie die Augen und atmen Sie ein paarmal tief durch. Sobald Sie spüren, wie die Anspannung Ihren Körper verläßt, bitten Sie, im Verlauf der ganzen Übung gelöst und aufmerksam zu bleiben. Verwenden Sie eine Affirmation, etwa das Wort »Frieden« oder den Satz: »Ich fühle mich tief entspannt«. Sollten Sie zu irgendeinem Zeitpunkt das Gefühl der Entspannung verlieren, bitten Sie einfach wieder darum, und versenken Sie sich erneut in eine sinnliche Affirmation oder ein sinnliches Bild.

Stellen Sie sich einen Smaragd im Zentrum Ihrer Brust vor. Spüren Sie, wie seine grünen Wellen in Ihren ganzen Körper ausstrahlen – in Rumpf, Beine und Füße . . . in Arme und Hände . . .

Stellen Sie sich einen Smaragd im Zentrum Ihres Gehirns vor und bitten Sie ihn, sich auszudehnen und Ihr ganzes Gehirn mit seinen entspannenden grünen Wellen auszufüllen. Spüren Sie die Wellen im alten Gehirn, da, wo das Rückenmark in Ihren Kopf einmündet, . . . im Mittelhirn, direkt oberhalb des alten Gehirns, . . . in der rechten Hemisphäre, der ganzen rechten Gehirnhälfte, . . . und in der linken Hemisphäre, die die linke Hälfte Ihres Schädels ausfüllt.

Bitten Sie Ihr ganzes Gehirn, sich mit diesen grünen Wellen im mittleren Alphabereich zu synchronisieren.

Bitten Sie den Smaragd, sich auszudehnen und Sie ganz mit grünen Wellen auszufüllen: Gehirn, Körper und Aura. Fühlen Sie, wie die Wellen sich über das Rückenmark in Ihrem ganzen Nervensystem ausbreiten.

Bitten Sie die grünen Wellen dann, blau zu werden, himmelblau, und stellen Sie sich einen blauen Saphir im Zentrum Ihres Gehirns vor. Spüren Sie dabei, wie seine blauen Wellen Ihr ganzes Gehirn ausfüllen, . . . das alte Gehirn, . . . das Mittelhirn, . . . die rechte Hemisphäre . . . und die linke Hemisphäre.

Bitten Sie Ihr ganzes Gehirn, sich mit diesen blauen Wellen im unteren Alphabereich zu synchronisieren.

Bitten Sie den Saphir, sich auszudehnen und Sie ganz mit blauen Wellen auszufüllen: Gehirn, Körper und Aura. Fühlen Sie, wie die Wellen sich über das Rückenmark in Ihrem ganzen Nervensystem ausbreiten.

Gestatten Sie den blauen Wellen, violett zu werden, hellviolett, und stellen Sie sich einen Amethyst im Zentrum Ihres Gehirns vor. Gestatten Sie ihm, Ihr ganzes Gehirn auszufüllen, . . . das alte Gehirn, . . . das Mittelhirn, . . . die rechte Hemisphäre . . . und die linke Hemisphäre.

Bitten Sie Ihr Gehirn, sich mit diesen violetten Wellen im oberen Thetabereich zu synchronisieren.

Bitten Sie den Amethyst, sich auszudehnen und Sie ganz mit violetten Wellen auszufüllen: Gehirn, Körper und Aura. Fühlen Sie, wie die Wellen sich über das Rückenmark in Ihrem ganzen Nervensystem ausbreiten.

Gestatten Sie den violetten Wellen, strahlend weiß zu werden, und stellen Sie sich einen Diamanten vor, der sich vom Zentrum Ihres Gehirns immer weiter ausdehnt, bis er Ihr ganzes Gehirn ausfüllt. Spüren Sie, wie die weißen Wellen Ihr Gehirn umschmeicheln und es transformieren, . . . das alte Gehirn, . . . das Mittelhirn, . . . die rechte Hemisphäre . . . und die linke Hemisphäre.

Bitten Sie Ihr ganzes Gehirn, sich mit diesen weißen Wellen im mittleren Thetabereich zu synchronisieren.

Stellen Sie sich den Mittelpunkt des Diamanten im Zentrum Ihrer Brust vor, Ihrem Herzzentrum, und bitten Sie ihn, sich auszudehnen. Fühlen Sie, wie diese weißen Wellen Ihr ganzes Gehirn und Ihren ganzen Körper schaukeln, wie die Wellen Sie wiegen, während Sie ihnen gestatten, sich auszudehnen und Ihr ganzes Energiefeld, das Zimmer, Ihre ganze Umgebung auszufüllen. Empfinden Sie die Wellen in Ihrer Haut und die außerhalb Ihres Körpers als eins. Achten Sie auf Ihr sinnliches Feedback, auf Ihre Emotionen und die Empfindungen aus allen Bereichen Ihres Körpers. Verwenden Sie die Affirmation: »Ich bin mein synchronisiertes Selbst«, und spüren Sie, wie sich Ihre Synchronizität weiter ausdehnt.

Erinnern Sie sich an eine Zeit Ihres Lebens, in der Sie ein tiefes Gefühl von Frieden erfahren haben, und bitten Sie darum, ein sinnliches Bild Ihrer damaligen Umgebung zu empfangen. Wenn das Bild kräftig ist und Sie sich wirklich an jenen Ort zurückversetzt fühlen, bitten Sie darum, all Ihre einengenden Gedanken, Gefühle oder Überzeugungen in Ihre vorgestellte Umgebung zu entlassen, und erlauben Sie ihnen, nach und nach zu verschwinden. Spüren Sie, wie sich die weißen Wellen in Ihrem Inneren während dieses Prozesses immer weiter ausdehnen.

Bitten Sie um neue sinnliche Affirmationen oder Bilder, die Ihnen beim Tagebuchschreiben in irgendeiner Weise helfen können. Wenn Sie bereit sind, fühlen Sie, wie das weiße Licht Ihres synchronisierten Selbst von Ihrem Herzzentrum aus in die Schulter, den Arm, die Hand und die Finger strömt, mit denen Sie schreiben.

2. *Tagebuchschreiben aus dem ganzen Gehirn.* Lassen Sie sich, solange Sie schreiben, einzig vom Gefühl der Synchronizität leiten. Wenn Sie das Gefühl verlieren, halten Sie inne und stimmen Sie sich – vielleicht mit Hilfe einer sinnlichen Affirmation oder eines sinnlichen Bildes – wieder ein. Es kann auch hilfreich sein, ein sinnliches Bild aufzuzeichnen. Machen Sie sich keine Gedanken darüber, ob die Zeichnung »gut« oder »schlecht« wird. Sie ist nur für Sie bestimmt.

Fragen Sie sich, während Sie schreiben: Gibt es friedvolle Erlebnisse aus meiner Vergangenheit, die ich schildern könnte, um dieses Gefühl noch weiter zu vertiefen? Empfange ich irgendwelche sinnlichen Reaktionen auf die Entspannungsübung, die ein inneres Anzeichen von Frieden sein könnten? Wie kann ich den heutigen Tag in Frieden erleben? Und wenn ich dieses Gefühl verliere, wie kann ich es wiederfinden?

3. *Leben mit dem ganzen Gehirn.* Holen Sie das Gefühl von Frieden, wann immer es nötig erscheint, mit Hilfe von Mini-Entspannungsübungen und/oder sinnlichen Affirmationen und Bildern zurück. *Genießen Sie!*

In diesem frühen Stadium ist zweierlei sehr wichtig: Sie sollten Befriedigung über das bisher Erreichte verspüren – und Sie sollten sich in aller Deutlichkeit bewußtmachen, daß es weder jetzt noch jemals »wie am Schnürchen« laufen wird. Später wird sich die Erkenntnis, daß die Selbst-Meisterung ein niemals endender Prozeß ist, ganz von selbst einstellen.

Vorerst jedoch wird es wahrscheinlich von Nutzen sein, wenn Sie sich diese Tatsache immer wieder bewußt vergegenwärtigen.

Die folgende Tagebucheintragung schildert eine Erfahrung von Glück, die ein Student in seiner Kindheit machte:

Kaum hatte ich darum gebeten, mich an ein glückliches Erlebnis zu erinnern, fiel mir eine ganz außergewöhnliche Radtour ein. Ich fuhr auf dem alten blauen Fahrrad ohne Gangschaltung, das ich von meinem älteren Bruder übernommen hatte. Es war ein heißer Sommertag – viel zu heiß, um in der Sonne zu fahren. Also machte ich mich ganz allein auf den Weg zur Oak Street, einer Straße, die praktisch immer im Schatten liegt. Kaum war ich ein paar Minuten so vor mich hin gefahren, schloß sich mir ein anderer einsamer Radler an, und wir genossen gemeinsam den kühlen Schatten. Schon bald stießen mehr und mehr Kinder zu uns. Wer sie waren, wo sie herkamen, wieviel Geld sie hatten, spielte alles keine Rolle: Wenn du ein Rad hattest, gehörtest du dazu. Je weiter wir fuhren, desto mehr schlossen sich uns an. Bald waren wir an die fünfundzwanzig Mann. Wir fuhren kreuz und quer, veranstalteten Rennen und hatten einen Heidenspaß.

Übung zur Selbst-Meisterung Nr. 2

Wie Übung 1, doch konzentrieren Sie sich nun auf das Gefühl von Freude oder Glück.

Für Bob Hope war »Glück« das Gefühl, daß sein Publikum »mitging«: »Das Publikum mitzureißen – das ist die reine Freude! (...) Man fühlt sich als Sieger, man hat die Sache voll im Griff. Wenn du einfach in Fahrt bist, wenn die Lacher nur so kommen, ist richtiges Timing überhaupt kein Problem mehr. (...) Dein Timing ist dann der Rhythmus der ganzen Welt.«
Zitiert in Brown: *Attaining Personal Greatness*

In diesem Gefühl von Synchronizität gibt es keinen Unterschied zwischen Innen und Außen. Der berühmte Komiker

Bob Hope, der mit Millionen von Menschen die reine Freude erlebt hat, war imstande, mit seinem Publikum eins zu werden.

Meine Studenten und Klienten haben es alle geschafft, den Zugang zu ihren Erlebnissen von Synchronizität wiederzufinden, zu jenen Gelegenheiten, da einfach alles klappte. Viele haben dieses Gefühl bei sportlichen Ereignissen gehabt, andere beim Musizieren, wieder andere in Augenblicken stillen Nachdenkens. Die Jahre unserer Kindheit waren voll von solchen synchronen Erlebnissen, von Stunden und Stunden zeitlos selbstvergessenen Spiels und Naturerlebens. Erst gestern ging ich mit Avery spazieren – es war ein Sommerabend, kurz vor Einbruch der Dunkelheit –, und plötzlich hörte ich die Grillen, so kraftvoll und intensiv wie in meiner Kindheit, damals in Kansas City. Mit einem Mal war *ich* der Neunjährige, und nicht mehr Avery, lief und lauschte hingegeben dem hohen Zirpen.

Dieses Gefühl kann mühelos in die Gegenwart geholt werden – in Situationen, die für uns noch niemals synchron gewesen waren. Meine Studenten erzählen gern, wie sie es immer wieder schaffen, ihre Angst vor Prüfungen in anderen Kursen zu überwinden. Viele von ihnen konnten sich plötzlich, mitten in einem schriftlichen Test, an Fakten und Formeln erinnern, die ihnen noch wenige Sekunden vorher beim besten Willen nicht einfallen wollten. Eine vietnamesische Studentin beschreibt ein Erlebnis aus ihrer Schulzeit und anschließend dessen Nutzanwendung während einer Prüfung:

Es war auf der Oberschule, gegen Ende des Schuljahres. Es war der Tag, an dem die Preise verliehen wurden. Wer das ganze Jahr über hart gearbeitet und ein besonders gutes Zeugnis bekommen hatte, wurde jetzt mit einer Urkunde oder einem Stipendium ausgezeichnet. Ich gehörte zu den Preisträgern. Ich kann nicht beschreiben, wie ich mich an jenem Tag fühlte, aber es ist mir noch ganz gegenwärtig. Ich hatte erreicht, was ich mir schon immer gewünscht hatte, und ich dachte, das könnte unmöglich *mir* passieren, einem Mädchen, das erst vor vier Jahren angefangen hatte, Englisch zu lernen. Als der Direktor meinen Namen vorlas und sagte, ich sei die Fünftbeste der ganzen Oberstufe, meinte ich, das sei alles nur ein Traum. Das konnte nicht wahr sein. Aber jedesmal, wenn ich dieses Gefühl wieder in mir wachrufe, glaube ich ein bißchen mehr daran.

Letzten Donnerstag habe ich eine Klausur in Psychologie geschrieben. Bevor ich anfing, mich darauf vorzubereiten, machte ich eine Entspannungsübung und rief mir wieder das Gefühl von damals ins Gedächtnis zurück. Ich hörte wieder die Worte des Schuldirektors. Während der Klausur habe ich mich dann jedesmal, wenn ich nervös wurde oder dachte, ich könnte eine Frage nicht beantworten, wieder an seine Worte erinnert, sie richtig gehört. Meine Nervosität verflog, und auf einmal war alles ganz einfach.

Übung zur Selbst-Meisterung Nr. 3

Wie Übung 1, aber bitten Sie diesmal um ein Gefühl von Synchronizität, das Sie erst kürzlich erfahren haben – einen Augenblick, eine Stunde, einen Tag, da alles »stimmte«, alles ganz mühelos gelang.

Übung zur Selbst-Meisterung Nr. 4

Wie Übung 1, aber bitten Sie um ein Gefühl von Synchronizität, das Sie in Ihrer Kindheit erfahren haben.

In der letzten Übung dieses Kapitels sollten Sie versuchen, während der Entspannung die vier vorangegangenen Übungen nachzuerleben. Lesen Sie bitte Ihre Tagebucheinträge noch einmal durch und rufen Sie sich ins Gedächtnis zurück, wie es Ihnen gelungen ist, das Gefühl von Frieden, Glück und Harmonie auch in andere Tätigkeiten und Situationen einfließen zu lassen. Es ist jetzt an der Zeit, daß Sie eine erste Bilanz Ihrer bisherigen Fortschritte ziehen, um sich auf das nächste Kapitel vorzubereiten, in dem Sie ein größeres Spektrum von Empfindungen erforschen werden.

Übung zur Selbst-Meisterung Nr. 5

1. *Entspannung des ganzen Gehirns.* Wie Übung 1, doch bitten Sie dabei um die Synchronizität, die Sie in den ersten vier Übungen erfahren haben. Achten Sie bitte sehr genau auf Ihr

sinnliches Feedback – ob es nun visuelle Bilder, physische Empfindungen oder Emotionen sind – und halten Sie sie in Ihrem Tagebuch fest.

2. Lesen Sie Ihre Tagebucheintragungen nach und bitten Sie darum, sich an synchronisierte Erfahrungen zu erinnern, die Sie während anderer Aktivitäten gemacht haben.

3. *Tagebuchschreiben aus dem ganzen Gehirn.* Konzentrieren Sie sich auf die Erfolge, die Sie bislang erzielt haben. Machen Sie sich (wie sonst auch) mittels gezielter Fragen bewußt, was funktioniert hat und was Ihnen künftig mehr Synchronizität schenken wird.

Kapitel 5

Die Gefühle

Früher hatte ich ständig Angst. (. . .) Zum Teil lag das an dem Stimmchen in meinem Kopf, das unaufhörlich wiederholte: »*Laß alles besser, wie es ist. Versuch bloß nicht, deine Situation zu verändern. Allein schaffst du es sowieso nie.*« Sie wissen bestimmt, was ich meine – dieses ewige: »*Keine Experimente! Ja nichts riskieren! Hinterher bereust du es nur!*« Meine Angst schien niemals nachzulassen, und ich hatte keinen Augenblick Frieden. Nicht einmal mein erfolgreich abgeschlossenes Psychologiestudium schien mir da groß zu helfen. Und dann kam die Wende. Ich zog mich gerade an, um zur Arbeit zu gehen, als ich zufällig in den Spiegel schaute und sich mir ein allzu vertrauter Anblick darbot: ein Gesicht, das vor Selbstmitleid zerfloß, rotgeweinte, verquollene Augen. Plötzlich fühlte ich, wie eine ungeheure Wut in mir hochstieg, und ich fing an, mein Spiegelbild anzuschreien: *Das reicht . . . das reicht . . . das reicht!*«
Ich schrie, bis ich keine Kraft (oder Stimme) mehr hatte. Als ich aufhörte, verspürte ich ein seltsames, wundervolles Gefühl der Erleichterung und Ruhe, das mir völlig neu war. Ich war unvermutet mit einem sehr starken Teil meiner selbst in Berührung gekommen, von dessen Existenz ich bis zu dem Augenblick nicht einmal geahnt hatte. Ich schaute noch einmal lange in den Spiegel und lächelte mit einem bejahenden Nicken. Die altvertraute, ewig zagende und Katastrophen vorhersagende Stimme wurde, wenigstens einstweilen, von etwas völlig Neuem übertönt; und diese neue Stimme sprach von Kraft und Liebe und Freude und allen guten Dingen. In diesem Augenblick wußte ich, daß ich meiner Angst nicht das Feld überlassen würde. Ich würde einen Weg finden, mich von diesem Negativismus, der mein ganzes Leben beherrschte, zu befreien. Damit begann meine Odysee.
Susan Jeffers: *Feel the Fear and Do it Anyway*

Gefühl ist alles.
Goethe: *Faust. Der Tragödie erster Teil*

Gerald Jampolskis *Lieben heißt die Angst verlieren*, Jeanne Segals *Living Beyond Fear*, Susan Jeffers *Feel the Fear and Do it Anyway* und andere Bücher zeigen uns, daß wir oft Angst haben: Angst zu handeln, Angst, wir selbst zu sein, Angst zu *fühlen*. Wir verhalten uns so, als stünde ein Wächter, die Angst, am Tor zum Mittelhirn und verwehrte uns den Zutritt. »Gehst du hier weiter«, sagt er uns, »mußt du *fühlen*.« Und diese Aussicht läßt uns erzittern: Nein! Alles, nur *das* nicht!

Hätte ich es nicht selbst jahrelang getan, hielte ich es nicht für möglich, daß man sich vor Gefühlen fürchten kann. Aber es ist wahr. Fragen Sie sich doch einmal, inwieweit sie bereit sind, so offen und ehrlich wie Frau Jeffers im obigen Zitat anzuerkennen, daß die Angst ein wirkliches Hindernis in Ihrem Leben darstellt. Die Angst anzuerkennen und zu lernen, sie zu akzeptieren, sind zwei wesentliche Schritte auf unserem Weg zur Selbst-Meisterung.

Fügen wir noch die zwei weiteren »Wächter« des Mittelhirns hinzu, den Zorn und die Traurigkeit, so haben wir die drei wichtigsten Gefühle beisammen, die uns daran hindern, diesen Bereich unseres Gehirns zu betreten. Unsere einzige Möglichkeit ist, ihnen ins Gesicht zu schauen, sie als einen Teil von uns anzuerkennen und sie einzuladen, die Schwelle mit uns gemeinsam zu überschreiten. Solange wir das nicht tun, können wir weder den Rest des Mittelhirns – Gedächtnis, Willenskraft und Liebe – noch die Kreativität und Intuitionsfähigkeit des neuen Gehirns erfahren. Das Mittelhirn ist ein Pauschalangebot: Wir bekommen es entweder ganz oder gar nicht.

Es gibt drei mögliche Arten des Umgangs mit Gefühlen: Wir können sie leugnen, wir können sie unsynchronisiert erfahren, und wir können sie synchronisiert erfahren. Diese drei Einstellungen sind vollkommen voneinander verschieden. Haben wir uns die eine zu eigen gemacht, fällt es uns oftmals schwer, uns auch nur daran zu erinnern, daß es noch zwei andere gibt.

Die Leugnung der Gefühle gelingt niemals hundertprozentig. Wenn wir unsere Gefühle leugnen, halten wir uns (um wieder zu unserem Gleichnis zurückzukehren) ständig im Erdgeschoß unseres Hauses auf – im alten Gehirn. Wir gehen unseren gewohnten Beschäftigungen nach, haben unsere bescheidenen, aber durchaus realen Freuden und Probleme – doch alles in Maßen, ohne alle Exzesse, die eine Störung dessen bedeuten würden, was wir uns angewöhnt haben, für normal zu halten. Das ungeheure Potential des Mittelhirns – Glück, Frieden, Zorn, Traurigkeit und Angst, Willenskraft und die Fähigkeit zu lieben, all die zahllosen Erinnerungen – ist wie ein fernes Gewitter, wie die sprichwörtliche »Leiche im Keller« (beziehungsweise im ersten Stock). Dieser irgendwie »peinlichen« Emotionen sind wir uns zwar vage bewußt, doch sie fühlen sich im Augenblick nicht wirklich an. Damals, im Sommer 1982 oder in unserer Kindheit, schienen sie die ganz große Sache zu sein, aber Gott sei Dank ist es damit endgültig vorbei! Jetzt läuft alles glatt und störungsfrei. Keine Überraschungen, kein Schmerz.

Außer an »schlechten Tagen«. Dann springen mit einem Mal all die unsynchronisierten Gefühle aus ihren Verstecken hervor. Eine Viertelstunde, bevor Sie zur Arbeit fahren müssen, ruft die Leihoma an und meldet sich krank. Trotz gegenteiliger Versprechungen seitens der Wettervorhersage durchweicht indessen ein Wolkenbruch Ihre ganze Wäsche. Sie springen ins Auto, um die Kinder zu den Großeltern zu bringen, und die Batterie gibt keinen Mucks von sich. Wenn Sie auch solche oder ähnliche schlechten Tage kennen, dann wissen Sie, was ich mit »unsynchronisierten Gefühlen« meine: Zorn, Angst, Traurigkeit, die über Sie hereinbrechen, wenn Sie am wenigsten damit gerechnet hatten. Meistens scheint auch noch jemand oder etwas anderes daran schuld zu sein – und wenn sich beim besten Willen kein Sündenbock finden läßt, dann wenden Sie eben Ihren letzten Rest an Energie auf, um sich selbst Vorwürfe zu machen.

Was ist bloß aus dem guten alten »Normalzustand« geworden? Sie tun also Ihr Bestes, um ein wenig Ordnung in dieses Chaos unsynchronisierter Gefühle zu bringen, und schließlich gelingt es Ihnen auch. Ah, *das* passiert mir kein zweites Mal! Ich werde mir gleich drei Ersatz-Leihomas, einen Zweitwagen und einen Wäschetrockner besorgen!

Doch damit ist es nicht getan. Solange wir unsere Gefühle nicht synchronisieren, muß dieses Hin und Her zwischen künstlicher Ruhe und Ausbrüchen von unsynchronisierten Emotionen weitergehen, da wir es hier nicht mit Autos, Wäscheleinen oder Leihomas zu tun haben, sondern mit der Natur unseres Gehirns. Durch Verdrängung erreichen wir nichts anderes, als uns eine Zeitlang aus dem Mittelhirn auszusperren. Ich selbst habe es geschafft, mehrere Jahre in diesem Zustand zu verbringen, doch der Preis war hoch und das Ergebnis fragwürdig. Je länger wir unsere Emotionen leugnen, desto größer wird unser Vorrat an unsynchronisierten Gefühlen.

Ein physikalisches Grundgesetz besagt, daß keine Energie verlorengehen oder zerstört werden kann. Sie kann nur in einen anderen Zustand überführt werden. Gefühle sind ganz ohne Zweifel Energie, und eine äußerst wirkungsvolle dazu. Jedes einzelne verdrängte Gefühl wird im Gehirn gespeichert und lauert dort irgendwo, bis es – meist mit mehreren seiner Artgenossen – irgendwann explodiert.

Warum braucht jemand nur »X«, »Y« oder »Z« zu sagen, damit wir gleich in die Luft gehen? Warum haben wir Alpträume? Warum brechen wir immer wieder in Panik aus oder haben dieses unterschwellige, unaufhörliche Angstgefühl? Warum heißt es, wir lebten im »Zeitalter der Angst«? Ich glaube, daß unsere zwanghafte Leugnung jeglichen Gefühls weitgehend kulturell bedingt ist.

Zu einem großen Teil ist diese Leugnung ein fester Bestandteil der männlichen Geschlechterrolle. Heul nicht, Fritzchen, richtige Männer weinen nicht! Du bist doch kein kleines Mädchen! Was ist denn los, willst du etwa kneifen? Berufstätige Frauen, zumal in verantwortungsvollen Positionen, fallen allerdings auch immer mehr dem »Männlichkeitsmythos« zum Opfer; und wenn diese Idee, man müsse immer gelassen und beherrscht sein, die Erwachsenen beeinflußt, kann sie auch bei unseren Kindern auf die Dauer nicht ohne Auswirkung bleiben.

Die einzige Macht auf Erden, die uns aus diesen Wechselbädern geleugneter und unsynchronisierter Gefühle herausreißen kann, ist ein vollständig synchronisiertes Gehirn. Es funktioniert jedesmal. Solange Ihre »Harmonie-Reserven«

größer sind als die Gesamtheit Ihrer jeweils geleugneten, unsynchronisierten Gefühle, werden Sie sich mühelos in den Fluß der Synchronizität einfügen. Die bescheidenen Freuden und Probleme der Verdrängung und die Explosionen unsynchronisierter Gefühle werden, wenigstens vorübergehend, verschwinden. Mit entsprechender Übung können Sie aus diesem harmonischen Ausnahmezustand sogar die Regel machen.

Jedes unsynchronisierte Gefühl erweitert Ihr Reservoir an unsynchronisierter Energie, jedes synchronisierte Ihr Reservoir an Synchronizität. Wenn Sie beginnen, die unsynchronisierten Gefühle zu transformieren, lassen Sie gleichsam einen Tropfen aus dem »schlechten« in den »guten« Speicher fließen. Tropfen für Tropfen, Gefühl für Gefühl verringern Sie Ihren Vorrat an unsynchronisierten Emotionen und lassen dafür Ihre Synchronizität anwachsen.

Sobald Sie mehr Übung in der tiefen Entspannung und dem kreativen Tagebuchschreiben haben, werden Sie nicht nur einzelne unsynchronisierte Gefühle, sondern auch ganze Verdrängungsmuster und allgemein Ihren Mangel an Synchronizität transformieren können. Früher reagierte ich beispielsweise auf nahezu jede Krisensituation mit dem Gefühl, ein Opfer widriger Umstände oder böswilliger Machenschaften zu sein. Je besser ich lernte, mein Gehirn zu synchronisieren, je häufiger ich aus dem Gefühl der Synchronizität heraus Tagebuch schrieb, desto mehr Erfahrungen unsynchronisierter Gefühle – Zorn, Frustration, Verzweiflung – ließ ich in mein Reservoir an Synchronizität einfließen. Als ich das lange genug getan hatte, trat eine grundsätzliche Änderung ein. Ich begann, auf Schwierigkeiten überhaupt anders zu reagieren: Ich war nicht mehr das hilflose Opfer, sondern hatte auf einmal die Fähigkeit, jeder neuen Situation unvorbelastet zu begegnen.

Carlos, einer meiner Klienten, schaffte diesen Übergang von unsynchronisierten Gefühlen zu einem Zustand anhaltender Synchronizität in erstaunlich kurzer Zeit. Er war Vietnam-Veteran, und ein Armeepsychologe hatte ihn zu mir überwiesen, weil er unter überdurchschnittlich starkem Streß stand. Er war in einer Kleinstadt in Texas aufgewachsen, war mit 18 zum Militär gegangen, und man hatte ihn nach der

Grundausbildung gleich nach Vietnam geschickt, wo er vier Jahre bei der Infanterie gedient hatte. Dreimal waren fast alle seine Kameraden im Einsatz gefallen. Er war ein guter Soldat gewesen, doch er fand sich im Zivilleben nicht mehr zurecht. Er hatte Schwierigkeiten an seinen häufig wechselnden Arbeitsstellen und in seinen Beziehungen. Er litt unter einem sogenannten »psychischen Belastungssyndrom«, dem Schicksal zahlloser Veteranen vieler Kriege. Er war gewalttätig, kam wiederholt mit dem Gesetz in Konflikt und hatte mehrere Monate in verschiedenen Militärkrankenhäusern verbracht.

Als er in meine Praxis kam, sagte er sofort: »Es hängt mir zum Hals raus, über Vietnam zu reden. Jedem Klapsdoktor zwischen Kalifornien und Florida, zu dem sie mich geschickt haben, mußte ich in allen Einzelheiten erzählen, wie meine Kameraden vor meinen Augen niedergemäht wurden. Wenn Sie mir auch nicht anders helfen können, als indem Sie alles wieder aufrühren, dann können Sie sich die Mühe sparen. Depressionen kriege ich auch ohne Ihre Unterstützung.« Ich versicherte ihm, ich würde Vietnam niemals zur Sprache bringen. Ich würde ihn lediglich durch eine Reihe von Entspannungs- und Tagebuchübungen führen. Über die Themen unserer Sitzungen würde ganz allein er entscheiden.

Obwohl er meinte, er könne sich nicht entspannen, erreichte Carlos gleich beim ersten Mal einen tief synchronisierten Zustand und machte rasche Fortschritte. In der zweiten Woche lernte er, unsynchronisierte Gefühle zu synchronisieren. Zorn auf seinen Schwager, Angst vor einem bevorstehenden Vorstellungsgespräch – alles konnte er deutlich erkennen und mühelos transformieren. Zum ersten Mal seit Jahren fühlte er sich wirklich gut.

Als er zur vierten Sitzung kam, war er sehr aufgeregt. »Ich habe es getan«, sagte er, »ich habe angefangen, über Vietnam zu schreiben! Während einer der Entspannungsübungen habe ich mich plötzlich wieder so gefühlt wie damals, als wir von den Landungsbooten abgesetzt wurden. Wir verbrachten drei Tage und Nächte auf dem Strand. Ich war vorher noch nie am Meer gewesen, und dort hörten wir pausenlos die Brandung. Ich schlief beim Klang der Wellen ein. Während der Übung habe ich angefangen, diese Ruhe in mir zu spüren, und das war vielleicht toll! Dann habe ich Bilder gesehen – meine Kameraden, die drüben gefallen sind. Es hat nicht mehr so weh getan wie früher. Die Wellen in meinem Kopf hörten nicht auf, sie kamen und gingen, eine nach der anderen, und es gelang mir, ruhig und friedlich zu bleiben, gleichgültig, was für Erfahrungen hochkamen. Dann habe ich darüber geschrieben; es fielen mir weitere Einzelheiten ein, ich verlor wieder den Mut, und da ließ ich einfach los, spürte wieder die Wellen und so ein weißes nebliges Gefühl, und alles war wieder in Ordnung.«

Carlos hat nichts erzwungen; er hat nicht versucht, alle seine Probleme nach einem vorgefertigten – eigenen oder von mir entworfenen – Konzept auf einen Schlag zu lösen. Er hat einfach gewartet, bis sich ein natürlicher, wohltuender Rhythmus herauskristallisierte, hat es seiner inneren Synchronizität gestattet, das Tempo der Veränderung zu bestimmen. Er faßte Vertrauen in den Prozeß der Entspannung und des Tagebuchschreibens und erweiterte seine Reserven an synchronisierter Energie. Als er bereit war, ließ er seine Vietnam-Erfahrungen ohne den seelischen Schmerz, den er sonst immer verspürt hatte, in sein Bewußtsein ein.

In diesem Kapitel werden Sie im Rahmen mehrerer aufeinander aufbauender Übungen unsynchronisierte Gefühle in das reine weiße Licht der Synchronizität einfließen lassen und sie darin transformieren. Ihr Ziel dabei ist, nach Carlos' Vorbild Ihrem synchronisierten Selbst zu gestatten, die Verantwortung für das Timing zu übernehmen. Sie dürfen bitte nicht denken, Sie müßten auf Anhieb ganze Verdrängungsmuster transformieren, Ihren gesamten Mangel an Synchronizität in Bausch und Bogen beheben. Warten Sie, bis Sie die Übung angefangen haben, und gestatten Sie dann einer problematischen Situation, ganz von selbst aufzutauchen. Vielleicht haben Sie sich heute über einen rücksichtslosen Autofahrer aufgeregt; vielleicht haben Sie beim Gedanken an einen bestimmten Aspekt Ihrer Arbeit Angst verspürt; vielleicht hat Sie das Verhalten eines Familienangehörigen oder Freundes traurig gemacht. Es gibt viele Gefühle in Ihnen, die der Transformation bedürfen. Haben Sie Geduld, und Sie werden von Mal zu Mal erkennen, welche Erfahrung für welche Übung jeweils am besten geeignet ist.

Ich habe wiederholt festgestellt, daß manche Gefühle selbst dann noch unsynchronisiert bleiben, wenn wir sie uns bereits »zu Herzen« genommen haben. Manche Situationen erfordern von uns eben eine größere Aufmerksamkeit. In solchen Fällen ist das Tagebuchschreiben ganz besonders wichtig. Bisweilen werden Sie eine unmittelbare Erleichterung verspüren, sobald Sie unsynchronisierte Gefühle in Ihr Selbst aufnehmen; doch Sie können ebensogut anschließend merken, daß eine weitere Synchronisierung nötig ist. Sehr oft habe ich durch das Tagebuchschreiben meine Erfahrung von Frieden und Klarheit noch weiter vertiefen können.

Alle Gefühle, ob synchronisiert oder nicht, haben ein Anrecht darauf, von uns vollkommen erfahren zu werden. Wenn wir bei unseren Gewohnheiten »im Erdgeschoß« bleiben, wenn wir versuchen, die »schlechten« Gefühle im ersten Stock zu verdrängen, sprechen wir ihnen damit ihren Wert, ja ihre Wirklichkeit ab. Das aber hält uns – da wir den ersten Stock, unser Mittelhirn, überhaupt meiden – von *all* unseren Gefühlen fern.

Sich einfach die Zeit zu nehmen, jedes beliebige Gefühl in seiner ganzen Tiefe zu erleben, ist der Anfang der Selbst-Meisterung. Natürlich dürfen wir unsere unsynchronisierten Gefühle nicht als Waffe gegen andere Menschen einsetzen. Ich habe ein Recht, all meine Emotionen zu erfahren, nicht aber, sie breitzutreten und andere damit unter Druck zu setzen. Ich habe das oft getan; die meisten von uns haben es getan; doch es ist nichts, was ich empfehlen würde. Wenn wir dagegen lernen, uns alle unsere Gefühle im privaten Rahmen unserer Entspannung und unseres Tagebuchs *anzueignen*, laufen wir viel weniger Gefahr, sie gegen andere Menschen zu verwenden. Wir lassen dann unseren Empfindungen die ihnen gebührende Ehre widerfahren und übernehmen für sie die Verantwortung.

Vielleicht haben Sie das Bedürfnis, sich aufgestaute Gefühle – Zorn, Angst, Traurigkeit – von der Seele zu schreiben. Das Tagebuch bietet Ihnen dafür die beste Gelegenheit. Vielleicht möchten Sie jemanden brieflich in aller Form zum Teufel wünschen. Die Abfassung solcher Schmähbriefe hat mir und meinen Studenten sehr oft beträchtlich geholfen. Der Zweck dieser Übung ist aber stets, den inneren Frieden zu finden, sich zu synchronisieren. Hören Sie nicht auf zu schreiben, bis Sie sich vollkommen beruhigt haben, und schicken Sie den Brief niemals an den Adressaten! Er ist einzig und allein für *Sie* bestimmt.

Ich empfehle Ihnen wärmstens, sich – was immer Sie ansonsten tun – auf die wohltuende Wirkung sinnlicher Bilder und Affirmationen zu besinnen. Verwenden Sie sie bitte, ebenso wie die Minis, weiterhin so oft wie möglich, um Ihre Synchronizität auszubauen. *Zusätzlich* sollten Sie sich jetzt aber auch dann an diese Kurz-Übungen erinnern, wenn Sie merken, daß Sie Emotionen leugnen oder unsynchronisierte Gefühle erfahren. Das Feedback der Leugnung ist in der Regel ein allgemeines Gefühl der Lustlosigkeit, der Öde oder der Müdigkeit. Vielleicht haben Sie auch körperliche Schmerzen, fühlen sich angeschlagen oder einfach schlaff. Die wichtigsten unsynchronisierten Gefühle sind Zorn, Traurigkeit, Angst und Frustration (was in der Regel eine Kombination von Zorn und Angst ist).

Achten Sie auf Ihre Worte. Achten Sie auf Äußerungen wie:»Ich fühle mich von dir ungerecht behandelt« oder:»Ich habe das Gefühl, daß heute nichts so läuft, wie es sollte.« Das sind keine Gefühle, das sind Gedanken. Ein Gefühl wird immer von einer ganzheitlichen körperlichen Empfindung begleitet. Diese zwei Beispielsätze bezeichen kein Gefühl, sie deuten es höchstens an. Sie könnten statt dessen sagen:»Ich bin traurig, weil du mich ungerecht behandelst« oder »Ich bin wütend darüber, daß heute nichts so läuft, wie ich es mir erhofft hatte.« Unsere Gefühle ehrlich zu benennen, ist der erste, äußerst wichtige Schritt zu ihrer Transformation.

Sobald Sie sich einer Leugnung oder unsynchronisierter Gefühle bewußt werden, sollten Sie sich so schnell wie möglich in einen Zustand der Synchronizität versetzen. Es hat überhaupt keinen Sinn, lange darüber nachzudenken oder zu zögern. Das einzig Sinnvolle ist, sich zu entspannen und kreativ zu werden. »Kreativ« heißt in diesem Fall, daß Sie erkennen, was Ihnen am meisten nützt: eine komplette Entspannungs- und Tagebuchübung, ein Mini, eine Affirmation aus der letzten Tagebucheintragung oder eine, die Ihnen in dem Augenblick einfällt. Was auch immer es sei, tun Sie es. Machen Sie sich *jetzt* an die Meisterung Ihrer selbst!

Im letzten Kapitel haben Sie den Frieden, das Glück und die Synchronizität erforscht. Von nun an werden Sie bei jeder Übung selbst entscheiden, welches synchronisierte Gefühl Ihnen am meisten hilft. Manche meiner Studenten benutzen das Gefühl des Friedens, um abends besser einzuschlafen, und das der Freude, um am Morgen Tagebuch zu schreiben. Experimentieren Sie ein wenig. Stellen Sie fest, was bei Ihnen am besten funktioniert.

Übung 6 ist allgemeiner Natur. Die drei folgenden drehen sich um jeweils ein bestimmtes unsynchronisiertes Gefühl: Traurigkeit (Übung 7), Zorn (Übung 8) und Angst (Übung 9). Mein Schlüssel zum Erfolg ist das Wissen, daß die Kraft der Synchronizität stets größer ist als jedes unsynchronisierte Gefühl. Jedesmal, wenn wir ein unsynchronisiertes Gefühl erfahren und akzeptieren, wächst unsere Fähigkeit zur Synchronisierung, und es wird somit leichter für uns, das nächste unharmonische Gefühl zu akzeptieren. Hier ist ein Beispiel von einer meiner Studentinnen:

Ich mußte diese Woche meinen Job aufgeben, weil mein Chef sich weigerte, meine Arbeitszeit zu kürzen. Mir war ganz und gar nicht wohl beim Gedanken, mir einen anderen Job suchen zu müssen. Ich hatte noch kaum Erfahrungen auf dem Gebiet. Nach acht erfolglosen Versuchen an einem einzigen Tag war ich ziemlich deprimiert. Ich weiß noch, wie ich mir auf der Fahrt zu meinem neunten (und letzten) Vorstellungsgespräch sagte, ich müsse mich unbedingt entspannen. Also machte ich eine Mini-Übung. Ich fühlte mich sofort besser. Als ich mich vorstellte, war ich kein bißchen nervös. Ich wurde sofort zum Personalchef vorgelassen. Und er hat mich genommen! Er sagte, ich hätte deswegen den Job bekommen, weil ich so ruhig wäre. Anfangs habe ich nicht recht an diese Übungen geglaubt, aber jetzt weiß ich, daß da etwas dran ist.

Übung zur Selbst-Meisterung Nr. 6

1. *Entspannung des ganzen Gehirns.* Wie Übung 1 (Seite 116). Konzentrieren Sie sich dabei auf das stärkste Gefühl von Synchronizität, das Sie durch die Übungen in Kapitel 4 erlebt

haben: den Frieden, das Glück, den Fluß reiner Synchronizität – was immer sich im Augenblick am besten anfühlt. Nachdem Sie sich in das sinnliche Bild eines friedlichen Ortes in Ihrem Inneren versetzt haben, bitten Sie um ein unsynchronisiertes Gefühl – Zorn, Traurigkeit oder Angst –, das Sie erst kürzlich oder auch schon vor längerer Zeit empfunden haben. Bitten Sie dieses einengende Gefühl, in den friedvollen Ort einzugehen, und lassen Sie zu, daß es in das weiße Licht entlassen und darin liebevoll aufgehoben wird. Achten Sie sehr sorgfältig auf Ihr sinnliches Feedback. Es ist ein deutliches Anzeichen der Selbst-Meisterung. Wenn Sie dann zu anderen Gelegenheiten versuchen, unsynchronisierte Gefühle zu transformieren, wird Ihnen dieses (oder ein ähnliches) Feedback als Maßstab Ihres Erfolges dienen.

2. *Tagebuchschreiben aus dem ganzen Gehirn.* Konzentrieren Sie sich dabei auf die Frage, was in dieser Entspannungsübung funktioniert hat. Fragen Sie sich dann, wie Sie die erfahrene Synchronizität in das Leben mit dem ganzen Gehirn einbringen können.

3. *Leben mit dem ganzen Gehirn.* Konzentrieren Sie sich besonders darauf, in Ihrem Alltag jede Leugnung von Emotionen und alle unsynchronisierten Gefühle zu transformieren.

Übung zur Selbst-Meisterung Nr. 7

1. *Entspannung des ganzen Gehirns.* Wie Übung 6. Bitten Sie diesmal darum, ein bestimmtes trauriges Gefühl, das Sie irgendwann empfunden haben, zu akzeptieren. Auch diesmal kann es sich dabei um ein Erlebnis jüngeren oder auch älteren Datums handeln.

2. *Tagebuchschreiben aus dem ganzen Gehirn.* Seit Ihrer letzten Übung haben Sie einige Erfahrungen mit Minis und/oder sinnlichen Bildern und Affirmationen gesammelt. Was hat funktioniert? Versuchen Sie herauszufinden, was die für Sie wirksamsten Methoden sein könnten, unsynchronisierte und geleugnete Gefühle im Alltagsleben zu transformieren.

3. *Leben mit dem ganzen Gehirn.* Konzentrieren Sie sich besonders darauf, in Ihrem Alltag jede Leugnung von Emotionen und alle unsynchronisierten Gefühle zu transformieren.

Übung zur Selbst-Meisterung Nr. 8

Wie Übung 7. Empfinden und akzeptieren Sie diesmal den Zorn.

Übung zur Selbst-Meisterung Nr. 9

Wie Übung 7. Empfinden und akzeptieren Sie diesmal die Angst.

Übung zur Selbst-Meisterung Nr. 10

Entspannen Sie sich tief, lesen Sie Ihre Aufzeichnungen zu den Übungen dieses Kapitels noch einmal durch und schreiben Sie dann in Ihr Tagebuch. Konzentrieren Sie sich dabei auf Ihr sinnliches Feedback, auf Ihre bisherigen Erfolge und auf die Frage, in welchen Bereichen Ihres Lebens Sie irgendwelche Verbesserungen einführen könnten.

Kapitel 6

Die Willenskraft

Absolut grundlegend und mit eine der wichtigsten inneren Kräfte (des Menschen) ist die ungeheure, unverwirklichte Macht seines Willens. Dessen gezielte Entfaltung und Ausübung bilden die Basis jeglicher Bestrebung. Man kann hierfür zwei Gründe anführen. Der erste ist die zentrale Stellung, die der Wille in der menschlichen Persönlichkeit einnimmt, sowie seine innige Beziehung zum innersten Kern des menschlichen Wesens, des Ichs. Der zweite Grund ist die Tatsache, daß der Wille jede Entscheidung überhaupt erst ermöglicht, über die Einsetzung aller zu deren Ausführung notwendigen Mittel bestimmt und für die planmäßige und – aller etwaigen Hindernisse und Schwierigkeiten zum Trotz – erfolgreiche Beendigung des bestimmten Vorhabens sorgt. (. . .) Ich halte es daher für angebracht, alle intellektuellen, theoretischen Erörterungen des Gegenstandes auf einen späteren Zeitpunkt zu verschieben und sich zunächst darum zu bemühen, die Wirklichkeit und eigentliche Natur des Willens durch dessen direkte, existentielle Erfahrung zu entdecken.
Roberto Assagioli: *The Act of Will*

Gib dich hin, Dorothy, von Zeit zu Zeit,
Dem Willen des, dem Willen des,
Dem Willen des Windes.
Cris Williamson: »Surrender Dorothy«, in ihrem Album *Blue Rider*

Immer wieder höre ich am Anfang jedes Semesters meine neuen Studenten sagen: »Ich will gute Noten bekommen, *aber* es klappt einfach nicht.« Oder: »Ich will eine gute Beziehung mit meinem Freund (meiner Freundin), *aber* er (sie) ist einfach zu egoistisch (stur, pingelig, hartherzig usw.).« Wenn wir glauben, wir wollten etwas Bestimmtes, *aber* – dann konzentrieren wir uns in Wirklichkeit vor allen Dingen auf das, was nach dem *Aber* kommt.

Indem wir unsere Willenskraft entwickeln, verwirklichen wir mehr und mehr von dem, was wir in unserem synchronisierten Selbst finden, und nicht die ganzen *Abers*, die uns einschränken. Die meisten von uns fürchten sich so sehr vor dem Gedanken, einen starken Willen zu besitzen, daß sie sich in einem fort selbst Steine in den Weg legen, um diese »Gefahr« zu umgehen. Etwas wirklich zu *wollen* ist eine Sache; eine ganz andere ist es, zu wünschen oder zu hoffen, daß es passieren könnte, *aber* . . .

Wie ist es bei Ihnen? Sagen Sie zum Beispiel: »Ich wollte, ich wäre Millionär, aber . . .«? Oder tun Sie auch was dafür – wenn es das ist, was Sie wollen? Vielleicht würden Sie Ihr Ziel nicht über Nacht erreichen, doch das wäre nicht die Frage; entscheidend ist nur zweierlei: Wollen Sie das wirklich? Und sind Sie bereit, etwas dafür zu tun? Willenskraft und Handeln gehören zusammen. Wir wollen etwas, und dann handeln wir. Das Feedback, das wir auf dem Weg zum Ziel unseres Wollens empfangen, kann uns – und unseren Willen – durchaus verändern; doch grundsätzlich ist wahre Willenskraft nicht von der Tat zu trennen.

Woher wissen wir, was wir wirklich wollen? Ich sehe, ebenso wie in bezug auf die Gefühle, drei mögliche Arten, mit dem Willen umzugehen: Wir können leugnen oder verdrängen, was wir wollen; wir können uns dem unsynchronisierten Willen überlassen; oder wir können uns für die synchronisierte Willenskraft entscheiden.

Wie im Falle der Gefühle sind die Leugnung des Gewollten und eine unsynchronisierte Willenskraft die zwei Seiten ein und derselben Medaille. Vermutlich haben die meisten von uns ein sehr zwiespältiges Verhältnis zu ihrem Willen. Wir hätten gern die nötige Willenskraft, um alles zu erreichen, was wir uns im Leben wünschen, – aber vielleicht schaffen wir es nicht. Und wenn wir es doch schafften, würde uns das Ergebnis unserer Anstrengungen nicht gefallen; oder vielleicht würden wir uns mit einer so starken Willenskraft gar nicht mehr mögen.

Diese Zwiespältigkeit erwächst aus dem Wissen, daß der Wille sehr oft eine Macht ist, die man *über* oder *gegen* andere Menschen ausübt. Willenskraft als Wille zur Macht ist in Wirklichkeit Macht*mißbrauch*. Eine solche Willenskraft ist unsynchronisiert. Wir sind oft einfach aus dem Grund unfähig, eine synchronisierte Willenskraft zu entwickeln, weil wir glauben, es gebe keine andere als die *un*synchronisierte.

Ich habe bei vielen Männern, die Frau und Kinder geschlagen hatten, beobachten können, daß sie erst über längere Perioden passiv sind – die Ausübung ihres Willens vermeiden – und dann plötzlich aggressiv werden, also ihren Willen gegen andere einsetzen. Nach ihren eigenen Aussagen haben sie an ihrem Arbeitsplatz und zu Hause soviele Beleidigungen geschluckt und geschluckt und geschluckt, daß sie es irgendwann nicht mehr aushalten konnten. Sie fühlten sich in die Ecke gedrängt und hatten keine andere Wahl mehr: sie mußten zurückschlagen.

Dieses Schwanken zwischen Passivität und Aggressivität, zwischen Vermeidung des Willens und dessen Mißbrauch als Waffe gegen unsere Mitmenschen, hat ein Ende, sobald wir unsere Willenskraft synchronisieren. Wie bei der Synchronisierung unserer Gefühle lassen wir auch zu diesem Zweck unsere Anschauung einer bestimmten Wirklichkeitsebene los und geben uns einer tieferen Ebene der Erfahrung hin. Dieser Vorgang wird religiös als »Ergebung in den Willen Gottes« bezeichnet. Doch gleichgültig, wie wir sie nennen: Die synchronisierte Willenskraft sucht niemals, andere zu beherrschen. Sie sucht und findet die dynamische Harmonie im Herzen jedes einzelnen uns. Synchronisierte Willenskraft bedeutet zugleich, alles und jeden zu lieben und zu akzeptieren. Sie ist Macht *mit* – nicht *gegen* oder *über*.

Wenn ich sage, daß eine synchronisierte Willenskraft Hingabe oder Ergebung erfordert, so dürfen Sie darunter sicherlich keine Passivität verstehen. Die Hingabe an eine tiefere Ebene der Wirklichkeit ist eine Tat, und zwar eine der *affirmativsten* überhaupt. Kein willensschwacher, kein passiver Mensch wählt je diese Form der Hingabe. Wenn wir das ganze Gehirn synchronisieren, geben wir eine Ebene der Wahrnehmung für eine andere hin. Es ist ein Willensakt, der gleichzeitig unsere Willenskraft stärkt und vertieft.

Wie Jesus sagte: »Nicht wie ich will, sondern wie du willst.« Wie erkennen aber normale Sterbliche, was dieser »Wille Gottes« ist? Ich glaube, daß dazu ein Prozeß der Hingabe an tiefere Bewußtseinsebenen in uns erforderlich ist. Durch diesen Akt erschaffen wir uns eine synchronisierte Willenskraft und zugleich eine – auf dieser Form des Willens basierende – neue Identität.

Ich möchte Ihnen durch ein Beispiel aus meinem Leben zeigen, wie ich persönlich diesen Übergang vom »ich möchte, aber . . .« zur Hingabe an meine synchronisierte Willenskraft bewältigte. Schon als Kind träumte ich von einem eigenen Häuschen am Wasser. Meine Lieblingstante und ihr Mann besaßen damals ein wunderschönes Ferienhaus an einem See, nicht weit von Kansas City. Es war für mich jedesmal wieder ein Fest, wenn wir sie dort besuchten. Vor einigen Jahren verbrachte ich die Semesterferien an einem See in der Nähe von Fort Wayne, wo ich ein Häuschen gemietet hatte. Eines Tages machte ich einen Spaziergang um den See und kam an einer Frau vorbei, die an einem Tisch saß und schrieb. Der ganze See lag vor ihren Augen ausgebreitet. Sie sah so friedvoll und heiter aus! Mir kamen die Tränen in die Augen, und ich sagte zu mir selbst: »Eines Tages werde ich ein Häuschen haben. Dann werde auch ich so schreiben können wie diese Frau hier.«

Ich bat während meiner Entspannungsübungen darum, mich meiner synchronisierten Willenskraft hinzugeben, und schrieb in meinem Tagebuch mehrmals über das Thema »Häuschen am See«. Ein Jahr später rief ein Freund von mir an, erzählte von einem Häuschen am See, das zu verkaufen sei, und schlug vor, daß wir und noch ein paar weitere Freunde es gemeinsam kauften. Das Haus sei ziemlich heruntergekommen, doch wenn wir bereit wären, alle mit anzupacken, würden wir es schon wieder in Schuß bringen. Jetzt kann sich unser Häuschen durchaus sehen lassen und wird während des Sommers praktisch von Wochenende zu Wochenende schöner. Vor einem Monat habe ich meinen tragbaren Computer dorthin mitgenommen und ihn auf einem Tisch mit Blick auf den See aufgestellt. Ich hatte die Frau mit ihrem Tisch am See schon längst vergessen, und mit einem Mal *fühlte* ich sie und was wir gemeinsam geschaffen hatten. Tränen der Freude strömten mir über die Wangen. Ich hatte mich in meinen synchronisierten Willen ergeben und zusammen mit anderen das gefunden, was ich gewollt hatte.

Wie beim Übergang von unsynchronisierten zu synchronisierten Gefühlen ist der Schlüssel zur Erforschung des synchronisierten Willens das sinnliche Feedback, das wir empfangen. Wenn mich jemand fragt, ob er (oder sie) eher dieses oder jenes tun sollte, antworte ich in der Regel mit der Gegenfrage: »Was empfinden Sie, wenn Sie das eine oder das andere tun – oder sich vorstellen?« Jedesmal, wenn Sie in einem bestimmten Bereich Ihres Lebens, in dem Sie etwas Neues hervorbringen möchten, Ihrem sinnlichen Feedback folgen, nähern Sie sich um einen weiteren Schritt der synchronisierten Willenskraft. Bei dieser Erforschung Ihres Willens sollten Sie darauf achten, daß Ihr jeweils gegenwärtiges »Leit-Feedback« mit demjenigen übereinstimmt, das Sie während der Entspannungsübungen und beim Tagebuchschreiben empfangen haben. Stellen Sie vor jeder neuen Entscheidung fest, welche Alternative bei Ihnen die stärkste Empfindung von Synchronizität hervorruft, und wählen Sie dann diese. Verfahren Sie bei der nächsten – und jeder weiteren – Entscheidung ebenso. Sie bahnen sich damit den Weg des synchronisierten Willens. Dieser Pfad verlangt von Ihnen Flexibilität und Beharrlichkeit: Flexibilität, um Ihre Ziele gegebenenfalls zu ändern, und Beharrlichkeit, um unbeirrt weiterzuverfolgen, was Sie gefühlsmäßig als die tiefste und eigentlichste Ebene Ihres Willens erkannt haben.

In den folgenden Übungen werden Sie die Gelegenheit haben, Ihre Willenskraft zu erforschen. Die Willenskraft erfordert eine beständige Aufmerksamkeit, ein konsequent schrittweises Vorgehen. Ich werde Sie daher bitten, sich auf *einen* wichtigeren Bereich Ihres Lebens zu konzentrieren, in dem Sie etwas Neues verwirklichen oder erreichen möchten: eine Beziehung, ein berufliches Vorhaben, mehr Zeit für die eigene Entwicklung, mehr Geld oder was auch immer. Lassen Sie (wie im letzten Kapitel) auch hier zu, daß Ihr Ziel sich während der Entspannungsübung von selbst einstellt. Versuchen Sie bitte nicht, im voraus zu bestimmen, was Sie wollen. Lassen Sie es einfach kommen. Dann können Sie – während des Tagebuchschreibens und in Ihrem täglichen Leben –

durch gezielte Fragen weitere Informationen anfordern, die Ihnen helfen können, sich im Bereich Ihrer Wahl mehr und mehr in Ihre synchronisierte Willenskraft zu vertiefen.

Ich würde Ihnen dringend empfehlen, während der Entspannungsübung um einen Bereich Ihres Lebens zu bitten, in dem Sie zumindest eine gewisse Entscheidungs- und Handlungsfreiheit haben. Angenommen, Sie haben das Gefühl, daß Sie Millionär werden wollen: Gibt es irgend etwas, das Sie als einen ersten Schritt in diese Richtung unternehmen können? Machen Sie diesen einen Schritt, und fragen Sie sich dann wieder, was Sie wollen und wie Sie es erreichen können. Wenn Sie wissen, was Sie wollen und was der nächste Schritt ist, haben Sie es schon halb geschafft; die andere Hälfte des Weges ist Handeln.

In diesem Kapitel können Sie vier Tagebucheinträge eines meiner Studenten lesen. Es ist ihm gelungen, frühere Situationen in seinem Leben nachzuempfinden, in denen er seine Willenskraft einsetzte, um bestimmte Ziele zu erreichen, – und er hat gelernt, sich zu entspannen und sich neuen Zielen hinzugeben, die ihm bei seiner Arbeit, auf der Universität und in seiner Beziehung geholfen haben.

Vor fünf Jahren, als ich sechzehn war, beschloß ich, daß ich ein Auto brauchte. Ich fand auch eins – es gehörte einem Freund meines Bruders –, und ich wollte es unbedingt haben, doch es kostete 1.600 Dollar. Mein Vater meinte, das sei für diesen Wagen zuviel. Ich bat und bettelte, er möchte die Bürgschaft für ein Darlehen übernehmen, aber er lehnte es ab. Schließlich erklärte er sich dann doch bereit, ein auf drei Monate befristetes Darlehen aufzunehmen! Er glaubte nicht, daß es mir gelingen würde, die Summe in so kurzer Zeit zurückzuzahlen, aber ich wußte: ich würde es schaffen! Es war meine Willenskraft, die ihn umstimmte, – und es war meine Willenskraft, die es mir anschließend ermöglichte, das Geld zurückzuzahlen. Ich fand zwei Jobs, arbeitete wie ein Besessener und gab ihm *alles*, was ich verdiente. Ich gab nicht *einen* Cent für mich aus. Nach sechs Wochen hatte ich das Auto abbezahlt. Mein Vater war stolz auf mich – und ich nicht minder!

Letztes Frühjahr habe ich bei »Antonio's Pizza« als Team-

chef gearbeitet; ich war für die Einteilung der Arbeits-
schichten verantwortlich. Ich wollte stellvertretender Geschäftsführer werden, um mehr vom Geschäft zu lernen.
Da ich auf Stundenbasis bezahlt wurde, gingen meine ganzen Fortbildungskurse von meiner Freizeit ab. Ich fand es
ungerecht, daß den Festangestellten die Kurse als Teil ihrer Vierzigstundenwoche anerkannt wurden. Ich mußte
dagegen meine vierzig (und oft mehr) Stunden arbeiten
und *anschließend* ohne jede Bezahlung lernen. Ich sagte zu
mir: Wo ein Wille ist, ist auch ein Weg. Ich fing an zu büf-
feln, besuchte Kurse in Betriebswirtschaft und machte
Inventur – alles in meiner Freizeit. Als ich mich schon im
Mai zur Prüfung meldete, traute mein Vorgesetzter seinen
Ohren nicht. Ich bestand die Prüfung und wurde stellvertretender Geschäftsführer. Mann, war *das* ein Erfolgserlebnis!
Es passiert alles auf einmal, und ich muß was daran ändern.
Meine Beziehung zu Tammy (meiner Verlobten) leidet
darunter. Antonio's Pizza kann sich offenbar nicht vorstellen, warum ich *nicht* bei Antonio und seiner Pizza wohnen,
essen und schlafen möchte. Es gibt auch andere wichtige
Dinge in meinem Leben, zum Beispiel die Uni. Es ist an
der Zeit, daß ich ein paar Entscheidungen fälle. Der erste
Schritt ist, meinen Mathekurs zu streichen. Der ist beim
besten Willen nicht mehr unterzubringen. Dann werde ich
versuchen, meine Arbeitszeit auf ein bis zwei Tage die Woche zu reduzieren, weil es so ganz ohne Freizeit auf die
Dauer nicht auszuhalten ist. Ich will nicht, daß alle wirklich
guten Dinge in meinem Leben in die Binsen gehen, bloß
weil ich soviel zu tun habe. Ich muß einfach begreifen, daß
der einzige Mensch, der mich davon abhält, das zu tun, was
ich wirklich tun muß (oder will), ich selbst bin. Mit diesen
paar Veränderungen und einer vernünftigen Zeiteintei-
lung werde ich kommendes Semester ganz bestimmt ein
viel glücklicherer Mensch sein! Genau das will ich. Aber
warum muß ich dabei Schuldgefühle haben? Können
Schuldgefühle die Willenskraft beeinträchtigen? Ich muß
sie loswerden.
Tammy und ich haben heute abend miteinander geredet.
Sie war wundervoll. Ich fühle mich unheimlich gut.

Tammy wußte schon, daß ich viel zu tun hatte und daß mir der Tod meiner Großmutter ziemlich zu schaffen machte, aber auch sie hatte einiges durchgemacht. Sie fühlte sich vernachlässigt und ungeliebt. Das war mir klar gewesen, aber ich hatte eben gedacht, bei meinem Arbeitspensum könne ich nichts daran ändern. Na, und jetzt haben wir die Sache gelöst. Ich werde meine Arbeitszeit bei Antonio reduzieren, und Tammy wird mir notfalls finanziell unter die Arme greifen. Und ich lasse den Mathekurs sausen. Tammy und ich werden den Kurs für verlobte Paare in der Kirche besuchen. Und wir wollen uns jeden Tag ein bißchen Zeit freihalten, um allein und ungestört zusammenzusein. Ich weiß jetzt, daß ich diese Beziehung will – und daß ich mein Studium möglichst gut abschließen will: Der Rest meines Lebens wird entsprechend organisiert und auf das abgestimmt werden müssen, was mir wichtig ist.

Die folgenden Übungen werden Ihnen helfen, Ihre Willenskraft zu stärken, indem Sie sich frühere Erfolgserlebnisse vergegenwärtigen und sich bewußtmachen, was Sie jetzt in einem bestimmten Bereich Ihres Lebens erreichen wollen.

Übung zur Selbst-Meisterung Nr. 11

1. *Entspannung des ganzen Gehirns.* Wie Übung 1 (Seite 116). Bitten Sie darum, daß sich Ihnen die tiefste Ebene synchronisierten Willens eröffnet. Bitten Sie einfach um das Gefühl und lassen Sie zu, daß der bestimmte Bereich, den Sie erforschen wollen, während der Entspannung oder beim Tagebuchschreiben von selbst in Ihr Bewußtsein aufsteigt. Rufen Sie sich wenigstens *eine* vergangene Situation ins Gedächtnis zurück, in der Sie Ihre Willenskraft erfolgreich eingesetzt haben.

2. *Tagebuchschreiben aus dem ganzen Gehirn.* Fragen Sie, in welchem Bereich Ihres Lebens Sie eine Veränderung herbeiführen wollen; stellen Sie gezielte Fragen, um herauszufinden, *was genau* Sie wollen. Was für ein sinnliches Feedback empfangen Sie, wenn Sie sich für *diese* oder für *jene* Möglichkeit entscheiden? Welche konkreten Schritte können Sie unternehmen, die Sie näher an Ihr Ziel bringen? Bitten Sie

um eine sinnliche Affirmation und/oder ein sinnliches Bild, mit deren (dessen) Hilfe Sie Ihre Absicht leichter verwirklichen können. Was hat Ihnen zu einer früheren Gelegenheit geholfen, ein bestimmtes Ziel zu erreichen, das Sie sich gesetzt hatten?

3. *Leben mit dem ganzen Gehirn.* Achten Sie auf das körperliche und emotionale Feedback, das Sie empfangen, während Sie sich vorstellen, Sie fänden heraus, was Sie wollen, oder während Sie konkrete Schritte zur Erlangung Ihres Zieles unternehmen.

Führen Sie die folgenden Übungen dreimal durch, um Ihre synchronisierte Willenskraft in einem bestimmten Bereich Ihres Lebens zu entwickeln.

Übungen zur Selbst-Meisterung Nr. 12, 13, 14

1. *Entspannung des ganzen Gehirns.* Wie Übung 11. Seien Sie flexibel und beharrlich. Seien Sie offen für Veränderungen, aber bitten Sie Ihre synchronisierte Willenskraft, Sie zu Ihrer nächsten Bewußtseinsebene zu führen.

2. *Tagebuchschreiben aus dem ganzen Gehirn.* Machen Sie sich bewußt, was sich seit Ihrer letzten Übung ereignet hat, und entwickeln Sie den nächsten Schritt auf dem Weg zu Ihrem Ziel.

3. *Leben mit dem ganzen Gehirn.* Da Sie nun die Erfahrung Ihres ersten Schrittes haben, lassen Sie sich vom sinnlichen Feedback zu Ihrem nächsten Schritt führen. Welche Handlungsweise fühlt sich jetzt am besten an? Empfinden Sie sinnliche Affirmationen und/oder Bilder als hilfreich?

Übung zur Selbst-Meisterung Nr. 15

1. *Entspannung des ganzen Gehirns.* Wie Übung 11, doch konzentrieren Sie sich diesmal auf alles, was Sie durch die letzten Übungen gelernt haben.

2. Lesen Sie Ihre letzten vier Tagebucheinträge; achten Sie insbesondere darauf, *was genau* Sie zu Ihrem synchronisierten Willen geführt hat.

3. *Tagebuchschreiben aus dem ganzen Gehirn.* Fragen Sie sich, was Sie durch diese Übungen gelernt haben, was Sie in ande-

re Bereiche Ihres Lebens einbringen könnten. Haben Sie ein klares Bewußtsein davon, was Ihre synchronisierte Willenskraft ist? Was für ein sinnliches Feedback haben Sie empfangen?

4. *Leben mit dem ganzen Gehirn.* Welche weiteren Schritte könnten Sie in diesem (und in anderen) Bereich(en) unternehmen, um mehr im Einklang mit Ihrem synchronisierten Willen zu leben?

Kapitel 7

Die Liebe

Die Herstellung von Bindungen ist eine instinktive Funktion, die von unserem Mittelhirn aus – oder durch dieses hindurch – geleitet wird. Sie läuft in jeder Kulturgemeinschaft im wesentlichen nach demselben Muster ab. Solange sie unbehindert bleibt, wird sie sich, wie etwa die Atmung, stets manifestieren. (. . .) Das Binden ist ein fühlbarer Prozeß, der sich dem diskursiven Denken, der Sprache und dem Verstand gänzlich entzieht. (. . .) Eine seiner wesentlichen Komponenten ist die direkte physische Verbindung, die unser Mittelhirn mit unserem klopfenden Herzen verknüpft. (. . .) Das Aktionszentrum des ›sozial gebundenen‹ Menschen liegt in seinem Herzen, dem Gefühlszentrum des Mittelhirns. In physikalischen Begriffen können wir sagen, daß das Bewußtsein des gebundenen Menschen in einer wellenförmigen Energie wurzelt, die verschiedenen körperlichen Zuständen zugrundeliegt und sie hervorruft. (. . .) Der gebundene Mensch kann in jeder Situation eine Integration in größere Möglichkeits-Komplexe zulassen. (. . .) Er geht davon aus, daß der jeweils anbrechende Augenblick allen Anforderungen gerecht werden wird, und ist daher offen und empfänglich. Diese bindende Funktion ist das schöpferische Prinzip, das eine mannigfaltige Schöpfung zusammenhält. Bindungen finden auf allen Ebenen des Seins statt: vom Erscheinen der ersten Einheiten der Materie, den kleinsten subatomaren Teilchen, bis hin zu Galaxien und Universen und unserem Gehirn und Geist.
Joseph Chilton Pearce: *Magical Child Matures*

Um originell zu sein, mußt du eher der Stimme deines Herzens lauschen als dem Geschrei der Welt.
Ludwig Börne

Gedächtnis, Gefühle und Willenskraft sind notwendige Fähigkeiten, die im Mittelhirn entwickelt werden können; doch sie bleiben unvollständig, solange nicht auch das Herz, die Fähigkeit zu lieben, vollkommen ausgebildet ist. Diese Fähigkeit hat eine mächtige biologische Komponente, das Binden – ein kulturübergreifendes, allgemeines Element, das wir auch mit anderen Säugetieren gemeinsam haben und das mit der Mutter-Kind-Bindung beginnt und sich durch unser ganzes Leben weiter fortsetzt.

Das Herz ist stets offen und empfänglich. Wenn wir unflexibel und verschlossen sind, dann zeigen wir das, was Pearce als »anklammerndes Verhalten« bezeichnet. Ich würde es so formulieren, daß wir uns in solchen Fällen von unseren einengenden Gewohnheiten leiten lassen. Wenn wir uns unsere »Anklammerungen«, unsere Gewohnheiten, im wörtlichen Sinne *zu Herzen nehmen*, transformieren wir sie. Sie werden zu einem Teil unserer Liebesfähigkeit, und wir können uns auf diese Weise Schritt für Schritt ent-wöhnen.

Wir brauchen nur Radio zu hören oder ins Kino zu gehen, um zu erkennen, wie weitverbreitet die Jagd nach der Liebe in unserer Kultur ist. Je eingehender wir uns jedoch damit befassen, desto deutlicher sehen wir, daß diese emsige Suche aus einem »anklammernden Verhalten« erwächst – aus einengenden Gewohnheiten, welche die Liebe außerhalb von uns setzen, in jemand oder etwas anderes. Der so eifrig gesuchte Mensch ist ein *Objekt* der Liebe, der Lust, kreatürlicher Behaglichkeit, sexueller Befriedigung – oder einfach ein Statussymbol.

Diese ganze Einstellung wurzelt einzig im alten Gehirn; das Mittelhirn, der eigentliche Sitz der Liebe, ist daran in keiner Weise beteiligt. Alle daraus erwachsenden Bestrebungen sind daher zum Scheitern verurteilt. Das Binden, die reifste Entwicklungsstufe der Liebe, ist stets eine innere Wirklichkeit. Wir können gewiß andere Menschen lieben – das ist völlig natürlich-, doch nur, wenn sie in unserem Herzen sind.

Wir wissen erst seit relativ kurzer Zeit, wie der Prozeß des Bindens im Gehirn abläuft. Das Wissen um die Natur der Liebe hingegen ist sehr alt. Als die Pharisäer versuchten, Jesus zu einer Gotteslästerung zu verleiten und ihn fragten, was seiner Meinung nach das erste Gebot sei, antwortete er: »Du sollst den Herrn, deinen Gott, lieben aus deinem ganzen Herzen«; das zweitwichtigste aber sei: »Du sollst deinen Nächsten lieben wie dich selbst.« Jesus sagte damit, daß sich alle weiteren Gebote und Gesetze aus diesen zweien ableiten. Obwohl die Schriftgelehrten gehofft hatten, »ihn bei einem Ausspruch zu fangen«, konnten sie in seiner Antwort keinen Fehler entdecken – »und niemand wagte es mehr, ihn zu fragen.«

Im Kontext dieses Buches bedeuten Jesu Worte: »Liebe, binde dich, widme dich vollkommen der Suche und dem Auffinden der Einheit in allen Dingen – in der Schöpfung an sich, in Gott, in unserem Nächsten und in uns selbst.« Jesus sagte damit, daß die Liebe die Grundlage all dessen ist, was wir sind und was wir tun – und das nicht nur in stillen Augenblicken der Entspannung, der Meditation oder des Gebetes, sondern auch in unseren Beziehungen zu anderen Menschen.

Und zu uns selbst. Obwohl ich diese Worte schon seit meiner Kindheit kannte und sie danach sehr oft in der Bibel gelesen hatte, *fühlte* ich die letzten drei zum ersten Mal, als ich beinahe vierzig war: »Du sollst deinen Nächsten lieben *wie dich selbst*.« Gott zu lieben, dem synchronisierten Fluß der Schöpfung zu folgen und unseren Nächsten zu lieben ist ganz genau das gleiche wie uns selbst zu lieben.

Die meisten von uns haben aber gelernt, daß sie den Nächsten über sich selbst zu stellen haben. Es ist in Ordnung, ja großartig, anderen zuliebe zu handeln, aber sobald wir für uns selbst ebensoviel tun wie für andere, fühlen wir uns egoistisch (oder befürchten, man könnte uns dafür halten).

Vom Standpunkt der Entwicklung des Gehirns aus betrachtet, ist es vollkommen unsinnig zu glauben, jemand anderes zu lieben sei edler als sich selbst zu lieben. Wir können einen Menschen lieben, indem wir eine Bindung mit ihm eingehen – indem wir im Mittelhirn einen Ort der Einheit bilden, wo kein wesentlicher Unterschied zwischen dem Geliebten und dem Liebenden besteht. Die Aussage »ich liebe dich« muß »ich liebe mich« einschließen. So erfährt Jesu Gebot »du sollst deinen Nächsten lieben wie dich selbst« eine Bestätigung seitens der modernen Gehirnforschung.

Vor allen Dingen ist dieser Prozeß des Bindens, der Liebe, eine fühlbare Wirklichkeit, kein Gedanke. Wir können Liebe ebensowenig »denken« wie andere Funktionen des Mittelhirns. Unser Denken kann nur insoweit mit dem Mittelhirn in Verbindung gebracht werden, als es im Kontext unseres Gedächtnisses, unserer Gefühle, unserer Willenskraft oder unserer Liebe erfolgt.

Bei der Grundübung, die Sie jetzt schon wiederholt durchgeführt haben, geht es in erster Linie darum, die Verbindung zwischen Herzzentrum und Mittelhirn zu fühlen, weil die Aktivierung des Mittelhirns die erste und wichtigste Voraussetzung für eine freie und ungehinderte Ausbreitung der Gehirnwellen im gesamten Gehirn ist. Das Mittelhirn ist der physische Ort des Bindens und zugleich die lebenswichtige »Brücke« zwischen altem und neuem Gehirn. Wie ich schon erwähnt habe, verlaufen die wichtigsten Nervenbahnen aus dem alten Gehirn durch das Mittelhirn und die rechte Hemisphäre, von wo aus sie in die linke Gehirnhälfte münden. Das physische Herz, dieser ganze Bereich im Zentrum der Brust, besitzt enge und vielfältige neurologische und hormonale Verbindungen zum Mittelhirn.

Das kreative Schreiben, unser Weg zur Selbst-Meisterung, erfordert stets, daß wir uns auf Mittelhirn und rechte Hemisphäre konzentrieren, da es ohne Aktivierung dieser zwei Bereiche nicht möglich ist, altes und neues Hirn miteinander zu verbinden. Ist aber das ganze Gehirn synchronisiert, können wir die Einheit in uns selbst finden – und dann die mit der Welt.

Die Liebe vermittelt uns die direkteste Erfahrung der Verbindung von Mittelhirn und rechter Hemisphäre. Wenn wir uns einer Tätigkeit hingeben, die wir lieben, spüren wir Frieden und Freude. Mit den Menschen, die wir lieben, sind wir kreativ (solange wir uns dabei von keiner einengenden Gewohnheit leiten lassen). Wenn wir Liebe empfinden, ändern wir uns ohne Mühe.

Die Übungen in diesem Kapitel sollen Ihnen helfen, Ihre Liebesfähigkeit zu entwickeln. In Übung 16 und 17 werden Sie sich auf zwei Tätigkeiten konzentrieren, denen Sie gern zu Ihrem eigenen Wohl oder Vergnügen nachgehen. Sie werden sie erst während der Entspannung und in Ihrem Tagebuch gebührend würdigen und sie anschließend konkret ausüben. Die meisten von uns tun immer erst etwas für die anderen und dann, *wenn* dafür noch Zeit bleibt, auch ein wenig für sich selbst. Diese Übungen werden Ihnen helfen, die Zeit, die Sie sich gönnen, am effektivsten auszunutzen.

In den Übungen 18 und 19 werden Sie Ihr Verhältnis zu sich selbst eingehender erforschen. Sie werden darum bitten, sich an zwei Gelegenheiten zu erinnern, da Sie – erst als Kind und dann als Erwachsener – etwas zu Ihrem eigenen Wohl, sich selbst zuliebe getan haben. Dann werden Sie, sobald Sie Ihren inneren Ort der Synchronizität gefunden haben, zwischen Ihrem damaligen und Ihrem jetzigen Ich Liebe austauschen. Dieser Prozeß der Bindung an sich selbst befreit Sie von Selbstkritik und Selbsthaß, von dem Gefühl, daß Ihre Vergangenheit Sie erdrückt. Je enger Ihre Bindung an sich selbst ist, desto enger und fester werden Ihre Bindungen an andere Menschen sein. (Auf dieses Phänomen werde ich in Kapitel 10 näher eingehen.) Zuletzt werden Sie Ihre Tagebucheinträge zu den Übungen dieses Kapitels durchlesen und dabei insbesondere auf den Entwicklungsstand Ihrer Mittelhirn-Funktionen achten.

In den nächsten zwei Tagebucheinträgen beschreibt eine Frau, wie *sie* sich selbst etwas Gutes tut:

Es ist wunderschön, ganz allein Klavier zu spielen. Wenn alle aus dem Haus sind, gehe ich in den Keller und hau in die Tasten. Als Kind habe ich drei Jahre lang Unterricht bekommen, aber es hat mir damals keinen Spaß gemacht, und ich habe dementsprechend wenig geübt. Jetzt spiele ich, weil es mir ein herrlich befreiendes Gefühl gibt. Ich spiele meist religiöse Lieder, weil meine Schwester zur Messe Orgel spielt und ich es vor Jahren auch getan habe. Und weil es sich ganz einfach toll anfühlt, Kirchenlieder zu spielen und zu singen.

Ich bade schrecklich gern. Ich bin jetzt gerade aus der Wanne gestiegen. Während der Entspannungsübung hatte ich eine ganz deutliche sinnliche Vorstellung davon, wie es sich anfühlen würde. Und als ich dann im Wasser lag, durchströmten die Gefühle der Entspannung meinen ganzen Körper. Ich habe alle Lichter ausgeschaltet und überall Kerzen angezündet. Dann habe ich mich in die Wanne gesetzt und mich einfach gehenlassen, mich entspannt und an wunderschöne vergangene Erlebnisse erinnert. Ein paarmal hätte ich beinah angefangen, mir Sorgen wegen einiger Dinge zu machen, die ich erledigen muß, aber dann ist alles einfach in diesem inneren Frieden zerschmolzen. Nach dem Abtrocknen habe ich meine Nägel in Ordnung gebracht und mir eine Gesichtsmassage gemacht. Das schönste am Baden ist, daß ich mir massig Zeit lasse – weil ich weiß, daß ich soviel Zeit verdiene und etwas dafür tue.

Übung zur Selbst-Meisterung Nr. 16

1. *Entspannung des ganzen Gehirns.* Wie Übung 1 (Seite 116). Konzentrieren Sie sich dabei auf etwas, das Sie gern für sich selbst tun. Stellen Sie es sich vor, sehen Sie es, fühlen Sie es.
   2. *Tagebuchschreiben aus dem ganzen Gehirn.* Vielleicht möchten Sie direkt nach der Entspannung Tagebuch schreiben; vielleicht wollen Sie diese Tätigkeit aber auch erst real ausführen.
   3. *Leben mit dem ganzen Gehirn.* Erforschen Sie diese Lieblingstätigkeit. Stellen Sie fest, ob ihre wohltuende und erfreuliche Wirkung durch die Empfindungen aus der Entspannungsübung vertieft wird. Können Sie das »Gefühl« dieser Aktivität und der Entspannungsübung auch auf Dinge übertragen, die Sie später, im Laufe des Tages tun?

Übung zur Selbst-Meisterung Nr. 17

Wie Übung 16. Konzentrieren Sie sich auf eine weitere für Sie erfreuliche und wohltuende Tätigkeit.

Übung zur Selbst-Meisterung Nr. 18

1. *Entspannung des ganzen Gehirns.* Wie Übung 1 (Seite 116). Sobald Sie Ihren inneren Ort des Friedens erreicht haben, rufen Sie sich bitte eine Situation aus Ihrer Kindheit ins Gedächtnis zurück, in der Sie sich in irgendeiner Weise »unsynchronisiert« gefühlt haben. Vielleicht sind Sie traurig, wütend oder ängstlich gewesen, vielleicht haben Sie etwas getan, das Ihnen "falsch« oder »schlecht« vorkam, vielleicht hat Ihnen jemand weh getan. Stellen Sie sich nun vor, daß Sie-als-

Kind und Sie-als-Erwachsener sich an diesem Ort des Friedens gegenüberstehen. Gestatten Sie Ihrem Erwachsenen-Ich, dem Kind »ich liebe dich« zu sagen; bitten Sie dann das Kind, dem Erwachsenen »ich liebe dich« zu sagen. Lassen Sie dann zu, daß diese zwei Aspekte Ihrer selbst einander umarmen. Bleiben Sie dabei, bis Sie eine innige Bindung zum Kind fühlen. Lassen Sie zu, daß jedes unsynchronisierte Gefühl aus jener Situation, die Sie als Kind erfahren haben, freigesetzt wird und in diesem Ort des Friedens aufgehoben wird.

2. *Tagebuchschreiben aus dem ganzen Gehirn.* Erforschen Sie den soeben erlebten Prozeß der Bindung an das Kind in Ihnen. Empfangen Sie irgendwelche sinnlichen Affirmationen oder Bilder, die Ihnen dabei helfen könnten, sich künftig enger an Ihr Kindheits-Ich zu binden?

3. *Leben mit dem ganzen Gehirn.* Fühlen Sie sich nach der Entspannungsübung und dem Tagebuchschreiben leichter, heiterer? Erforschen Sie für den Rest des Tages Ihr Verhältnis zu Ihrer Kindheit.

Übung zur Selbst-Meisterung Nr. 19

Wie Übung 18. Konzentrieren Sie sich diesmal bitte auf eine Situation, in der Sie sich als Erwachsener unsynchronisiert gefühlt haben.

Übung zur Selbst-Meisterung Nr. 20

1. *Entspannung des ganzen Gehirns.* Wie Übung 1 (Seite 116). Machen Sie sich dabei bewußt, was Sie in den ersten vier Kapiteln gelernt haben.

2. Lesen Sie Ihre Tagebucheinträge zu den Kapiteln 4 bis 7.

3. *Tagebuchschreiben aus dem ganzen Gehirn.* Was haben Sie bislang aus den Entspannungsübungen, dem Tagebuchschreiben und dem Leben mit dem ganzen Gehirn gelernt? Verläuft Ihr Leben insgesamt schon entspannter? Haben die Minis, die sinnlichen Affirmationen und Bilder eine spürbar positive Wirkung? Können Sie eine Stärkung Ihres Gedächtnisses und Ihrer Willenskraft feststellen? Stehen Sie jetzt in engerer Verbindung mit Ihren Gefühlen, und sind diese syn-

chronisierter? Haben Sie das Gefühl, daß Sie sich selbst und andere mehr lieben?

4. *Leben mit dem ganzen Gehirn.* Den Verbesserungen, die wir im Bereich des Mittelhirns und seiner spezifischen Funktionen erzielen können, sind keine Grenzen gesetzt. Wie können Sie Ihr Gedächtnis, Ihre Gefühle, Ihre Willenskraft und Liebe erweitern, stärken und intensivieren?

Kapitel 8

Die Körpersinne

Ob wir auf der Suche nach dem Proton sind oder nach den Energiemustern innerhalb des Protons, die man als Quarks bezeichnet, ob wir es mit Galaxien oder großen Anhäufungen von Galaxien zu tun haben: schließlich haben wir es immer mit tanzenden Feldern von Rhythmen und Beziehungen zu tun. In diesem Kapitel will ich zu zeigen versuchen, wie wir durch unsere Sinne mit all dem verbunden sind. (. . .) Die komplexe Ansammlung von Zellen, die wir als Gehirn bezeichnen, pulsiert mit Schwingungsmustern von mehr als 40 Hertz (bei aktiver Konzentration) bis zu weniger als 1 Hertz (im Tiefschlaf) – das wär's dann schon. Aber rhythmische Wellen sind fließend und lassen sich unschwer von einem Spektrum in ein anderes transponieren. Wir sind aufs engste mit der Welt der Tonschwingungen verbunden. Durch unsere Sinne stehen wir auch mit einem erstaunlich breiten Spektrum anderer rhythmischer Schwingungen in Verbindung. Insofern können wir uns unsere Sinnesorgane schlicht und einfach als Rhythmustransformatoren vorstellen.
George Leonard: *Der Rhythmus des Kosmos*, Kapitel 4:

»Was die Sinne verraten«
Eine Strophe, die mich an den Sinn meiner Sinne erinnert:
Ich kann schauen, bis ich wirklich sehe,
Ich kann berühren, bis ich wirklich fühle,
Ich kann schnuppern, bis ich wirklich rieche,
Ich kann kauen, bis ich wirklich schmecke,
Ich kann zuschauen, wie meine Sinne wachsen,
Bis ich weiß, wohin ich gehe,
Und ich weiß, wo ich gewesen bin.
Ginni Clemmens, »Slow Down Song«, in: *Lopin Along Thru the Cosmos*

In diesem Kapitel werden Sie das alte Gehirn erforschen – den Hirnstamm, der »in erster Linie für die grundsätzliche biologische Stabilität des Organismus zuständig ist« (Ornstein und Sobel: *The Healing Brain*). Sie werden Ihr Bewußtsein von Ihren Körpersinnen – dem starken und mannigfaltigen körperlichen Feedback, das *immer* zu Ihrer Verfügung steht – schärfen und erweitern. In den Übungen werden Sie die Frequenz Ihrer Gehirnwellen senken und anschließend lernen, Ihrem Körper mehr Beachtung zu schenken. Er hat Ihnen viel zu sagen, und er lügt nie. Sie können die Botschaft Ihres Körpers mögen oder auch nicht; Sie können vielleicht mit einem ganzen Satz vorgefaßter Gedanken und Gefühle gegen das aktuelle physische Feedback angehen; doch früher oder später wird sich Ihr Körper schon Gehör verschaffen.

Wir können entweder unserem Körper lauschen und von ihm lernen – oder wir können ihn bekämpfen. Wenn ich gegen meinen Körper kämpfe, verliere ich. Letztes Semester bin ich einmal mitten in der Nacht mit einem starken Gefühl der Übelkeit aufgewacht. O nein, dachte ich, ich kann doch jetzt nicht krank werden! Morgen ist der Tag, an dem ich die meisten Veranstaltungen habe. Seit zehn Jahren habe ich nicht einen Tag wegen Krankheit ausfallen lassen. *Ich halte morgen alle Kurse ab, egal, was passiert!* Woraufhin die Übelkeit noch schlimmer wurde.

Also beschloß ich, mich auf Verhandlungen einzulassen. Ich fragte, was nötig wäre, um mich besser zu fühlen, und bat mein synchronisiertes Selbst, mir ganz genau mitzuteilen, was mein Körper mir zu sagen hatte. Die Botschaft war klar und deutlich: »Nimm dir den Tag frei. Fahr nicht in die Uni. Ruf morgen früh an und sag alle Veranstaltungen ab.« Naja, sagte ich mir, das wäre eine feine Sache. Also beschloß ich, meine Veranstaltungen ausfallen zu lassen. Schlagartig fühlte ich mich besser. Keine Übelkeit mehr.

Prima, dachte ich, jetzt kann ich ja doch in die Uni, ich fühle mich besser. In diesem Augenblick wurde mir wieder schlecht. Hoppla, sagte ich, schon gut, ich werde zu Hause bleiben – und prompt war die Übelkeit wieder verschwunden. So ging das noch ein paarmal hin und her, bis ich schließlich nachgab und meinem Körper gehorchte. Ich schlief tief und fest, sagte direkt nach dem Aufwachen alle Veranstaltungen ab und verbrachte den ganzen Tag im Bett, entspannte mich und las.

Je feiner wir auf unseren Körper eingestimmt sind und je mehr wir auf ihn hören, desto klarer und sanfter sind seine Botschaften. Doch die meisten von uns sind in der Richtung schwerhörig. Beim Radioempfang hängt das Verhältnis zwischen Störgeräuschen und Signal davon ab, wie exakt der Sender eingestellt ist. Wenn der Empfänger die Radiowellen unverzerrt empfängt und deutlich wiedergibt, dann hören wir gut. Ist das Gerät dagegen nicht richtig eingestellt, hören wir atmosphärisches Rauschen oder andere Störgeräusche. Wir haben dann Schwierigkeiten, den Sender unserer Wahl gut zu hören.

Unser »innerer Radioempfänger« ist das Gehirn. Wie Ornstein und Sobel schreiben, »sorgt das Gehirn für den Körper«. Das ist seine wichtigste Funktion. Wenn es nur Rauschen empfängt, wenn die inneren Interferenzen zu groß sind, dann muß der Körper die Sendeleistung verstärken, um sich verständlich zu machen.

In Beta hören wir die physischen Signale nicht gut. Je synchronisierter aber das ganze Gehirn ist, desto leichter stimmen wir uns auf den Körper ein. Als mir schlecht wurde, war ich insoweit eingestimmt, daß ich genau verstehen konnte, was nötig gewesen wäre, um mit meinem Körper wieder ins Gleichgewicht zu kommen. Da ich aber mit dem Feedback nicht einverstanden war, kämpfte ich dagegen an, und je hartnäckiger ich mich dagegen wehrte, desto schlimmer wurde die Übelkeit. Die Schwierigkeiten dauerten an, solange ich mich an den Gedanken klammerte: »Ich bin Dozent. Ich muß meine Kurse abhalten, *ganz gleich, was mein Körper dazu meint.*« Kaum ließ ich diesen Gedanken fahren und gestattete meinen Gehirnwellen, sich zu verlangsamen, konnte ich störungsfrei meinem Körper lauschen – und die Übelkeit verschwand.

Wie Sie wahrscheinlich wissen, kann uns das Gehirn selbst dann ein starkes sinnliches Feedback verschaffen, wenn wir uns eine bestimmte körperliche Aktivität nur *vorstellen*. Eine Vorstellung kann einen ebenso starken Hormonausstoß verursachen wie die eigentliche körperliche Tätigkeit. Als Sie sich vorstellten, irgendwo an einem friedlichen Ort zu sein, haben Sie höchstwahrscheinlich weitgehend die gleichen emotionalen und physischen Empfindungen gehabt wie zu einer anderen Zeit an dem wirklichen Ort. Vielleicht haben Sie sich auch eine sexuelle Begegnung vergegenwärtigt und dabei zumindest einige emotionale und körperliche Feedbackeffekte wie beim wirklichen Geschlechtsverkehr gehabt.

Das Gehirn gibt uns Rechenschaft über reale körperliche Zustände, vorgestellte körperliche Zustände und empfangene Reize aus der näheren Umgebung. Jüngere Forschungsergebnisse haben den Nachweis erbracht, daß unsere physischen Sinne weit zahlreicher und komplexer sind, als die meisten von uns ahnen. George Leonard schreibt: »Es war Aristoteles, der als erster von den fünf Sinnen sprach – Hören, Sehen, Riechen, Schmecken und Tasten – und damit die Menschheit seit zweieinhalbtausend Jahren irregeführt hat. Forscher haben zu verschiedenen Zeiten fast dreißig zusätzliche Sinnesqualitäten identifiziert, die direkt oder indirekt mit dem Tastsinn zu tun haben: Berührung, Druck, starker Druck, Stechen, kurzer Schmerz, starker Schmerz, Wärme, Kälte, Hitze, Muskeldruck, Gelenkdruck, Sehnenanspannung, Schwindelgefühl, Gleichgewichtssinn, Appetit, Hunger, Durst, Übelkeit, Sex, Herzempfindungen, Atmungsempfindungen, Jucken, Kitzeln, Vibrieren, Atemnot, Sattheit und Völlegefühl.«

Wir können lernen, unser ganzes Verhalten diesen und anderen Körpersinnen anzupassen. Dadurch wird der Genuß auf ein Höchstmaß gesteigert und der Schmerz auf ein Minimum reduziert. Ich glaube nicht, daß es uns möglich ist – und wenn doch, daß es ratsam wäre-, den Schmerz überhaupt abzuschaffen. Der Schmerz macht uns darauf aufmerksam, was wir gerade tun. Sie haben wahrscheinlich schon über Menschen ohne entsprechende Rezeptoren gelesen, die sich infolge Ihrer Unempfindlichkeit schwere Verbrennungen oder andere Schäden zuziehen können, vor denen wir durch das Schmerzempfinden bewahrt werden.

Die Biofeedback-Forschung hat nachgewiesen, daß wir imstande sind, auf weit zahlreichere körperliche Feedbackeffekte zu reagieren, als sich die meisten von uns vorstellen können. Als Elmer Green im Jahre 1963 seine ersten Biofeedback-Versuche an der *Menninger Foundation* durchführte, waren die Ergebnisse so unwahrscheinlich, daß er und sein Partner drei Wochen lang nach technischen Fehlern in den Meßgeräten suchten. Sie konnten einfach nicht glauben, daß eine Versuchsperson schon binnen weniger Minuten lernen könnte, mit Hilfe eines Apparates, der innerkörperliche Vorgänge anzeigte, eine einzelne Nervenzelle zu aktivieren.

Jetzt berichten Targ und Harary in *Jeder hat ein drittes Auge*, daß wir sogar von Dingen gefühlsmäßig Kenntnis erlangen können, die sich außerhalb des Einflußbereichs unserer Sinne befinden. Sie wiesen dies durch Versuche nach, die nach strengsten wissenschaftlichen Kriterien durchgeführt wurden. Eine Versuchsperson fuhr an einen bestimmten Ort, während der Versuchsleiter sich zusammen mit einem weiteren Probanden (Versuchsperson) in einem geschlossenen Zimmer befand. Nach fünfzehn bis zwanzig Minuten wurde der eingeschlossene Proband aufgefordert, »fernzusehen«, was die andere Person (die inzwischen ihr Ziel erreicht hatte) in diesem Augenblick sah. Targ und Harary stellten fest, daß sehr viele Versuchspersonen imstande waren, den fraglichen Ort – den sie mit eigenen Augen nachweislich noch niemals gesehen hatten – äußerst genau zu beschreiben. Sie fanden außerdem heraus, daß manche Probanden dieses »in-die-Ferne-Sehen« überdurchschnittlich gut beherrschten.

Der ausschlaggebende Faktor schien dabei ihre Fähigkeit zu sein, sich willentlich zu entspannen und sich auf ihr inneres Feedback-System einzustimmen. Vor zwei Jahren nahm ich selbst an einem ähnlichen Experiment teil. Ich sollte versuchen, »außersinnlich« wahrzunehmen, was eine zweite Versuchsperson an einer mir unbekannten Stelle von Fort Wayne sah, tat oder sich vorstellte. Bei fünf Versuchen gelang es mir fünfmal, eine recht exakte Beschreibung zu liefern. Meine Bezugsperson, eine Frau, schrieb auf, was sie gerade erfuhr – und ich schrieb auf, was ich *fühlte*, daß sie erfuhr. Dann vertauschten wir die Rollen, und sie beschrieb, was ich sah, tat oder mir vorstellte. Auch ihre Trefferquote war fünf von fünf.

In diesem Fall verfügten beide Versuchspersonen über langjährige Erfahrungen mit tiefer Entspannung. Targ und Harary entdeckten jedoch, daß manche Menschen auch ohne jedes einschlägige Training fern-sehen können. Nicht nur waren viele Probanden imstande, Dinge zu »sehen«, die für

157

ihre physischen Augen unsichtbar waren (aber von ihrem »Partner im Außendienst« wahrgenommen wurden); einige von ihnen konnten sogar Ereignisse »sehen«, die noch gar nicht eingetreten waren. So lieferte eine Versuchsperson in Kalifornien eine sehr detaillierte Beschreibung einer bestimmten Gegend in Europa, die die zweite Versuchsperson erst drei Monate später sah.

Was bedeutet dies alles? Ich sehe darin den Beweis, daß wir die Fähigkeit besitzen, innere, unmittelbar gegenwärtige *und* – in dem Ausmaß, wie wir synchronisiert sind – auch »entrücktere«, räumlich und zeitlich von uns getrennte äußere Zustände wahrzunehmen. Unser Gehirn ermöglicht es uns, ein weit umfangreicheres Spektrum an Informationen sinnlich zu empfangen, als die meisten von uns für möglich halten würden. Voraussetzung dafür ist lediglich, daß wir uns diesem Wissen öffnen. Das »Zwischenreich« ist hier und jetzt, und es ist nichts Bedrohliches, sondern eine Erweiterung unserer Macht. Wir können eine ganze Menge »dazu-erfahren«, indem wir unsere Sinne – oder »Rhythmustransformatoren«, wie Leonard sie nennt – verfeinern und schärfen.

Die Rhythmen, die Schwingungen oder Wellen, die jede Energie ausmachen, durchdringen uns in jedem Augenblick und verbinden uns – am deutlichsten in unserem synchronisierten Selbst – mit dem Kosmos. Je mehr wir unsere Sinne verfeinern, desto klarer erfahren wir die Wellen, die in uns selbst und zwischen uns und anderen tanzen.

Vor vielen Jahren, als ich noch keinerlei Entspannungstechniken beherrschte, mußte ich einmal beruflich eine Reise unternehmen. Avery war noch ein Baby, und es war das erste Mal, daß ich mich für längere Zeit von ihm trennen sollte. Seit dem Augenblick, da er bei seiner Geburt in meine Hände gefallen war, bestand zwischen uns eine sehr innige Bindung. Ich spürte ihn sehr stark in mir, und er fühlte mich. Ich war in Wisconsin auf einer Konferenz, und er war zu Hause in Indiana geblieben. Am ersten Morgen der Konferenz wachte ich auf und hörte ihn »Baby, Baby, Baby« rufen. Das war seine Art, mir mitzuteilen, daß Avery-Baby Beachtung verlangte. Ich setzte mich im Bett auf, sah mich im Zimmer um und war überrascht, ihn nicht zu sehen: so deutlich konnte ich ihn hören. Ich schrieb in mein Tagebuch: »5 Uhr 45. Ich habe

Avery nach mir rufen hören. Er sagte: ›Baby, Baby, Baby.‹« Als ich an dem Abend zu Hause anrief, erzählte ich seiner Mutter, daß ich ihn gehört hatte. Sie sagte, Avery habe sich heute früh um Viertel vor sieben (Wisconsin und Indiana gehören zu unterschiedlichen Zeitzonen, und die Uhrzeit verschiebt sich um eine Stunde) nach mir umgeschaut und »Baby, Baby, Baby« gerufen. Ich hatte ihn gehört, obwohl er über 300 Kilometer von mir entfernt war, weil ich ihn in mir gefühlt hatte. Er war ein Teil von mir. Je synchronisierter ich mit ihm und anderen Menschen bin, desto stärker ist das körperliche Feedback, das ich aus meinem Inneren empfange und das unsere Beziehung bestätigt und festigt.

Die Übungen dieses Kapitels sollen Ihnen dabei helfen, Gehirn und Körper besser und leicher zu synchronisieren. Dadurch werden die »Störgeräusche« in Ihrem körperlichen Feedback-System vermindert, und der Empfang wird klarer. In Übung 21 werden Sie sich mit Ihrem physischen Feedback vertraut machen: während der Entspannung, beim Tagebuchschreiben und schließlich bei alltäglichen Beschäftigungen, in die Sie die Empfindungen und Einsichten aus dem Tagebuchschreiben einbringen. In Übung 22 werden Sie sich eine körperliche Tätigkeit, die Ihnen Freude macht, zuerst vorstellen, dann werden Sie darüber schreiben und sie schließlich konkret ausführen. In Übung 23 werden Sie Ihren Körper oder ein bestimmtes Organ bitten, Ihnen Informationen zu übermitteln, und diese niederschreiben. In der nächsten Übung werden Sie Ihr synchronisiertes Selbst fragen, welche Diät und welche körperliche Betätigung gegenwärtig für Sie am gesündesten wären. Und in 25 werden Sie sich das physische Feedback, daß Sie im Rahmen dieser Gruppe von Übungen empfangen haben, erneut ins Bewußtsein zurückrufen.

Ich habe Sie schon bei anderer Gelegenheit gebeten, auf Ihre körperlichen Reaktionen zu achten, doch hatten wir uns dabei in erster Linie auf die Funktionen des Mittelhirns konzentriert. Jetzt möchte ich, daß Sie Ihrem Körper diesen Ehrenplatz einräumen. Welches körperliche Feedback teilt Ihnen mit, daß Sie tief entspannt oder aber im Streß sind? Verursachen sinnliche Affirmationen und Bilder bei Ihnen irgendwelche körperlichen Feedback-Effekte? Haben Sie festgestellt, daß die körperlichen Reaktionen, die Sie während der Entspannung und des Tagebuchschreibens an sich bemerken konnten, auch bei anderen Aktivitäten fortdauern? Der folgende Tagebucheintrag zeigt, wie eine Studentin ihr sinnliches Feedback verbessert hat:

Ich bin schon die ganze Woche schrecklich erkältet. Als ich mich für die Entspannungsübung hinlegte, taten mir alle Muskeln weh, und Nacken und Kopf fühlten sich sehr verspannt an. Ich erreichte einen Zustand tiefer Entspannung. Schon bald begannen die Verspannungen aus meinem Nacken, Körper und Kopf herauszufließen. Mit einem Mal fühlte ich mich sehr wohl in meiner Haut. Meine Muskeln fingen überall an zu kribbeln. Es war fast ein Gefühl, als schwebte ich in der Luft. Es war ein natürlicher Rauschzustand! Jetzt fühle ich mich viel besser. Ich empfinde meinen Körper auf eine ganz neue Weise. Jahrelang habe ich mich nicht um sein Feedback gekümmert, und so ist es ein seltsames Gefühl, jetzt auf einmal darauf zu achten. Ich will von nun an bewußt leben – was für mich bedeutet, Tag für Tag auf meinen Körper eingestimmt zu sein. In letzter Zeit höre ich mehr auf meinen Körper. Seit einigen Wochen ernähre ich mich viel gesünder, schlafe weniger, aber tiefer, und fühle mich insgesamt ausgeruhter und zufriedener. Ich erlebe immer wieder »Körperschübe« (ich finde kein passenderes Wort) – besonders, wenn ich mich in meine Affirmationen und Bilder einstimme.

Übung zur Selbst-Meisterung Nr. 21

1. *Entspannung des ganzen Gehirns.* Wie Übung 1 (Seite 116). Richten Sie dabei Ihre Aufmerksamkeit auf Ihr sinnliches Feedback. Wie fühlt sich Ihr Körper an, während Sie sich entspannen?

2. *Tagebuchschreiben aus dem ganzen Gehirn.* Entwickeln Sie die Kunst, Ihr körperliches Feedback zu beschreiben. Schildern Sie, was Sie während der Entspannungsübung gefühlt haben – und was Sie jetzt, während des Schreibens, empfinden. Versuchen Sie, Ihr Wissen um dieses körperliche Feedback durch gezielte Fragen noch weiter zu vertiefen.

3. *Leben mit dem ganzen Gehirn*. Erforschen Sie das körperliche Feedback, das Sie im Laufe des Tages empfangen. Was geschieht, wenn Sie Minis durchführen oder sich sinnliche Bilder und Affirmationen ins Gedächtnis zurückrufen? Was geschieht, wenn Sie das nicht tun? Empfangen Sie zu verschiedenen Tageszeiten jeweils andere Feedback-Effekte?

In Übung 22 werden Sie sich vorstellen, Sie täten etwas, das Ihnen Freude macht und das Sie noch am selben Tag verwirklichen können. Vielleicht gibt es einen Ort in Ihrer Nähe, wo Sie besonders gern spazierengehen; dann könnten Sie sich den Spaziergang erst während der Übung vorstellen und ihn dann im Laufe des Tages tatsächlich machen. Seitdem ich diese Übung durchführe, genieße ich alles, was ich tue, viel intensiver; außerdem führe ich mir dadurch die Kraft meiner Phantasie vor Augen.

Übung zur Selbst-Meisterung Nr. 22

1. *Entspannung des ganzen Gehirns*. Wie Übung 21. Lassen Sie sich am Ende der Übung genügend Zeit, um Ihre Vorstellung in allen Einzelheiten auszukosten.

2. *Tagebuchschreiben aus dem ganzen Gehirn*. Beschreiben Sie Ihre innere Erfahrung dieser Lieblingsbeschäftigung. Achten Sie sehr sorgfältig auf das körperliche Feedback, das Sie während der Entspannung empfangen haben und jetzt während des Schreibens empfangen.

3. *Leben mit dem ganzen Gehirn*. Kosten Sie diese Tätigkeit voll und ganz aus! Vielleicht verspüren Sie den Wunsch, sich erneut zu entspannen und Tagebuch zu schreiben, um die Wirkung dieser Übung möglichst gründlich zu erforschen. Hat sich Ihre körperliche Reaktion auf andere Tätigkeiten infolge dieser speziellen Übung in irgendeiner Weise geändert?

In der nächsten Übung, die ich »Körpergespräch« nenne, werde ich Sie bitten, *schmerzhaftes* körperliches Feedback in sich aufzuspüren. Wie ich sowohl an mir selbst als auch anhand vieler Aufzeichnungen und mündlicher Mitteilungen von Studenten und Klienten festgestellt habe, können wir unsere Schmerzen lindern, wenn wir verstehen, was sie uns mitzuteilen haben.

Ich habe diese Übung vor mehreren Jahren entwickelt, als ich mich zu fragen begann, ob ich nicht etwas »gegen« den Schmerz in meinem Nacken unternehmen könnte. In meinem ersten Studiensemester hatte ich einmal eine Woche lang soviel zu tun gehabt, daß ich kaum zum Schlafen gekommen war. Ich war so in Streß gewesen – ich mußte zwei Referate schreiben und mich auf eine Klausur vorbereiten–, daß ich mir eine Fibrositis (oder »Weichteilrheumatismus«) am Nacken zugezogen hatte. Eines Abends fiel mir während des Tagebuchschreibens ein, daß ich mein synchronisiertes Selbst bitten könnte, mir sinnliche Informationen über die Ursache meines Leidens zu übermitteln. Durch diesen tieferen Aspekt meiner selbst würde ich imstande sein, den Botschaften meines Körpers zu lauschen. Also tat ich es.

Mein Nacken – beziehungsweise mein synchronisiertes Selbst, das mir von meinem Nacken berichtete – erklärte, der Schmerz sei meine wichtigste körperliche Reaktion auf diesen jahrelangen Streß. Wenn ich lernte, den Feedback-Effekten, die mich zur Entspannung führten, eine größere Beachtung zu schenken, würde ich die körperlichen Streß-Signale weit seltener benötigen. Und wenn ich insgesamt weniger Streß verspürte, würde auch mein Nacken weniger schmerzen. Wenn ich mich dazu entschließen könnte, meine Erlebnismuster von Entspannung und Streß insgesamt zu verändern, würde der Schmerz, der mich seit Jahren fast täglich heimsuchte, sogar binnen weniger Monate restlos verschwinden. Also konzentrierte ich mich mehr auf das Feedback der Entspannung – und zwar auch in Situationen, in denen ich, ohne eigentlich entspannt zu sein, doch noch keine starken körperlichen Anzeichen von Streß empfing–, und der Schmerz begann etwas nachzulassen. Nach vier oder fünf Monaten spürte ich schon ganze Tage hintereinander nichts, und nach sechs Monaten war der Schmerz, unter dem ich zwanzig Jahre lang nahezu ununterbrochen gelitten hatte, vollends verschwunden.

Natürlich hat uns die Freude ebensoviel zu bieten. Je mehr wir uns auf sie konzentrieren, desto intensiver wird sie. Doch nicht nur das: sie gibt uns auch, wie der Schmerz, wertvolle Informationen. Eine Studentin von mir war in den ersten Semestern des medizinischen Grundstudiums. Je mehr Veranstaltungen sie aber besuchte, desto deutlicher erkannte sie, daß ihr nur Kunst und Chemie Freude machten; andere Fächer, die sie eigentlich für ihr Physikum gebraucht hätte, interessierten sie nicht. Als sie einen Job in einem Krankenhaus bekam, merkte sie, daß sie nicht gern mit Kranken arbeitete. Sie fand es ziemlich verrückt, ausgerechnet eine Naturwissenschaft und Kunst zu mögen. Ich forderte sie auf, darüber zu schreiben, wie sie diese zwei Freuden in ihrem Leben kombinieren könnte. Sie entdeckte in sich den Wunsch, Illustratorin für naturwissenschaftliche Bücher zu werden, und genau darauf arbeitet sie jetzt auch hin.

Übung zur Selbst-Meisterung Nr. 23

1. *Entspannung des ganzen Gehirns.* Wie Übung 21 (Seite 160). Achten Sie auf das sinnliche Feedback, das Sie empfangen, während Sie sich Ihrem Ort des Friedens annährern. Dann bitten Sie darum, für Informationen über physische Schmerzen, die Sie einmal empfunden haben, offen zu sein. Wenn Sie den Schmerz jetzt fühlen, bitten Sie einfach darum, daß er in den Ort des Friedens in Ihrem Inneren hereingeholt werde, und lassen Sie ihn dann los.

2. *Tagebuchschreiben aus dem ganzen Gehirn.* Bitten Sie um Informationen, die Ihnen helfen werden, aus dem empfundenen Schmerz zu lernen und neue, nicht schmerzhafte körperliche Feedbacks zu entwickeln. Diese Informationen könnten in einem bestimmten Organ oder Bereich konzentriert sein oder auch aus Ihrem ganzen Körper kommen. Vergessen Sie nicht: Wenn Sie sich wieder in die Erfahrung des Schmerzes vertiefen, verlassen Sie damit automatisch die Synchronizität. Kehren Sie also anschließend in Ihren harmonischen Zustand zurück und sichten Sie dann die gewonnenen Informationen.

3. *Leben mit dem ganzen Gehirn.* Setzen Sie jede aus dem Tagebuchschreiben gewonnene Einsicht gewissenhaft in die Tat um. Sind irgendwelche Änderungen in Ihrer Lebensweise nötig? Empfangen Sie durch diese spezielle Übung stärkere Feedback-Effekte?

Ich habe meine Diät und meine Fitneßübungen im Laufe der Jahre mehrmals geändert. Diese Veränderungen sind mir

163

keineswegs immer leichtgefallen. Ich bin beispielsweise an die zehn Jahre lang Vegetarier gewesen und war absolut sicher, ich würde es für den Rest meines Lebens bleiben. Vor ein paar Jahren saß ich nach einer besonders tiefen Entspannung an meinem Tagebuch und stellte auf einmal mit Entsetzen fest, daß ich gerade geschrieben hatte, ich würde gern wieder Fleisch essen. Ich wurde richtig wütend. Ich doch nicht! *Darüber* bin ich längst hinaus! Hoppla, sagte ich mir aber dann sofort. Da empfinde ich ja noch ziemlich stark in Kategorien von »gut« und »böse«!

In den folgenden Wochen erfuhr ich beim Tagebuchschreiben, daß mein Vegetarismus mir in vielfältiger Hinsicht geholfen hatte. Durch Fasten und andere diätetische Maßnahmen war es mir gelungen, meinen allgemeinen Gesundheitszustand zu verbessern, und ich hatte ein stärkeres Gefühl von Selbst-Meisterschaft gewonnen. Ich »aß« nicht einfach, wie es mir meine Eltern und andere Menschen beigebracht hatten. Ich hatte vielmehr zahlreiche verschiedene Ernährungsweisen erforscht. Allmählich jedoch war ich zu starr geworden, klammerte mich an meine spezielle Diät. Es war jetzt an der Zeit, mich zu öffnen und von nun an alles zu essen, was mir mein Gefühl als zuträglich empfehlen würde.

Das gleiche passierte mir mit meinen Fitneßübungen. Sechzehn Jahre lang war Laufen mein Lieblingssport gewesen, aber eines Sommers verletzte ich mich dreimal in vier Wochen. Da war etwas nicht in Ordnung. Ich bat während des Tagebuchschreibens um nähere Informationen und begriff, daß es für mich Zeit wurde, andere Formen körperlicher Betätigung auszuprobieren. Ich hatte zu lange meinen Oberkörper vernachlässigt, und die physische Belastung beim Laufen tat mir einfach nicht mehr gut. Also verlegte ich mich auf andere Sportarten: Schwimmen, Radfahren, Squash, Skilanglauf – und Häuschen-am-See-Renovieren.

Vielleicht werden Sie in der folgenden Übung feststellen, daß Sie sich zur Zeit (für Ihre Bedürfnisse) genau richtig ernähren und körperlich betätigen. Freuen Sie sich! Es könnte sich aber auch anders verhalten. Gehen Sie im letzteren Fall bitte nicht zu streng mit sich ins Gericht! Viele Menschen haben diesbezüglich allzuhohe Ansprüche und lassen bei sich nur die »Vollkommenheit« gelten.

Haben Sie bitte Geduld mit sich selbst. Nehmen Sie sich nicht mehr vor, als Sie bewältigen können. Wie wir im nächsten Kapitel eingehender erörtern werden, erfordert jede Umgewöhnung viel Konzentration und Ausdauer. Besonders schwer zu ändern aber sind Gewohnheiten, die mit unserer Ernährung und unseren körperlichen Betätigungen zu tun haben. Jeder Schritt, den Sie in diese Richtung schaffen, wird Ihnen den folgenden Schritt erleichtern.

Übung zur Selbst-Meisterung Nr. 24

1. *Entspannung des ganzen Gehirns.* Wie Übung 21 (Seite 160). Bitten Sie zum Schluß um ein sinnliches Bild oder eine Affirmation, um sich das Gefühl von Freude und Gesundheit im Zusammenhang mit Ihrer Diät und Ihren körperlichen Übungen zu vergegenwärtigen.

2. *Tagebuchschreiben aus dem ganzen Gehirn.* Fragen Sie nach möglichen Verbesserungen: Sollten Sie sich etwas anders ernähren? Brauchen Sie mehr Bewegung? Konzentrieren Sie sich bitte stets auf die Fortschritte, die Sie machen können, nicht auf Ihre bisherigen »Fehler«! Wenn Sie anfangen, ein Gefühl der Unzufriedenheit mit sich zu verspüren, bitten Sie wieder um das positive sinnliche Feedback, das Sie bereits empfangen haben. Schreiben Sie leicht und unverkrampft.

3. *Leben mit dem ganzen Gehirn.* Probieren Sie bewußt aus, was bei Ihnen gut wirkt – seien es alte oder mögliche neue körperliche Betätigungen und Essensgewohnheiten, die Sie während der Übung »entdeckt« haben. Achten Sie während des Essens und/oder Ihrer Fitneßübungen sehr sorgfältig auf Ihr körperliches Feedback. Weder eine gesunde Ernährung noch eine sportliche Aktivität brauchen sich wie eine leidige Pflicht anzufühlen. Tun sie es doch, dann hören Sie auf und machen Sie etwas anderes – oder stimmen Sie sich wieder in einen synchronisierten Zustand ein.

Übung zur Selbst-Meisterung Nr. 25

1. *Entspannung des ganzen Gehirns.* Wie Übung 21 (Seite 160). Sobald Sie tief entspannt sind, fragen Sie, welche körperlichen Feedback-Effekte Ihnen am meisten geholfen haben.

2. *Tagebuchschreiben aus dem ganzen Gehirn.* Wie können Sie erreichen, daß Sie diese Formen körperlichen Feedbacks häufiger erleben?

3. *Leben mit dem ganzen Gehirn.* Seien Sie kreativ! Stellen Sie fest, was funktioniert, und halten Sie sich daran!

Dritter Teil

Das neue Gehirn

Kapitel 9

Überzeugungen ändern

Die wachsenden Probleme unserer Zeit könnten es bald erforderlich machen, daß die Psychiatrie sich nicht mehr mit bloßen individuellen Störungen, sondern mit einer allgemeinen Welt-Krankheit befaßt. Die gegenwärtigen Schwierigkeiten scheinen zum Teil daher zu rühren, daß unser Neocortex (das neue Gehirn) und unsere tierischen Gehirne (das alte Gehirn und das Mittelhirn) völlig aus dem Takt gekommen sind. (. . .) Der Neocortex . . . scheint durch Veränderung zu gedeihen – vermutlich deswegen, weil die Natur ihn dazu geschaffen hat, sich neue Ideen und Lösungen auszudenken. (. . .) Mit seiner Vorstellungskraft, die sich noch schneller als das Licht bewegt, mag das neue Gehirn imstande sein – durch Schnell-Lesen, mit Hilfe von Computern und anderen Apparaten – mit den raschen Veränderungen unseres modernen Lebens Schritt zu halten; doch unseren zwei tierischen Gehirnen, die ständig hinterherhinken, müssen wir vermutlich ihr natürliches gemächliches Tempo lassen. (. . .) Auch wenn wir uns schon heute raketenschnelle öffentliche Beförderungsmittel ausmalen, werden wir uns mit unseren tierischen Gehirnen weiterhin in einem bescheidenen Zuckeltrab vorwärtsbewegen. Haben wir das erst begriffen, kann es sein, daß wir lernen, ein zufriedeneres Leben zu führen, als es gegenwärtig der Fall ist. Eines der Dinge, die uns dabei helfen könnten, wäre vielleicht eine bewußtere Pflege schlichter häuslicher Freuden . . . wie Malen und Basteln, Brotbacken, Gartenarbeit, die Beschäftigung mit Zimmerpflanzen oder Haustieren, Vögel beobachten und ein Tagebuch führen.
Paul MacLean: *A Triune Concept of the Brain*

Herr, schenke mir die Gelassenheit,
Zu akzeptieren, was ich nicht ändern kann,

169

Den Mut, was ich ändern kann, zu verändern,
Und die Weisheit, den Unterschied zwischen
den beiden zu erkennen.
Reinhold Niebuhr

Im zweiten Teil dieses Buches haben Sie etliche Zeit darauf verwandt, verschiedene Funktionen Ihres Mittelhirns und Ihres alten Gehirns zu entwickeln: Gedächtnis, Gefühle, Willenskraft, Liebe und die Körpersinne. Wenn Sie sich nun den Hauptfunktionen des neuen Gehirns zuwenden – Veränderung, Kreativität und Intuition –, dürfen Sie auf keinen Fall vergessen, daß unser ausschließlich menschlicher Neocortex immer mit den primitiveren »tierischen« Gehirnen zusammenarbeiten muß. Um wieder zum Bild des Hauses zurückzukehren: Das zweite Geschoß (das neue Gehirn) kann nur auf dem sicheren Fundament der zwei anderen Stockwerke (des Mittelhirns und des alten Gehirns) stehen und erforscht werden.

In diesem und dem folgenden Kapitel (»Projektionen loslassen«) geht es in erster Linie um das Prinzip der Veränderung. Wir müssen dabei jedoch die »Raketengeschwindigkeit« des neuen Gehirns mit dem »Zuckeltrab« der zwei älteren Gehirne in ein harmonisches Gleichgewicht bringen. Die Synchronisierung harmonisiert *sämtliche* Funktionen unseres Gehirns.

Die Veränderung unserer Überzeugungen ist ein schwieriges Unterfangen – und ein wesentlicher Aspekt der Selbst-Meisterung. Sie erfordert, wie Niebuhr schreibt, Gelassenheit, Mut und Weisheit. Wir müssen wissen, was unsere Überzeugungen sind, und wir müssen entscheiden, welche wir beibehalten und welche wir ändern wollen. In Übung 26 werden Sie Gelegenheit haben, ein Inventar Ihrer Glaubenssätze zu machen. Was sind Ihre Überzeugungen, welche wollen Sie behalten und welche wollen Sie verändern?

Im Laufe der Jahre erkannte ich, daß manche meiner Überzeugungen meine Anschauungen erweitern, während andere sie einengen. Jedesmal, wenn ich eine einengende Überzeugung ändere, verspüre ich ein sehr starkes Gefühl der Befreiung. Bis das aber geschafft ist, mache ich in der Regel eine Übergangsphase durch, in der ich mich innerlich dagegen sträube, meine altvertrauten Ansichten aufzugeben. Wie der französische Philosoph Blaise Pascal schrieb, »*il faut faire un saut*« – müssen wir den Sprung in die neuen Überzeugungen wagen, wenn wir uns ändern wollen.

Wie Niebuhr sagt, ist es wichtig, daß wir das akzeptieren, was wir nicht ändern können. Die Gefühle und Gedanken der anderen können wir nicht ändern; ebensowenig können wir als einzelne grundsätzliche Veränderungen an der äußeren Wirklichkeit vornehmen. Unsere Überzeugungen *können* wir allerdings verändern. Jeder Mensch tut das. Wir glauben an viele Dinge nicht mehr, die wir als Kinder oder Jugendliche für wahr oder richtig hielten. Indem wir aber unsere Überzeugungen ändern – die Brillen, durch die wir die Welt wahrnehmen –, ändern wir unsere ganze Wahrnehmung der Wirklichkeit.

Sobald Sie (in Übung 26) Ihre einengenden Überzeugungen erkannt haben, können Sie sich eine bestimmte aussuchen und in den drei folgenden Übungen versuchen, sie zu ändern. Sie können sich aber auch in jeder dieser Übungen auf eine andere Überzeugung konzentrieren und damit mehrere Veränderungsprozesse gleichzeitig anlaufen lassen. Meine Studenten haben bei sich eine Reihe von Überzeugungen entdeckt, die sie vornehmlich in drei Bereichen einengen: Geld, Zeit und Begabungen. Ich werde diese Überzeugungen im Rahmen der drei mittleren Übungen erörtern und Ihnen anhand ausgewählter Tagebucheinträge zeigen, wie sie verändert wurden.

Um eine Überzeugung zu ändern, scheinen mir vier Schritte erforderlich zu sein. Wir müssen:

1. die Gehirnwellen verlangsamen;
2. alte Überzeugung in das synchronisierte Selbst bringen;
3. eine neue Überzeugung finden;
4. gemäß dieser neuen Überzeugung handeln.

Sie werden diese verschiedenen Schritte in den Übungen 26, 27 und 28 machen.

Der sicherste Hinweis auf eine einengende Überzeugung sind die zwei Wörtchen *kann nicht*. Ich kann dies oder das nicht tun, weil mir (beispielsweise) das Geld, die Zeit oder die Fähigkeit dazu fehlt. Keine Frage, es *gibt* Dinge, die unsere jeweiligen Möglichkeiten grundsätzlich überschreiten. Doch gleichgültig, ob etwas für uns schlechterdings unerreichbar ist oder ob wir es mit etwas mehr gutem Willen durchaus erreichen könnten, schränken wir immer unser Potential ein, indem wir uns auf das »Kann-nicht« fixieren. Henry Ford sagte ganz richtig: »Ob du denkst, daß du kannst, oder denkst, daß du nicht kannst – du hast auf jeden Fall recht.« Ich finde es äußerst nützlich, eine »Ich-kann«-Einstellung zu entwickeln.

Eine gute Frage, die mich zur Selbst-Meisterung führt, lautet: »Was kann ich tun, um die nächste Stufe in meiner Entwicklung zu erreichen?« Beim Tagebuchschreiben finde ich oft die Antwort, die ich gerade benötige. Mit einer »Ich-kann«-Einstellung und mit konkreten Visionen kann ich dann die geeigneten Schritte unternehmen, um die jeweils angestrebte Veränderung herbeizuführen. Je mehr ich nach diesen Informationen handle, desto mehr erfahre ich über meine einengenden Überzeugungen.

Übung zur Selbst-Meisterung Nr. 26

1. *Entspannung des ganzen Gehirns*, wie Übung 21 (Seite 160). Sobald Sie tief entspannt sind, fragen Sie nach Ihren Überzeugungen. Welche sind einengend, welche sind befreiend?

2. *Tagebuchschreiben aus dem ganzen Gehirn.* Schreiben Sie Ihre Überzeugungen auf und entscheiden Sie, welche Sie beibehalten und welche Sie ändern möchten. Machen Sie sich den Wert Ihrer befreienden Überzeugungen bewußt. Was geben sie Ihnen? Wenden Sie sich dann Ihren einengenden Überzeugungen zu und entscheiden Sie, ob Sie nur eine oder mehrere ändern möchten. Welche konkreten Schritte könnten Sie unternehmen, um Ihre Überzeugung(en) zu ändern?

3. *Leben mit dem ganzen Gehirn.* Machen Sie sich bewußt, in welcher Weise Ihre Überzeugungen Sie in Ihrem täglichen Leben beeinflussen. Hören Sie auch Ihren Freunden, Verwandten und Arbeitskollegen aufmerksam zu. Oft werden uns eigene Überzeugungen erst dadurch bewußt, daß wir sie bei anderen feststellen.

An diesem Punkt möchten Sie sich vielleicht auf eine (oder mehrere) bestimmte Überzeugung(en) konzentrieren, um sie in den Übungen 27, 28 und 29 zu ändern. Ansonsten können Sie sich – wie in diesen drei Übungen vorgegeben – mit Ihren Überzeugungen in bezug auf Geld, Zeit und angeborene Fähigkeiten befassen.

Wir leben bekanntlich in einer Wohlstands-, ja Überflußgesellschaft. Trotzdem scheinen sich weit mehr Menschen über ständigen Geldmangel zu beklagen als über ihren – zumindest relativen – Wohlstand zu freuen.

Ich habe erst in den letzten Jahren begonnen, meine einengenden vorgefaßten Meinungen über Gelddinge zu durchschauen und aufzugeben. Bis dahin hatte ich zwar gemerkt, daß mein Einkommen Jahr für Jahr ziemlich genau dem bundesweiten Durchschnitt entsprach, doch hätte ich keinen Grund dafür angeben können. Als ich meine emotionale und rationale Einstellung zum Geld erforschte, entdeckte ich, daß ich diesbezüglich zwei felsenfeste Überzeugungen hatte: »Zuviel Geld« ist schlecht – und »zuwenig Geld« ist schlecht. Also schaffte ich es immer wieder, weder »zuviel« noch »zuwenig«, sondern mittelmäßig zu verdienen. Als ich diese Überzeugungen änderte und mich der Vorstellung finanziellen Wohlstands immer mehr öffnete, begann prompt mein Einkommen zu steigen.

Das ist die Aufgabe, die ich Ihnen für die nächste Übung stellen möchte: Finden Sie heraus, welche einengenden Überzeugungen Sie zum Thema »Geld« haben – und wie Sie beginnen können, sie loszulassen und etwas Neues an ihre Stelle zu setzen. Lesen Sie zuerst, was ein Student zu dieser Übung geschrieben hat:

Ich scheine in bezug auf Geld viele kleine Probleme zu haben. Mein Auto ist eines der größeren. Dieser 15 Jahre alte Maverick hat schon bessere Tage gesehen, doch im allgemeinen leistet er brav seinen Dienst. Ich wollte nur, ich hätte das Geld, ihn besser in Schuß zu halten. Ich schaffe es anscheinend nicht, etwas auf die hohe Kante zu legen. Es ist so, als hätte ich keinerlei Einfluß auf meine Finanzlage. Solange ich zu Hause wohnte, hatten meine Eltern die hundertprozentige Kontrolle über meine Ausgaben. Jetzt schwelge ich im Bewußtsein, niemandem Rechenschaft schuldig zu sein und mir kaufen zu können, was ich will. Trotzdem habe ich dabei ein schlechtes Gewissen und muß mir immer was von meinen Freunden leihen, wenn ich blank bin. Ich muß mir meinen Etat künftig so einteilen, daß für alle größeren Ausgaben gesorgt ist und mir trotzdem immer etwas frei verfügbares Geld bleibt. Dann könnte ich auch etwas zurücklegen, um meine Schulden abzubezahlen.

Übung zur Selbst-Meisterung Nr. 27

1. *Entspannung des ganzen Gehirns.* Wie Übung 21 (Seite 160). Wenn Sie Ihren inneren Ort des Friedens erreicht haben, fragen Sie nach einem Bereich Ihres Lebens, den Sie weiterentwickeln könnten, wenn Sie nicht glauben würden, daß Ihre Geldmittel dafür nicht ausreichen. Sobald Ihnen bewußt geworden ist, welche finanziellen Grenzen Sie sich selbst auferlegen, holen Sie sie in den Ort des Friedens und lassen Sie sie los.

2. *Tagebuchschreiben aus dem ganzen Gehirn.* Fragen Sie sich, was Sie tun können, um dieses Potential in nächster Zukunft zu erforschen.

3. *Leben mit dem ganzen Gehirn.* Setzen Sie das gewonnene Wissen in die Tat um. Beobachten Sie sich genau und machen Sie sich bewußt, wann Sie sich aufgrund vorgefaßter Meinungen zum Thema »Geld« in diesem oder einem anderen Lebensbereich irgendwelche Grenzen setzen. Wenn Sie auf eine solche einengende Überzeugung aufmerksam geworden sind, entspannen Sie sich tief. Ich empfehle Ihnen, zu dem Zweck Ihre sinnlichen Affirmationen und/oder Bilder zu verwenden.

Durch nichts schränke ich mich selbst so sehr ein wie durch meinen Glauben, ich hätte nicht genug Zeit. Das gleiche Problem stelle ich auch immer wieder bei meinen Klienten und Studenten fest. »Ich wollte, ich könnte für eine Woche an den See, aber ich habe einfach keine Zeit.« »Ich würde sehr gern Stunden in Stimmbildung nehmen, aber meine Arbeit läßt mir einfach keine Zeit dazu.« »Ich würde dich gern einmal besuchen, aber du weißt ja so gut wie ich, daß ich hier nicht wegkomme. Ich habe ganz einfach zuviel zu tun.« Und so weiter und so weiter.

Es ist schon ein großer Schritt vorwärts, sich regelmäßig etwas Zeit zur Entspannung und zum Tagebuchschreiben zu gönnen. Haben wir das erst einmal geschafft, fällt es uns viel leichter, unsere vorgefaßten Meinungen über die Zeit als solche zu erkennen und mögliche Alternativen zu finden. Einer meiner Studenten jammerte früher immer, er habe so wenig Zeit, daß er zu gar nichts komme: »Ich brauche jeden Tag eine halbe Stunde, bis ich in Fort Wayne bin; ich arbeite vierzig Stunden in der Woche; ich studiere und bereite mich sehr gründlich auf die Kurse vor. Woher soll ich denn die Zeit nehmen, mich auch noch zu *entspannen*?«

Beim Schreiben kam ihm die Idee, während der täglichen An- und Rückfahrt eine Entspannungskassette laufen zu lassen. Er hat im Auto eine sehr gute Stereoanlage, und jetzt tuckert er ganz gemütlich vor sich hin, lauscht dabei dem Ozean und erholt sich von seinen verschiedenen Aktivitäten. Er behauptet, er habe die »high-fideligsten Ozeanwellen auf Rädern in ganz Indiana«.

Es braucht natürlich seine Zeit, unseren Glauben abzulegen, wir hätten keine. Jetzt habe ich mehr freie Zeit denn je, weil ich meine Überzeugungen geändert habe. Vor allem in der Anfangsphase unserer »Bekehrung« müssen wir uns aber bisweilen regelrecht zu dem Glauben *durchringen*, daß es möglich sei, unserem Zeitmangel abzuhelfen. Hier schreibt eine Frau über dieses Haupthindernis in ihrem Leben:

Gutes Thema! Aus Zeitmangel gehe ich nicht zu den Treffen der AA. Was für eine herrliche Ausrede! Sie finden grundsätzlich zu Zeiten statt, in denen ich anderweitig beschäftigt bin (obwohl es jede Woche Dutzende solcher Treffen gibt!), und so . . . Ich bin diese Woche also nicht hingegangen und habe deswegen ein schlechtes Gewissen. Und meine anderen Projekte bleiben auch liegen. Keine Zeit! Das eigentliche Problem ist, daß ich mit meiner Zeit nicht *effektiv* umgegangen bin. Jetzt begreife ich, daß mein Hauptproblem darin besteht, daß ich mir ständig einrede, ich hätte keine Zeit. Das einzige, was ich damit erreiche, ist, daß ich nicht regelmäßig für die Uni arbeite und mich niemals amüsieren kann, ohne daran denken zu müssen, was ich eigentlich alles machen müßte. Tatsache ist, daß ich sehr wohl Zeit habe, um das zu tun, was zu tun ist. Ich bin ein vielbeschäftigter Mensch, es gibt viel zu tun, aber nicht *zuviel*, wenn ich nur entspannt bleibe und meine Zeit weise nutze.

Übung zur Selbst-Meisterung Nr. 28

Wie Übung 27, aber diesmal mit dem Ziel, Ihr Potential in einem Lebensbereich zu entwickeln, der bislang aufgrund Ihres angeblichen Zeitmangels zu kurz gekommen war.

In der nächsten Übung wollen wir versuchen, einengende Meinungen bezüglich unserer angeborenen Fähigkeiten zu ändern. Jeder von uns hat seine Stärken und Schwächen. Die Kunst besteht darin, herauszufinden, was uns reizt, und dann zu lernen, wie wir uns am besten damit vertraut machen können. Ich war zum Beispiel – infolge traumatischer Erfahrungen, die ich schon in der Volksschule gemacht hatte, – ehrlich davon überzeugt, ich hätte keinerlei Begabung zum Zeichnen. Vor ein paar Jahren entschloß ich mich, nur zu meinem Vergnügen meine künstlerischen Hemmungen zu überwinden. Jetzt kann ich, während ich am Computer sitze, sechs meiner Kunstprodukte sehen, die an den Wänden meines Büros hängen. Indem ich diese bestimmten Überzeugungen änderte, lernte ich, mich auf eine neue Weise kreativ zu betätigen, und das hatte zusätzlich zur Folge, daß ich mir auch in anderen Bereichen meines Lebens mehr zutraute.

Gestatten Sie sich einfach, ganz frei und unvoreingenommen zu erkennen, welche Tätigkeit, von der Sie bislang geglaubt hatten, sie übersteige Ihre natürlichen Fähigkeiten, Sie jetzt kennenlernen möchten. Für den Anfang würde ich Ihnen allerdings raten, sich etwas auszusuchen, dessen Bewältigung einzig von Ihrem eigenen Entschluß und Ihrer Willenskraft abhängt. Einer meiner Studenten, ein Musiker, schrieb über seine Schreibhemmungen:

Als ich mich fragte, auf welchem Gebiet ich mir dadurch Grenzen auferlege, daß ich nicht an meine angeborenen Fähigkeiten glaube, wollte mir zuerst nichts einfallen.

Plötzlich wußte ichs: Die einzige Tätigkeit, an der ich mich bislang noch nie richtig versucht hatte, weil ich dachte, ich könnte es nicht, war das Schreiben. Ich habe noch nie gut schreiben können. Ich habe es natürlich versucht, in der Schule mußte ich ja, aber es hat nie was genützt. Ich verlor immer den Faden, schrieb am Thema vorbei, es war schlicht ein furchtbares Geschreibsel. Das Tagebuchschreiben hat mir da sehr geholfen. Ich lerne dadurch natürlich keine kunstvollen Sätze zu bauen, keine Rechtschreibung oder Zeichensetzungsregeln, aber es hilft mir, mich zu öffnen, meine Gefühle herauszulassen, mich selbst auszudrücken. Das ganze Schreiben geht mir leichter, natürlicher von der Hand. Ich habe jetzt keine Angst mehr, meine Gefühle zu Papier zu bringen. Das sind eben meine Gefühle, und wenn jemand zufällig liest, was ich schreibe, dann wird auch er bald imstande sein, seine eigenen Gefühle klarer zu empfinden.

Übung zur Selbst-Meisterung Nr. 29

Wie Übung 27, doch diesmal mit dem Ziel, Ihr Potential auf einem Gebiet zu entwickeln, das Sie aus dem Glauben heraus, Ihnen fehle die nötige Begabung, bislang vernachlässigt hatten.

Übung zur Selbst-Meisterung Nr. 30

Führen Sie die Entspannungsübung Nr. 21 (Seite 160) durch, lesen Sie noch einmal Ihre Tagebucheinträge zu diesem Kapitel, machen Sie sich Ihre Erfolge bewußt und verwenden Sie diese Informationen, um Strategien für Ihre weitere Entwicklung zu entwerfen.

Kapitel 10

Projektionen loslassen

Bevor wir irgendwelche Fortschritte machen können, müssen wir die grundsätzliche Tatsache unseres »Alleinseins« akzeptieren. Unser Alleinsein zu akzeptieren bedeutet, die ganze Verantwortung für unsere Taten, Einstellungen und Versäumnisse zu übernehmen. Wir machen unser Heil oder unser Gefühl von Sinnhaftigkeit nicht allzusehr von anderen abhängig; wir suchen in uns selbst nach Antworten, Alternativen und richtigen Entscheidungen. Die anderen betrachten wir als Spiegel auf unserem Weg der Selbst-Entdeckung . . .

Liane Cordes: *The Reflecting Pond*
Wenn ich anderen die Schuld an meinen Problemen gebe, verleihe ich ihnen damit automatisch Macht. Anstatt anderen Vorwürfe zu machen, kann ich die Verantwortung für mein eigenes Leben übernehmen.
G2BE Publishers: *The I Can*

Projektion ist »die unbewußte Verlagerung von Triebimpulsen, eigenen Fehlern, Wünschen, Schuld oder ähnlichen Gefühlen auf andere Personen«, von Aspekten unserer selbst also, die wir nicht als Teil unserer selbst erkennen und anerkennen. Sie ist ein Akt, der uns gleichzeitig von uns selbst und von diesen bestimmten anderen Menschen isoliert. Wir grenzen uns von all dem ab, was wir aus unserem Inneren auf andere projizieren. Was immer wir auch dabei sagen mögen – durch unsere Taten behaupten wir: »Das bin nicht ich, das sind die anderen.« Indem wir aber diese ungewollten, nicht akzeptierten Aspekte unserer selbst auf andere projizieren, grenzen wir uns zugleich auch von ihnen, den Trägern der Projektion, ab.

Durch den Vorgang der Projektion leugnen wir den einzigartigen menschlichen Wesenskern im anderen. Wir kennen ihn ganz einfach nicht. Es spielt keine Rolle, ob er einige der Aspekte, die wir auf ihn projizieren, tatsächlich von sich aus besitzt. Ich kann beispielsweise Ärger oder Wut auf einen Menschen projizieren, der durchaus ärgerlich oder wütend sein kann – oder auch nicht. Wenn ich aber projiziere, kann ich seine wahre innere Natur nicht erkennen. Er ist dann für mich eine Leinwand, die ich benutze, um bestimmte Dinge, die mir an mir selbst nicht gefallen, nach außen zu verlagern. Ich bin nicht imstande zu erkennen, daß er zusätzlich zu der Rolle, die er in meinem inneren Drama spielt, auch ein eigenes Sein besitzt.

Wenn wir die anderen als Spiegel unserer selbst betrachten, lernen wir von ihnen etwas über uns. Leugnen wir aber, daß sie wertvolle Informationen über uns in sich bergen, berauben wir uns der Möglichkeit, zu erkennen, wer wir in Wahrheit sind.

Wir können sowohl »negative« als auch »positive« Aspekte unserer selbst auf andere projizieren. Vielleicht finde ich den einen meiner Brüder dumm, habgierig und faul und den anderen intelligent, großzügig und tatkräftig. Wahrscheinlich besitzen sie beide diese Eigenschaften wirklich – wenigstens bis zu einem gewissen Grad; doch wenn ich projiziere, kann ich in ihnen nur das erkennen, was ich in mir selbst nicht sehen will. Es ist nicht weiter überraschend, daß wir »Negatives« auf andere projizieren. Es ist sicher bequem, jemand anderem die Schuld an etwas zuzuschieben, das ich an mir selbst nicht gutheiße. Indem ich mich über die Habgier entrüste, die ich an meinem Bruder wahrnehme, kann ich meine eigene Habgier übersehen. Er ist dann mein Sündenbock.

Die andere Seite der Projektion ist vordergründig nicht so leicht zu erklären. Warum in aller Welt sollte ich den Wunsch verspüren, meine eigene Intelligenz auf meinen Bruder zu projizieren? Ist es nicht wunderbar, intelligent zu sein? Zweifellos. Andererseits gilt ein zu deutliches Bewußtsein eigener Vorzüge in unserer Gesellschaft als unfein, ja ungehörig. Haben Sie schon mal vor einer Gruppe von Menschen gestanden und unumwunden erklärt, wie großartig Sie sind? Es ist selten leicht, so zu sprechen, und selbst der Gedanke oder das Gefühl, wir seien großartig, kann beängstigend sein. »Eigenlob stinkt.« Aus diesem Grunde ist die Projektion »positiver« Charaktermerkmale ebenso weitverbreitet wie die von »negativen« Eigenschaften.

Jede Projektion leugnet und zerreißt Bindungen. Wenn wir an jemanden gebunden sind, spüren wir uns selbst und diesen Menschen *in uns.* Es besteht dann ein inniger herzlicher Zusammenhang, der uns ein Gefühl von Sicherheit schenkt – in uns selbst und in unseren Beziehungen. Paradoxerweise benutzen wir gerade die Menschen, an die wir uns zu anderen Gelegenheiten am stärksten gebunden fühlen, am ehesten als »Leinwand« für unsere Projektionen.

Denken Sie einmal an Ihr Verhältnis zu nahestehenden Menschen, insbesondere zu Ihren Eltern, Ihrem Partner und/oder Ihren Kindern, zu Ihren engsten Mitarbeitern und Freunden. Wahrscheinlich haben Sie sich schon öfter in einem Augenblick sehr stark an sie gebunden gefühlt – und dann plötzlich, und oft auf unerklärliche Weise, von ihnen getrennt. Vielleicht haben Sie in einem solchen Augenblick Zorn, Traurigkeit oder Angst verspürt, doch hinter der jeweiligen emotionalen Reaktion stand das Gefühl fehlender Bindung. Vielleicht haben Sie auch gar nichts gefühlt – eben nur diese Trennung.

In jedem Fall aber isoliert uns die Projektion von uns selbst und von denjenigen Menschen, die uns zu anderen Gelegenheiten am nächsten stehen. In diesem Kapitel werden Sie lernen, Projektionen loszulassen. Zunächst werden Sie sie als solche erkennen, und dann werden Sie Ihre Bindung an andere Menschen festigen – an diese Freunde und Verwandten, die Sie auf einer tieferen Ebene Ihres synchronisierten Selbst lieben und achten. Sie haben bereits in Kapitel 7 angefangen, das Wesen des Bindens zu erforschen; in Kapitel 14 werden Sie Ihr Augenmerk darauf richten, wie Sie Ihr Verhältnis zu Ihren Freunden und Angehörigen vertiefen können, und in Kapitel 15 das zu Ihren Arbeitskollegen. *Dieses* Kapitel stellt die notwendige Verbindung zwischen jenen ersten Versuchen und allen folgenden Übungen dar, da Sie zwangsläufig so lange isoliert und allein bleiben, bis sie den andauernden Prozeß der Projektion in sich erkennen und aufgeben.

In Kapitel 3 habe ich über meine Beziehung zu Otto geschrieben. Sie war deswegen so schrecklich, weil ich jahrelang alle möglichen schrecklichen Dinge auf ihn projiziert hatte. Ich will natürlich nicht behaupten, er sei von sich aus vollkommen gewesen. Er hatte Dinge gesagt und getan, die ganz gewiß nicht erfreulich waren. Die Projektion aber ist ein innerer Vorgang, der völlig unabhängig vom tatsächlichen Verhalten der anderen abläuft. Er hätte ein wahrer Heiliger werden können; solange ich meine Projektionen nicht einstellte, wäre er für mich trotzdem ein fürchterlicher Mensch geblieben.

Als ich erkannte, daß ich auf ihn projizierte, hörte ich damit auf und brachte unsere Beziehung in mein synchronisiertes Selbst. Anfangs war dies ein rein innerlicher Vorgang. Kaum hatte ich jedoch meinen inneren Frieden gefunden, war es mir möglich, ihm meinen Wunsch nach einem neuen, unvorbelasteten Verhältnis mitzuteilen. Es war mein Glück, daß er im selben Augenblick beschlossen hatte, zu mir zu kommen und die Streitaxt zu begraben. Die Opfer unserer Projektionen wählen aber beileibe nicht immer diesen edlen Weg. Wir können an uns ändern, soviel wir wollen: Ob sie ihrerseits weiter auf uns projizieren oder es vorziehen, ihr Leben zu ändern, hängt ganz allein von ihnen ab. Wenn wir uns darüber aufregen, daß sie sich *nicht* ändern, so ist das nur ein Zeichen dafür, daß wir immer noch nicht aufgehört haben, auf sie zu projizieren.

Projektionen erkennen wir an unserem sinnlichen Feedback. Wie fühle ich mich, wenn ich mir meine Gedanken, Gefühle und Überzeugungen in bezug auf einen bestimmten Menschen bewußtmache? Denke ich eher schlecht von ihm oder empfinde ich ihn als mir und anderen überlegen? Macht er mich wütend, traurig oder ängstlich? Fühle ich mich in seiner Gegenwart oder beim Gedanken an ihn körperlich unwohl, verspüre ich vielleicht irgendwelche Schmerzen? Oder fühle ich mich synchronisierter, intakter und lebendiger, wenn ich an ihn denke? Oder geht es mir, wenn wir zusammen sind, manchmal ausgezeichnet und manchmal erbärmlich?

Das Aufdecken unserer Projektionen ist ein ebenso wichtiger Vorgang wie das Erkennen unserer sonstigen einengenden Überzeugungen. Solange wir unsere Augen davor verschließen, wie andere Menschen wirklich sind, bleibt uns auch unsere eigene wahre Persönlichkeit verborgen. Erlauben wir uns dagegen, das Wesen der anderen zu erkennen, ihre Stärken und Schwächen, ihre Triumphe und Tragödien, so öffnen wir uns entsprechenden Einsichten über uns selbst.

In den Übungen 31 und 32 werden Sie sich mit Ihren Projektionen in bezug auf Vater und Mutter auseinandersetzen. Mit »Vater und Mutter« meine ich hier entweder Ihre leiblichen Eltern oder andere Personen, zu denen Sie in Ihrer Kindheit ein vergleichbar inniges Verhältnis gehabt haben. Ich empfehle Ihnen deshalb, sowohl ein grundlegendes weibliches als auch ein grundlegendes männliches Rollenvorbild zu untersuchen, weil wir im allgemeinen dazu neigen, auf den gleichgeschlechtigen Elternteil anders zu projizieren als auf den andersgeschlechtigen. Zahlreiche Untersuchungen haben ergeben, daß unser Selbstbild oft von unseren Interaktionen mit unseren Eltern geprägt wird – und das schon lange, bevor wir uns der Bedeutung bewußt werden, die diese frühen Beziehungsmuster für unser ganzes Leben haben.

Ich finde es immer wieder aufregend, wie sehr meine Studenten und Klienten wachsen, sobald sie all das auf sich nehmen und akzeptieren, was sie jahrelang auf ihre Eltern projiziert hatten. Es ist nicht weiter verwunderlich, wenn Erstsemestler mit den Überzeugungen zu kämpfen haben, die sie in bezug auf ihre Eltern hegen, doch ich entdecke ganz genau dieselben Denk- und Empfindungsmuster auch bei weit älteren Studenten und Klienten. Ich habe etwa eine Frau erlebt, die erst im Alter von über 60 Jahren ihr Verhältnis zu ihrer Mutter klärte und ihren inneren Frieden fand.

Auch als Erwachsene knüpfen wir Beziehungen, die oft ein starkes Element der Projektion aufweisen. Ich werde Sie bitten, sich in Übung 33 bewußtzumachen, wen Sie in erster Linie für alle Schwierigkeiten in Ihrem Leben verantwortlich machen, und in Übung 34, auf wen Sie mit Vorliebe Ihre besten Eigenschaften projizieren. In beiden Fällen wird die Hauptschwierigkeit für Sie darin bestehen, zu erkennen, daß Ihre Projektion nichts mit den tatsächlichen Eigenschaften der jeweiligen Person zu tun hat. Bei Projektionen (wie bei anderen Überzeugungen auch) neigen wir allzuleicht dazu, unsere Auffassung von der Wirklichkeit für die Wirklichkeit selbst zu halten.

Da wir uns in solchen Fällen mit Vorliebe an Menschen wenden, die unserer Meinung sind, werden wir von anderen oft genug in unseren Projektionen bestätigt. »Ja«, sagen unsere »objektiven« Gesprächspartner, »dein Chef (Angestellter, Mitarbeiter, Partner, Sprößling) hat sich wirklich ganz fürchterlich verhalten. Du hast vollkommen recht, auf ihn wütend zu sein.« Wohlgemerkt – die betreffende Person kann sich natürlich *tatsächlich* »danebenbenommen« haben. Dadurch aber, daß wir auf sie projizieren, lassen wir zu, daß unser Schmerz und Zorn intensiver ausfallen, als es die konkrete Tat (oder Unterlassung) rechtfertigen würde. Sobald wir das, was in uns ist, auf andere projizieren, reagieren wir viel heftiger als angemessen und werden einfach ungerecht.

Ich empfinde es persönlich am schwersten, *positive* Projektionen zu erkennen, weil das Feedback in solchen Fällen subtiler, »unauffälliger« ist. Wenn ich wütend auf jemanden bin, habe ich schließlich starke Emotionen, werde mir unsynchronisierter Gedanken bewußt oder stelle einen allgemeinen Verlust an Energie und Klarheit in mir fest. Die Projektion unserer besten Eigenschaften ist ein sehr häufiges Merkmal unserer Beziehungen zu »Mentoren«. Sehr wahrscheinlich haben auch Sie schon einmal auf einen – lebenden oder verstorbenen – Menschen projiziert (oder tun es noch), der Ihnen als wichtiges Vorbild im Leben gedient hat.

Es kommt immer wieder vor, daß wir einem Freund, Lehrer, Priester, Arzt, einer Autoritätsperson oder sonsteinem einflußreichen und eindrucksvollen Menschen begegnen, der uns dann für eine gewisse Periode unseres Lebens als leuchtendes Vorbild vor Augen schwebt. Was immer wir an solch einem Menschen bewundern, besitzen wir selbst in potentieller Form. Anfangs sind wir gewöhnlich nicht imstande, diesen erstrebenswerten Charakterzug in uns wahrzunehmen; doch wenn wir uns öffnen und zu möglichem Wachstum bereit sind, erkennen wir diese unsere Eigenschaft und eignen sie uns an. Ziehen wir es aber vor, uns nicht zu ihr zu bekennen, bleiben wir weiterhin in der Projektion gefangen.

Ich habe als Student nicht von Anfang an vorgehabt, Universitätsdozent zu werden, sondern studierte eine ganze Zeitlang auf den Arztberuf hin. Ich hatte damals einen Professor, den Historiker Edward Whiting Fox, der in meinen Augen der beste wissenschaftliche Autor und der intelligenteste und weiseste Lehrer auf der ganzen weiten Welt war. Als ich einmal einer Kommilitonin von ihm vorschwärmte, meinte sie: »Naja, eines Tages wirst vielleicht auch du so sein.« »Nein, nein«, antwortete ich, »das kann niemand. So gut wie er ist niemand und wird auch nie jemand sein.« Als ich ein Jahr später beschloß, die akademische Laufbahn einzuschlagen, hörte ich zwar nicht auf, ihn zu verehren, doch ich begann allmählich zu erkennen, daß ich manche der Eigenschaften, die ich an ihm sah, auch in mir entwickeln wollte.

In meinen Tagebuchaufzeichnungen stoße ich immer wieder auf Projektionen. Ich schreibe über den einen oder anderen Menschen, zerreiße ihn in der Luft oder lobe ihn über den grünen Klee – und plötzlich erkenne ich, daß ich wieder einmal projiziere. Ich versenke mich dann sofort in meinen inneren Ort des Friedens, stelle mir vor, wie wir beide auf einer grünen, besonnten Wiese aufeinander zugehen, sehe und fühle, wie wir uns an den Händen fassen und uns umarmen. Und dann sagen wir beide: »Ich liebe dich.« Je häufiger ich meine Projektionen in diesen inneren Ort des Friedens versenke, desto positiver verändern sich meine Beziehungen zu anderen Menschen.

Jetzt sind Sie dran, Ihre Projektionen loszulassen – oder zumindest einen ersten Schritt in diese Richtung zu tun. Wenn es etwas gibt, das absolute Ehrlichkeit von Ihnen verlangt – die wirkliche Bereitschaft, zu erkennen, wer Sie selbst und wer die anderen sind –, dann ist es das. Und wenn Sie noch nie Projektionen in sich erkannt und bewußt als Teil Ihrer selbst akzeptiert haben, werden Sie bald merken, daß der Erfolg den Aufwand wahrhaft lohnt.

Im folgenden Tagebucheintrag bemüht sich ein Student darum, sein Verhältnis zu seiner Mutter zu vertiefen:

Das ist ein schwieriges Thema. Meine Mutter starb, als ich sieben war. Ich kann mich nur sehr ungenau an sie erinnern, aber ich denke sehr oft an sie und stelle mir alles mögliche vor. Wie wäre es, wenn sie jetzt noch lebte? Es mag seltsam erscheinen, aber ich habe Angst, mich daran zu erinnern, wie sie wirklich war. Ich weiß nur noch, wie schön es mit ihr war. In meiner Vorstellung ist sie eine makellose

Königin. Wenn ich mich an mehr erinnern könnte, würde das mein Traumbild vielleicht zerstören. Ich liebe sie sehr. Ich sage ihr andauernd, wie sehr ich sie liebe, und ich fühle in meinem Herzen, daß sie mir sagt, daß sie mich liebt. Ich sehe jetzt ein, daß es an der Zeit ist, alle damaligen Gefühle, alle unsere gemeinsamen Erlebnisse zu kennen. Ich will herausfinden, so gut ich kann, wer sie wirklich war und ist. Gutes und Schlechtes. Wie gesagt, ich habe Angst, aber es gibt eigentlich nichts, wovor ich mich fürchten müßte. Die Liebe wird uns über alle Schwierigkeiten hinweghelfen.

Übung zur Selbst-Meisterung Nr. 31

1. *Entspannung des ganzen Gehirns.* Sobald Sie den Ort des Friedens in Ihrem Inneren erreicht haben, spüren Sie Ihr Verhältnis zu Ihrer Mutter. Fühlen Sie, wie Sie aufeinander zugehen, einander liebevoll in die Augen schauen. Fühlen Sie, wie Sie sagen: »Ich liebe dich«, fühlen Sie, wie sie sagt: »Ich liebe dich«, und umarmen Sie dann einander. Bitten Sie darum, zu erfahren, was Sie auf Ihre Mutter projizieren. Holen Sie die Projektionen in diesen Ort des Friedens herein und lassen Sie sie los.

2. *Tagebuchschreiben aus dem ganzen Gehirn.* Beschreiben Sie diese Erfahrung. Bitten Sie um Informationen über das sinnliche Feedback der Projektion. Welche Emotionen, welche körperlichen Empfindungen gehen für Sie mit der Projektion einher? Wie fühlt es sich an loszulassen? Sind Sie sich bewußt, daß Sie auf andere projizieren? Finden irgendwelche Veränderungen in Ihrem Leben statt, die auf das Loslassen von Projektionen zurückgeführt werden könnten?

3. *Leben mit dem ganzen Gehirn.* Beherzigen Sie alles, was Sie während der Entspannung und beim Tagebuchschreiben erfahren haben. Wie können Sie schneller und leichter erkennen, daß Sie projizieren? Achten Sie auf sinnliche Bilder und Affirmationen. Prägen Sie sich ein, wie es sich anfühlt, wenn Sie projizieren und wenn Sie Projektionen loslassen.

Übung zur Selbst-Meisterung Nr. 32

Wie Übung 31, konzentrieren Sie sich aber diesmal auf Ihr
Verhältnis zu Ihrem Vater.

In der folgenden Tagebucheintragung setzt sich eine Studentin mit ihrem Verhältnis zu einer Freundin auseinander,
die sie infolge einer Projektion verloren hat.

> Ich bin wütend auf mich. Ich komme mir ganz mies vor,
> daß ich so von Karen gedacht habe. Erst neulich habe ich
> mit ihr geredet. Wir waren seit dem letzten Jahr auf der
> Schule ziemlich eng befreundet, und das hielt bis letzten
> Herbst. Dann habe ich im Dezember eine Entziehungskur
> gemacht, und alles wurde anders. Sie kam zum Sommersemester von der Universität in Bloomington zurück, aber
> wir haben uns seitdem nicht oft gesehen. Dann haben wir
> uns im April gestritten, und das wars denn auch. Mir ist
> jetzt klar, daß ich damals Angst hatte, sie könnte mich ablehnen, weil ich keine Drogen mehr nehme. Wenn wir früher zusammen waren, haben wir immer einiges geschluckt.
> Ich hatte die fixe Idee, alle – nicht nur Karen – wollten mich
> nur haben, wenn ich was nahm. Ich projizierte auf Karen,
> daß sie mich nicht sehen wollte, weil ich nicht begriff, daß
> ich Angst davor hatte, mit ihr zusammenzusein. Und sie
> hatte damals selbst beträchtliche Probleme. Inzwischen
> gelingt es mir besser, meinen Alkoholismus zu akzeptieren
> und meine Ängste nicht auf andere zu projizieren. Ich weiß
> nicht, ob Karen und ich jemals wieder Freundinnen sein
> werden, – aber ich weiß ganz bestimmt, daß ich mein Bestes tun werde, um immer weniger auf Karen oder auf andere Menschen zu projizieren. Ich bin es ihnen allen schuldig, und ich bin es mir selbst schuldig.

Übung zur Selbst-Meisterung Nr. 33

Wie Übung 31, aber konzentrieren Sie sich diesmal auf jemanden, den Sie als Erwachsener kennengelernt und den Sie
für irgendwelche Schwierigkeiten in Ihrem Leben verantwortlich gemacht haben – oder immer noch machen.

Im folgenden Tagebucheintrag setzt sich eine Studentin

mit dem auseinander, was sie auf ihren älteren Bruder projizierte:

> Wenn ich jemanden wirklich anhimmle, dann meinen großen Bruder Kurt. Als ich klein war, war er immer für mich da. Er nahm mich mindestens einmal die Woche mit ins Kino. Als ich fünf war und er zwölf, fuhr er mich jeden Tag mit dem Rad in die Vorschule. Ich habe ihn wohl schon immer für etwas ganz Besonderes gehalten. Niemand konnte ihm das Wasser reichen. Die Mädchen waren verrückt nach ihm, und die Jungs haben ihn beneidet. Ich sehe meinem Bruder ziemlich ähnlich. Man hat mir oft gesagt, daß ich mich in vielerlei Hinsicht auch wie er verhalte. Wann immer ich in eine schwierige Situation geriet, fragte ich mich, wie Kurt sich in diesem Fall wohl entscheiden würde. Mit 18 fing er an zu trinken. Es ist ihm ziemlich schwergefallen, wieder davon loszukommen. Trotzdem blieb er in meinen Augen so vollkommen wie eh und je. Jetzt bin ich endlich imstande, ihn als mir ebenbürtig anzusehen. Er steht nicht über, sondern neben mir. Ich sehe, daß er durchaus Probleme hat – wie jeder andere Sterbliche auch. Ich liebe ihn von ganzem Herzen, und er liebt mich ebensosehr.

Übung zur Selbst-Meisterung Nr. 34

Wie Übung 31, aber konzentrieren Sie sich diesmal auf jemanden, den Sie als Erwachsener kennengelernt haben und der Ihnen jetzt als Vorbild oder als Mentor dient.

Übung zur Selbst-Meisterung Nr. 35

Nachdem Sie sich entspannt haben, lesen Sie bitte Ihre Tagebucheinträge zu diesem Kapitel noch einmal durch. Achten Sie sorgfältig auf das sinnliche Feedback der Projektion und Ihrer persönlichen »Techniken«, um eine Projektion wieder loszulassen. Wie können Sie in Zukunft Ihr Leben erfolgreicher gestalten?

Kapitel 11

Lebensgeschichten (um)schreiben

In den ersten Lebensjahren hilft uns die Sprache dabei, unserer sinnlichen Welt Gestalt zu verleihen. Wenn wir einem Kind eine Geschichte erzählen, erfüllt die Sprache dieselbe Funktion, doch nun verleiht sie einer *inneren* sinnlichen Welt Gestalt. Ebenso, wie das Wort uns dabei half, äußere Erfahrungen zu formulieren, schafft es in der Erzählung innere Erfahrungen. Das kleine Mädchen, das sagte, es möge Radio lieber als Fernsehen, weil die Bilder da viel hübscher seien, gibt uns wertvolle Hinweise. Sprich das Wort, und die innere Wirklichkeit nimmt Gestalt an. Natürlich konstruiert das kleine Mädchen nicht bewußt eine innere Bilderwelt, die den Worten entspräche. Der schöpferische Prozeß, das Urbild, ist in ihm bereits vorhanden und kann jederzeit durch die jeweils geeigneten Vorlagen aktiviert werden. Sein inneres Urbild reagiert auf das Wort, und es verfolgt entzückt das Schauspiel.
Joseph Chilton Pearce: *Magical Child Matures*

Vorausgesetzt, ich werde nicht gestört, erweitert sich mein Thema ganz von selbst, wird geordnet und bestimmt und steht dann, so lang es auch sei, komplett und vollendet vor meiner Seele, so daß ich es wie ein reizendes Gemälde oder eine schöne Statue mit einem Blick überschauen kann. Ich höre die verschiedenen Teile in meiner Vorstellung auch nicht nacheinander, sondern höre sie gewissermaßen *alle zugleich*. Welch ein Genuß das ist, kann ich nicht beschreiben! (. . .) Wenn ich darangehe, meine Erfindung niederzuschreiben, . . . unterscheidet sie sich selten von der Gestalt, die sie in meiner Vorstellung hatte.
Wolfgang Amadeus Mozart

In diesem Kapitel werden Sie eine der wichtigsten Fähigkeiten des menschlichen Gehirns erforschen: die Kreativität. Vielleicht haben Sie seit Aufnahme Ihrer Übungen zur Selbstmeisterung auch bereits eine Steigerung Ihrer Kreativität in dem einen oder anderen Bereich Ihres Lebens festgestellt. Wie ich in Kapitel 1 sagte, stimuliert jede Aktivität des ganzen Gehirns *jede* seiner Einzelfunktionen. Ihre Entspannungsübungen, das Tagebuchschreiben und das Leben mit dem ganzen Gehirn sind schöpferische Akte. In diesem Kapitel wollen wir uns mit den »Geschichten« befassen, die Sie sich geschaffen haben und durch die Ihre Anschauung von der Wirklichkeit entscheidend geprägt wird.

Ich nenne diese Geschichten *Lebensgeschichten*, weil sie unser Leben strukturieren und ihm Sinn geben. In diesem Kapitel werden Sie ein paar Ihrer Lebensgeschichten in sich aufspüren und als solche identifizieren. Dann können Sie entscheiden, welche davon Sie behalten und weiterentwickeln möchten, indem Sie ihnen gestatten, sich frei zu entfalten und zu verändern, – und welche Sie zu neuen Lebensgeschichten »umschreiben« wollen, die Sie zu mehr Kreativität und Selbst-Meisterschaft führen.

Je eingehender ich mich mit meinen eigenen Lebensgeschichten und denen anderer Menschen befasse, desto deutlicher erkenne ich, daß sie mächtige und in sich abgeschlossene innere Schöpfungen sind. Mozart schrieb, seine Kompositionen erschienen »komplett und vollendet« vor seinem geistigen Auge. Auch wenn wir uns ihrer oft genug nicht einmal bewußt werden, sind unsere *Lebensgeschichten* nicht minder »komplett und vollendet«.

Lebensgeschichten sind unsere Überzeugungen in Erzählform. Sie geben uns Sinn in einer Welt, die nicht immer leicht zu verstehen ist. Sie sind Mischungen aus Mythen, Gleichnissen, Märchen, Theaterstücken, Romanen, Kurzgeschichten, Fernsehspielen, wirklichen Ereignissen und emotionalen Uminterpretationen unserer Umwelt.

Hitler beispielsweise hatte äußerst wirkungsvolle Lebensgeschichten, durch die er seine Welt wahrnahm. Er sagte, er sei bereits im Alter von 18 Jahren zu seiner endgültigen Weltanschauung gelangt, und das entspricht zweifellos den Tatsachen. Bis zu seinem Selbstmord hielt er über dreißig Jahre lang zäh an diesen Geschichten fest – Geschichten von arischer Überlegenheit und jüdischer Entartung, von natürlicher Auslese und Vernichtung »lebensunwerten Lebens«. Jeder, der *Mein Kampf* gelesen hat, kann beurteilen, wie konsequent er seine ganze Wirklichkeit seinen Lebensgeschichten anpaßte. Am Schluß warf er den Deutschen vor, sie hätten sich seiner Vision eines unvermeidlichen Endsieges nicht würdig erwiesen. Er habe den rechten Weg beschritten, und sie hätten ihn und sich selbst verraten – und die Schuld an ihrer Niederlage treffe *sie* ganz allein.

Mozart war imstande, eine herrliche Komposition nach der anderen hervorzubringen, weil er an seine »kompletten und vollendeten« inneren Schöpfungen glaubte und sie zu Papier brachte. Seine Lebensgeschichten ermöglichten es ihm offensichtlich, das zwar kurze, aber reiche und erfüllte Leben eines musikalischen Genies zu verwirklichen. Und mögen uns Hitlers »Schöpfungen« auch eher Entsetzen einflößen: *seine* Lebensgeschichten waren nicht minder »komplett und vollendet«. Sie führten zu Völkermord und Zerstörung, weil sie von vornherein darauf angelegt waren – und weil er und andere so sehr an sie glaubten.

Wir alle leben unsere Geschichten genauso konsequent aus wie Mozart und Hitler. Warum heiraten so viele Frauen, die als Kinder unter dem Alkoholismus ihres Vaters zu leiden hatten, letztlich selbst einen Alkoholiker? Warum sind so viele Männer »Helden für eine Nacht«, aber offensichtlich unfähig zu einer dauerhaften Beziehung? Warum gibt es wiederum viele andere Menschen, die durch ihre Berührung alles zu verzaubern scheinen?

Ich glaube, wir leben nur immer und immer wieder unsere Geschichten aus – bis wir uns endlich dazu durchringen, sie umzuschreiben. Ob unser Leben hart und unbefriedigend oder leicht und glücklich verläuft – in jedem Fall gestalten wir unsere Wirklichkeit nach unseren Lebensgeschichten.

Alle diese Geschichten werden im neuen Gehirn erzeugt. Manche nehmen ihren Anfang in entspannten, schöpferischen Augenblicken, während andere sich als spontane Reaktion auf eine Krise einstellen. So oder so befriedigen sie unser angeborenes Bedürfnis nach Sinnhaftigkeit. Unsere Geschichten können sich an gesellschaftliche Normen oder elterliche Vorbilder anlehnen, oder sie können ganz eigene, neue Interpretationen der Wirklichkeit darstellen. Ihr Inhalt ist von zweitrangiger Bedeutung; was zählt, ist die Tatsache, daß wir sie überhaupt haben – und durch sie einen Sinn.

In Übung 36 werden Sie eine eigene Lebensgeschichte aufschreiben, die Ihnen gefällt und die Sie jetzt und künftig weiter ausbauen wollen. Sie könnten sie als Kind, als Jugendlicher oder auch erst als Erwachsener verfaßt haben. Wichtig ist nur, daß Sie eine Geschichte finden, die Ihnen hilft, ein kreatives und erfülltes Leben zu führen. In Übung 37 werden Sie eine Geschichte aufschreiben, die Sie gern ändern möchten. Anschließend können Sie die verbesserte Fassung erstellen und sich damit für eine neue Lebensweise entscheiden.

In Übung 38 werden Sie sich mit einem aktuellen schöpferischen Vorhaben auseinandersetzen. Sie werden herausfinden, welche Lebensgeschichte diesen kreativen Prozeß bestimmt. Sollten Sie feststellen, daß diese Geschichte Ihre Kreativität in irgendeiner Weise hemmt, können Sie sie anschließend umschreiben.

In Übung 39 werden Sie etwas weiter in die Zukunft schauen. Was möchten Sie in drei bis fünf Jahren schaffen? Sie werden eine Lebensgeschichte aufschreiben, die Sie von »hier« nach »dort« bringen soll; dann werden Sie, wie in Übung 38, jede andere Geschichte umschreiben, die Ihre Pläne durchkreuzen könnte. In Übung 40 werden Sie schließlich diesen ganzen Prozeß des Schreibens und Umschreibens von Lebensgeschichten erforschen.

Im folgenden Tagebucheintrag beschreibt ein Student ein frühes Erfolgserlebnis und die Rolle, die es bei der Ausgestaltung seiner jetzigen Zukunftsvision spielte:

Ich war dreizehn. Mit Rasenmähen war in dem Sommer nicht viel zu verdienen, und ich brauchte Geld. Ich hatte haufenweise Spielsachen und Klamotten, aus denen ich herausgewachsen war, und das brachte mich auf die Idee, eine Art privaten Flohmarkt in unserer Garage zu veranstalten. Ich machte mich sofort an die Arbeit. Ich trug meinen ganzen alten Kram zusammen und ließ mir von meinen Eltern und Geschwistern den ihren geben. Von Freunden bekam ich Spielsachen und von deren Müttern Kleidungsstücke, wobei ich versprach, darüber Buch zu führen und ihnen die Hälfte vom Erlös zu geben. Ich versah alles mit Preisschildern und besorgte mir Tische und Stühle. Meine Mutter war so lieb, die Zeitung anzurufen und eine Anzeige für mich aufzugeben. Ich malte Plakate und klebte sie an strategisch wichtigen Kreuzungen an. Sie leisteten wirklich gute Dienste. Es war kaum zu glauben, wie früh die Leute schon anrücken, wenn es etwas günstig zu kaufen gibt. Um Viertel nach sechs hämmerte der erste Kunde an unsere Haustür. Er hatte sich in der Garage mit Spielsachen eingedeckt und wollte jetzt bezahlen. Das war der aufregende Anfang eines sehr arbeitsreichen Tages. Als alles vorbei war, hatte ich 120 Dollar eingenommen. Schon seit meinem ersten Rasenmäher-Job hatte ich gewußt, daß ich eines Tages mein eigenes Geschäft haben würde. Aber dieser Tag zeigte mir wirklich, was für ein befriedigendes Gefühl es ist, für mich selbst zu arbeiten. Ich spüre diesen besonderen Tag noch heute in mir. Daran kann man ersehen, wie sehr mich die Vorstellung begeistert, einmal ein eigenes Geschäft zu besitzen.

Übung zur Selbst-Meisterung Nr. 36

1. *Entspannung des ganzen Gehirns.* Sobald Sie tief entspannt sind, bitten Sie um eine synchronisierte Lebensgeschichte. Achten Sie auf das sinnliche Feedback, das Sie empfangen, während Sie die Geschichte in sich fühlen. Bitten Sie um eine Affirmation oder ein Bild. Fragen Sie, was Sie bisher daran gehindert hat, diese Geschichte in stärkerem Maße auszuleben. Lassen Sie zu, daß alle Begrenzungen und Hindernisse in Ihren inneren Ort des Friedens einfließen, und bitten Sie dann darum, sie loszulassen.

2. *Tagebuchschreiben aus dem ganzen Gehirn.* Sobald Sie bereit sind, schreiben Sie die Geschichte auf, die Ihnen während der Entspannungsübung zu Bewußtsein gekommen ist. Fragen Sie, wie Sie diese Geschichte in anderen Bereichen Ihres Lebens verwirklichen können.

3. *Leben mit dem ganzen Gehirn.* Verwenden Sie Minis und sinnliche Affirmationen/Bilder, um das Gefühl von Kreativität im Laufe des Tages immer wieder zu intensivieren.

192

Lebensgeschichten umzuschreiben ist eine unglaublich faszinierende und lohnende Aufgabe. Viele meiner Studenten und Klienten hatten sehr überzeugende Lebensgeschichten voller Mißerfolge und Enttäuschungen, und alle, die den Willen aufbrachten, sie sich bewußtzumachen und umzuschreiben, konnten beträchtliche Erfolge für sich verbuchen. Einer meiner Klienten, Besitzer eines kleineren Holzbauunternehmens mit mehreren Beschäftigten, schien unter einem Arbeitszwang zu stehen. Er arbeitete immerzu, von früh bis spät, tagaus tagein, bis er regelmäßig die Nerven verlor und mit seinen Untergebenen Streit bekam. Er brachte es einfach nicht fertig, sich freizunehmen, solange er nicht wirklich krank wurde – was ein- bis zweimal monatlich der Fall zu sein schien. Sobald er auskuriert war, kam er wieder in die Firma, bereit und willens, mit seiner Mannschaft weiterzuarbeiten. Doch binnen kurzem machte sich das altbekannte Schema wieder bemerkbar: Überarbeitung, Ärger, Erschöpfung und Krankheit.

Ich bat ihn, die folgende Übung (Nr. 37) durchzuführen und herauszufinden, welche Lebensgeschichte hinter seinem Problem steckte. Hatte er sie erst einmal identifiziert, würde er sie umschreiben und eine neue Weise der Zusammenarbeit mit seinen Männern in die Wege leiten können. Durch sein Tagebuchschreiben entdeckte er, daß er schon in der Schule und danach in all seinen Beziehungen nach diesem Muster »funktioniert« hatte – also keineswegs nur am Arbeitsplatz. Nach dieser Lebensgeschichte besaß er nur einen »Schalter«, der es ihm ermöglichte, zu arbeiten und zwischenmenschliche Kontakte zu pflegen: Er war entweder »an«, das heißt noch soweit gesund, daß er trotz aller Müdigkeit und Frustration seine jeweilige Tätigkeit fortsetzen konnte, oder er war »aus«, also krank. In seiner Neufassung ließ er eine neue »Schalterstellung« zu, nämlich »entspannt«. Er gestattete sich, gelegentlich der Arbeit fernzubleiben, um etwas Zeit mit seinen Kindern und seiner Frau oder einfach mit sich selbst zu verbringen. Er kam auf die Idee, einen »Tag der psychischen Gesundheit« einzuführen. Jeder Mitarbeiter seines Unternehmens (er selbst eingeschlossen) sollte monatlich Anspruch auf zwei solch bezahlte Entspannungstage haben. Er stellte bald fest, daß sich durch diese Neuerung die allgemeine Arbeitsleistung verbesserte, die Menschen seltener krank wurden und daß überhaupt alle bei der Arbeit und in ihrer Freizeit viel zufriedener und glücklicher waren.

Übung zur Selbst-Meisterung Nr. 37

1. *Entspannung des ganzen Gehirns.* Sobald Sie tief entspannt sind, bitten Sie darum, die Synchronizität Ihrer Lebensgeschichte aus Übung 36 zu spüren. Bitten Sie dann um eine weitere Geschichte, diesmal um eine, die Sie gern umschreiben würden. Üben Sie keine Kritik! Seien Sie dankbar für alles Positive, das die Geschichte bei Ihnen bewirkt hat, und bitten Sie dann um eine neue.

2. *Tagebuchschreiben aus dem ganzen Gehirn.* Schreiben Sie zuerst die Lebensgeschichte auf, die Sie zu ändern wünschen, und dann – auf der Grundlage des verstärkten Gefühls von Synchronizität, das Sie jetzt empfinden – ihre Neufassung. Machen Sie sich den Unterschied zwischen dem Feedback der ersten Lebensgeschichte und dem der neuen Version bewußt. Fragen Sie, wie Sie Ihre neue Geschichte bestmöglich ausleben können.

3. *Leben mit dem ganzen Gehirn.* Achten Sie auf die Feedbackeffekte der alten und der neuen Lebensgeschichte. Wann immer Sie die sinnlichen Auswirkungen der alten Geschichte in sich feststellen, verwenden Sie Affirmationen und/oder Bilder aus der neuen Geschichte beziehungsweise Minis, die das Gefühl von Kreativität in Ihnen wachrufen.

Vielleicht machen sich schon (bedingt durch die Übungen 36 und 37) gewisse Veränderungen in Ihren aktuellen kreativen Projekten bemerkbar. Die folgende Übung soll Ihnen dabei helfen, Ihr Gefühl von Kreativität bei wenigstens einem dieser Vorhaben noch weiter zu vertiefen. Vielleicht möchten Sie sich auf Ihre Arbeit konzentrieren, auf eine Beziehung oder aber auf eine kreative Tätigkeit im engeren Sinne. Denken Sie bitte daran, daß *alles* kreativ sein kann. Es kommt nicht darauf an, *was* Sie tun, sondern *wie* Sie es tun – mit einem synchronisierten Gehirn nämlich. Dann ist Ihre Tätigkeit auf jeden Fall kreativ. Suchen Sie sich ein kurzfristiges Projekt aus – oder auch, wie die Frau in der folgenden Tagebucheintragung, eines, das weiter in die Zukunft reicht:

194

Ich träume davon, meine jetzige Ausbildung als Designerin in New York fortzusetzen. Ich werde eine Altbauwohnung haben, mit Parkettböden, hohen Decken, viel Bewegungsfreiheit und einer Menge Fenster. Ich werde meine Zwischenprüfung bald geschafft haben, und dann möchte ich nach Stony Brook, auf Long Island, und an der dortigen Universität weiterstudieren. Ich will mir einen Teilzeitjob suchen und daneben auf die Uni gehen und meinen Abschluß machen. Ich will diese Jahre als Single genießen und nichts dadurch versäumen, daß ich mich zu früh binde oder mich mit Arbeit überhäufe. Ich will jeden einzelnen Tag meines Lebens auskosten, soviel wie möglich ausgehen und viele neue Erfahrungen in der Großstadt sammeln.

Das Bild, das ich in mir spüre, ist das eines offenen Brunnens, der jeden Lebenstropfen in mir auffängt. In diesem Augenblick lautet die Affirmation »Stony Brook«.

Übung zur Selbst-Meisterung Nr. 38

Entspannung, Tagebuchschreiben und Leben mit dem ganzen Gehirn wie Übung 36.

Das schöpferische Ausmalen Ihrer Zukunft ist ebenso wichtig wie das Weiterverfolgen Ihrer aktuellen kreativen Projekte. Die Lebensgeschichten Ihrer Vergangenheit, Gegenwart und Zukunft sind eng miteinander verwoben. Je weiter Sie den Einflußbereich Ihrer Lieblingsgeschichten ausdehnen, und je mehr Sie von den Geschichten umschreiben, die Ihre Kreativität einschränken, desto größer wird das Reservoir an schöpferischer Energie werden, aus dem Sie für die Verwirklichung Ihres künftigen Potentials schöpfen können.

Als die Frau von der Fortsetzung und Vollendung ihres Studiums träumte, holte sie einen bedeutenden Teil ihres künftigen Potentials in ihre Gegenwart herein. Viele meiner Studenten berichten von größeren Veränderungen in ihrem gegenwärtigen Leben als Folge solchen Umschreibens ihrer Zukunft.

Haben Sie eine konkrete Lebensgeschichte, die Sie in drei bis fünf Jahren zur vollständigen Verwirklichung Ihres Potentials führen würde? Wenn ja, dann wird das Niederschreiben dieser Geschichte Ihnen helfen, Ihre Möglichkeiten zu realisieren. Wenn nicht, dann denken Sie sich eine aus, und Sie werden durch dieses neue Ziel Ihr jetziges Leben als sinnvoller empfinden.

Beginnen Sie damit, daß Sie sich genau vor Augen führen, was Sie am Ende der von Ihnen gewählten Zeitspanne sein oder tun möchten. Sobald Sie eine klare Vorstellung davon haben, wo Sie gerne wären, können Sie die Geschichte niederschreiben, die Sie da hinbringen soll. Seien Sie konkret. Fragen Sie, was Sie jetzt und in der näheren Zukunft tun können, um Ihre Vision Wirklichkeit werden zu lassen. Seien Sie flexibel. Achten Sie immer wieder darauf, was beim Übergang von den kurz- zu den längerfristigen Zielen funktioniert; überarbeiten Sie gegebenenfalls Ihre Geschichte unter Berücksichtigung dieser neuen Informationen.

Übung zur Selbst-Meisterung Nr. 39

1. *Entspannung des ganzen Gehirns.* Wie Übung 36. Konzentrieren Sie sich diesmal auf eine Geschichte über Ihre künftigen Möglichkeiten.

2. *Tagebuchschreiben aus dem ganzen Gehirn.* Widmen Sie diesen Teil der Übung ausschließlich der Niederschrift Ihrer Lebensgeschichte. Bitten Sie um konkrete Informationen darüber, wie Sie von Ihrem jetzigen zu Ihrem künftigen Potential gelangen können.

3. *Leben mit dem ganzen Gehirn.* Achten Sie auf das sinnliche Feedback, das Sie empfangen, während Sie die ersten Phasen Ihres Entwurfs in die Tat umsetzen – und in Situationen, in denen Sie sich *nicht* in diesem kreativen Fluß befinden. Versuchen Sie, sich bei jeder Tätigkeit kreativ zu fühlen beziehungsweise sich immer wieder in dieses Gefühl zurückzuversetzen.

Übung zur Selbst-Meisterung Nr. 40

Entspannen Sie sich, lesen Sie Ihre Tagebucheinträge zu diesem Kapitel noch einmal durch und fragen Sie, wie Sie sich dem kreativen Strom Ihres Lebens stärker hingeben können. Gibt es irgendwelche neuen Geschichten, die Sie niederschreiben und ausleben sollten?

Kapitel 12

Die Intuition entwickeln: Tagträume

Helen Keller beschreibt, wie sie unter der Führung ihrer Lehrerin Annie Sullivan die Sprache entdeckte (zitiert in Melanie Brown: *Attaining Personal Greatness*):

Wir gingen den Weg zum Brunnenhaus hinunter, angezogen vom Duft des Geißblatts, von dem es überwuchert war. Jemand pumpte gerade, und meine Lehrerin hielt meine Hand unter das Ausflußrohr. Während die kühle Flüssigkeit sich über die eine Hand ergoß, schrieb sie mir, erst langsam, dann schnell, das Wort »Wasser« buchstabenweise in die andere. Ich stand reglos da, meine ganze Aufmerksamkeit war auf die Bewegungen ihrer Finger gerichtet. Plötzlich spürte ich ein verschwommenes Bewußtsein, wie von etwas Vergessenem – ein Schauder wiederkehrenden Denkens, und irgendwie wurde mir das Geheimnis der Sprache offenbart. Ich wußte da, daß »w-a-s-s-e-r« dieses wundervolle kühle Etwas bedeutete, das über meine Hand rann. Dieses lebendige Wort erweckte meine Seele, schenkte ihr Licht, Hoffnung, Freude, befreite sie! Es gab immer noch Barrieren, das stimmt, doch Barrieren, die mit der Zeit hinweggefegt werden konnten. Als ich das Brunnenhaus verließ, brannte ich vor Lernbegier. Alles besaß einen Namen, und jeder Name gebar einen neuen Gedanken. Als wir wieder im Haus waren, schien jedes Ding, das ich berührte, vor Leben zu pulsieren. Das lag daran, daß ich alles mit diesen neuen Augen sah, die ich empfangen hatte.

Das Gehirn erfaßt und registriert,
speichert und ruft wieder ab
die sinnlichen Informationen
jeder besonderen Erfahrung.
Einzig der Geist kann

bis dahin unbekannte
integrale Strukturbegriffe
und verallgemeinerte Prinzipien entdecken,
die offenbar in weiten Bereichen der Erfahrung
Gültigkeit besitzen.
Und hat sie erst der Geist entdeckt,
werden die verallgemeinerten Prinzipien
zu weiteren besonderen Erfahrungen,
werden in der Datenbank des Gehirns gespeichert
und können vom Gehirn wieder abgerufen werden.
Das Gehirn aber . . . kann nur
bereits erfahrene Begriffe
ausfindig machen und verarbeiten,
und einzig der Geist kann
die unbekannten und unerwarteterweise existenten,
also un-suchbaren, un-gesuchten
verallgemeinerten Prinzipien
erkennen und einfangen.
R. Buckminster Fuller: *Intuition*

Helen Keller, die ihre körperliche Behinderung überwand
und zu einer der inspirierendsten Pädagoginnen unseres
Jahrhunderts wurde, und R. Buckminster Fuller, der große
Erfinder und Wissenschaftler, setzten ihren Geist ein, um ihr
eigenes Leben und das von Millionen anderer Menschen zu
verändern. Das »verschwommene Bewußtsein von etwas
Vergessenem«, das Frau Keller als Kind erfuhr, und die Fähigkeit des Geistes, »das Unbekannte und unerwarteterweise
Existente zu erkennen und zu erfassen«, von der Fuller
spricht, sind Beschreibungen eines unserer größten Vermögen überhaupt – der Intuition.
Zu allen Zeiten hat es einige wenige Auserwählte gegeben,
die von ihren Mitmenschen wegen ihrer besonderen Gabe
der Intuition, der Fähigkeit, das Unbekannte zu erkennen,
besonders geachtet wurden. Wir alle profitieren von ihren
schöpferischen Einsichten. Doch wie steht es mit *unseren* intuitiven Fähigkeiten? Können wir unsere Intuition dazu verwenden, unser Leben zu transformieren? Können wir lernen,
diese Fähigkeit zu steigern? Und wie können wir uns die

Früchte dieses inneren Wissens zunutze machen? Es wird Aufgabe dieses und des folgenden Kapitels sein, diese Fragen zu beantworten.

Wie Fuller schreibt, befaßt sich das Gehirn lediglich mit bereits erworbenem Wissen – es erfaßt, registriert und speichert es und ruft es bei Bedarf wieder ab. Der Geist schenkt uns neues Wissen in Form blitzartiger Intuitionen. Die »Nahtstelle« zwischen Geist und Gehirn scheint im Neocortex lokalisiert zu sein, und am leichtesten wird die Verbindung hergestellt, wenn wir uns in Theta befinden.

Thomas E. Taylor, Professor für Chemie an der A & M Universität in Texas, hat im Rahmen bestimmter Untersuchungen festgestellt, daß sich in dem Augenblick, in dem seine Versuchspersonen eine ihnen gestellte logische Aufgabe lösten, ein plötzliches Absinken ihrer Gehirnwellen auf die Thetafrequenz bemerkbar machte. Bei diesen Experimenten ging es Taylor eigentlich um die Beantwortung der Frage, wie sich ein Aufenthalt in einem sogenannten »Samadhi-Tank« auf die Lernfähigkeit des Probanden auswirkt. Wie Michael Hutchison in *The Book of Floating* schreibt, gibt es kaum eine bessere Möglichkeit, sich tief zu entspannen, als eine gewisse Zeit in einem Samadhi-Tank zu verbringen. Taylor stellte fest, daß Studenten, die sich in solchen Tanks aufhielten, mehr Zeit in Theta verbrachten und schneller und leichter lernten als die Mitglieder der Vergleichsgruppe. »Je schwieriger der Lerninhalt, desto größer ist der Leistungsunterschied zwischen den zwei Gruppen.« In seiner Besprechung von Taylors Studie schreibt Hutchison weiter: »Er entdeckte, daß im Augenblick des Begreifens, in dem alle verschiedenen Begriffe in einem einzigen Intuitionsblitz zusammengefaßt werden und das Problem schlagartig gelöst ist (Taylor spricht in diesem Zusammenhang von einem ›Klick‹, einer ›geistigen Glühbirne, die aufleuchtet‹, und bezeichnet diesen Vorgang als ›Heureka-Ereignis‹), das EEG plötzliche Veränderungen in den Gehirnwellen anzeigt. Dieser Augenblick gedanklicher Synthese, sagt Taylor, vollzieht sich im Theta-Bereich.«

Mit zunehmender Fähigkeit, willentlich den tiefen Alpha- und den Theta-Zustand zu erreichen und eine gewisse Zeit darin zu verbringen, nehmen auch unsere Kreativität und Intuition zu. Sie haben bis zu einem gewissen Grad bereits gelernt, Ihre Gehirnfrequenz in der Entspannung, beim Tagebuchschreiben und während anderer Tätigkeiten zu senken. Zwei Aktivitäten, die uns schon von sich aus in diese tieferen Frequenzbereiche versetzen, sind das Tagträumen und das »eigentliche« Träumen (mit dem wir uns im nächsten Kapitel befassen werden). Möglicherweise haben Sie schon festgestellt, daß Ihre Träume und Phantasien infolge Ihrer bisherigen Übungen an Vielfalt und Deutlichkeit gewonnen haben.

Obwohl viele unserer bedeutendsten Wissenschaftler und Künstler ihre schöpferischen Einfälle nach eigener Aussage in Augenblicken träumerischer Entspannung hatten, scheint unser Erziehungssystem diese bestimmte geistige Aktivität am liebsten ganz unterdrücken zu wollen. Vielleicht erinnern Sie sich an entsprechende Ermahnungen aus Ihrer Schulzeit: »Paß gefälligst auf! Du bist nicht zum Träumen hier!« Nach dem, was ich von vielen Kindern und Eltern höre, ist dies heute noch die bei Lehrern vorherrschende Einstellung.

Ich kann mir schon denken, warum so viele Lehrer sich weiterhin jedes Tagträumen während des Unterrichts verbitten. Solange wir *nur* träumen, setzen wir die dabei empfangenen Intuitionen nicht in die Tat um. Kinder wie Erwachsene, die sich nur an ihren Tagträumen erfreuen und ausschließlich in ihnen Erfüllung finden können, kapseln sich ab und verlieren leicht den Kontakt zu ihren Mitmenschen. Das Tagträumen aber aus Angst vor möglichen Exzessen gänzlich zu untersagen bedeutete meiner Meinung nach, das Kind mit dem Bade auszuschütten. Unser Ziel sollte nicht sein, diese kreativ-intuitive Geistestätigkeit abzuschaffen, sondern zu lernen, wie wir das Tagträumen zu einer aufregenden, erfüllenden *und* praktischen Tätigkeit machen können.

In den Übungen zu diesem Kapitel werden Sie zwei Techniken ausprobieren, die Ihnen helfen können, Ihre Phantasien voll auszunützen: Joseph Chilton Pearces »Fünf Schritte zur Entwicklung und Nutzbarmachung von Tagträumen« und Gabriele Lusser Ricos »Clustering«. In *Magical Child Matures* analysiert Pearce einen besonders folgenreichen Tagtraum, den der deutsche Chemiker August Kekulé, der »Vater der modernen Chemie«, im vorigen Jahrhundert hatte:

Kekulé . . . war von der Idee einer bis dahin unbekannten Molekularverbindung besessen. Er verfolgte diesen neuen Gedanken mit seinem typischen leidenschaftlichen Eifer. Er schöpfte alle Möglichkeiten aus; die Lösung wollte sich nicht einstellen. Eines Tages setzte er sich vor den Kamin, um auszuspannen und auf andere Gedanken zu kommen, und verfiel bald in Träumereien. Und schlagartig erschien vor seinen Augen ein Ring von Schlangen, die sich gegenseitig in den Schwanz bissen und dabei eine eigentümliche Figur beschrieben. Heureka! Das war die Lösung. Allerdings können Chemiker mit einem Ring von Schlangen, die sich gegenseitig in den Schwanz beißen, nicht allzuviel anfangen. Kekulé mußte dieses traumähnliche metaphorische Bild aus dem Tierreich erst in die Sprache der Chemie übersetzen. Damit schenkte er der Welt . . . den Benzolring, diesen sechseckigen Grundstein der Chemie des zwanzigsten Jahrhunderts. (. . .) In einer Ansprache, die er auf einem wissenschaftlichen Kongreß hielt, sagte Kekulé: »Meine Herren, wir müssen mehr träumen.« In einer Arbeit über den wissenschaftlichen Erkenntnisprozeß bezeichnet Hans Selye jede wissenschaftliche Entdeckung als eine Bewegung vom Traum in die Wirklichkeit. Die fünf Schritte des schöpferischen Aktes sind in Kekulés Fall sehr leicht zu erkennen: 1. Fassen – und Erfaßtwerden von der leidenschaftlichen Idee einer neuen Möglichkeit; 2. Zusammentragen allen zur Verwirklichung dieser Möglichkeit notwendigen Materials; 3. eine Periode stiller Organisation oder ein *Plateau*, wo alle systematischen Bemühungen vergeblich gewesen zu sein scheinen; 4. Anerkenntnis der eigenen Unfähigkeit, das Problem gedanklich zu durchdringen, und Beendigung aller Denktätigkeit, woraufhin sich die Antwort von selbst einstellt; 5. Überführung der Antwort in den öffentlichen Besitz.

Die Schritte 1 bis 4 werden Sie in Ihren Entspannungs-, Tagebuch- und Tagtraum-Übungen ausprobieren. Pearce läßt keinen Zweifel darüber aufkommen, daß es bei all diesen Anfangsschritten primär darum geht, vom *Durchdenken* zum *Fühlen* des bestimmten Vorhabens überzugehen, sich während des Tagträumens dem intuitiven Prozeß zu öffnen: »Die

Antwort kann sich nicht eher einstellen, als bis der Verstand und seine Denktätigkeit vollends versiegt sind.« Als eine Funktion des neuen Gehirns erreicht uns die Intuition erst, wenn wir den Fluß der Energie in uns fühlen, wenn wir uns unserem synchronisierten Selbst geöffnet haben. Ein »gefühlloses« Denken hemmt diesen Fluß.

Schritt 5 ist die Aktionsphase. Er kann schon nach einigen wenigen Übungen erfolgen oder aber etwas länger auf sich warten lassen. In diesem Kapitel wollen wir uns in erster Linie mit dem eigentlichen Intuitionsprozeß befassen. Sie werden mit einiger Wahrscheinlichkeit einen Geistesblitz (oder eine ganze Reihe davon) empfangen, der Ihnen in komprimierter Form zahlreiche Informationen über dieses Vorhaben und über Sie selbst vermitteln wird. Ich habe festgestellt, daß es von größter Wichtigkeit ist, sich bewußt längere Zeit und mit ganzer Kraft einem bestimmten Projekt zu widmen, wenn wir unsere Intuition entwickeln wollen. Haben wir den entsprechenden Entschluß erst gefaßt, werden wir mit Sicherheit sehr, sehr viel über das Vorhaben und über uns selbst erfahren – doch wie lange es dauern wird, können wir niemals im voraus wissen.

Das Clustering (wörtlich »Büschel, Trauben, Gruppen bilden"), das Frau Rico in *Garantiert schreiben lernen* beschreibt, ist ein »nichtlineares Brainstorming-Verfahren«, das darauf abzielt, uns einen Zugriff auf die rechte Hemisphäre zu ermöglichen. Frau Rico berichtet von ihrer ersten Erfahrung mit Clustering: »(ich) schrieb . . . das erste Wort, das mir in den Sinn kam, in die Mitte eines leeren Blattes, zog einen Kreis darum – *Gewirr* – und fügte, wie elektrisiert durch die Gedankenverbindungen, die sich in meinem Kopf um diesen Mittelpunkt herum sammelten und in alle Richtungen ausstrahlten, immer neue Einfälle, Assoziationen zu diesem einen Wort hinzu«:

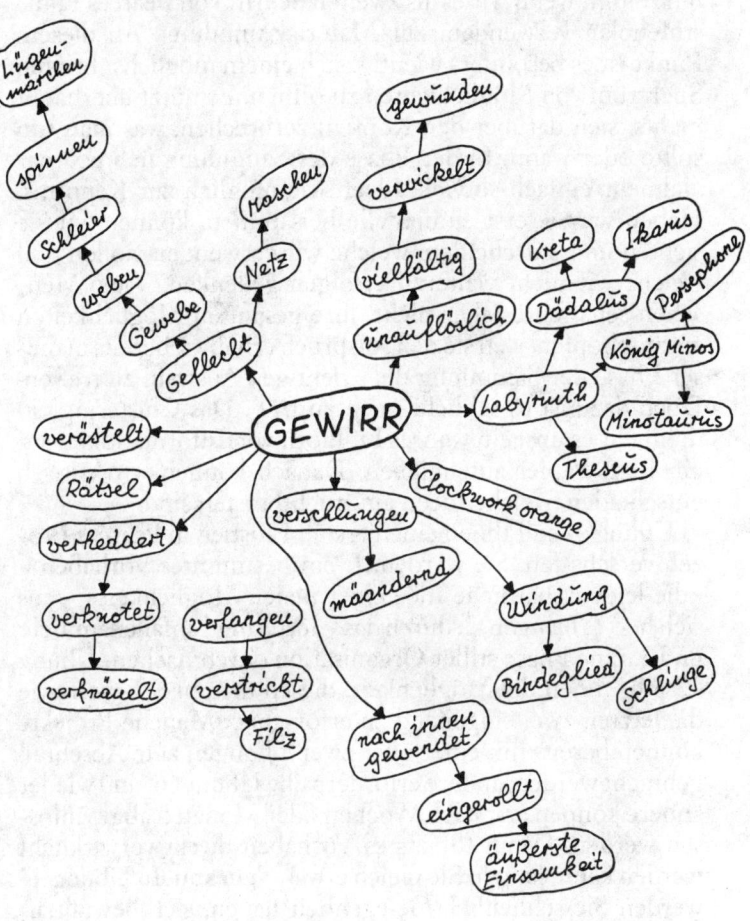

Wir danken dem Rowohlt Verlag für die freundliche Genehmigung zum Abdruck der Abbildung, die wir dem Buch *Garantiert schreiben lernen* (Abb. 1, Seite 9) von Gabriele L. Rico entnahmen.
© 1984 by Rowohlt Verlag GmbH, Reinbek.

Ich habe festgestellt, daß das Clustering dann die besten Auswirkungen auf die Entwicklung unserer intuitiven Fähigkeiten zeitigt, wenn wir es als zweiten Schritt von Pearces Fünfstufenplan verwenden; zur Materialsammlung. An diesem Punkt ist es besonders wichtig, sich einem möglichst breiten Spektrum von Möglichkeiten zu öffnen. Es nützt überhaupt nichts, sich darüber den Kopf zu zerbrechen, was man tun sollte oder wann. In der Phase der Sammlung nehmen wir vielmehr einfach so viele Ideen wie möglich zur Kenntnis. Haben wir sie erst einmal alle beisammen, können wir sie sichten und entscheiden, welche wir verwenden wollen und welche wir nicht weiterzuverfolgen gedenken. Viele Menschen schaffen es aber nicht, ihre gesamten Möglichkeiten auszuschöpfen, weil sie den Anspruch erheben, bereits in dieser Phase der Sammlung die »richtige« Auswahl zu treffen. Doch dazu ist es schlicht noch zu früh. Das Clustering ermöglicht es uns, ein wahres Füllhorn von Informationen auf ein Blatt Papier auszugießen. Danach können wir kritisch entscheiden, welche Ideen am fruchtbarsten sind.

Übung 41 soll Ihnen einen ersten Einstieg in Pearces Prozeß verschaffen. Sie werden: 1. ein bestimmtes Vorhaben – »die leidenschaftliche Idee einer neuen Möglichkeit« – aus sich hervorbringen, 2. durch das Clustering Einfälle sammeln und 3. eine Phase stiller Organisation durchmachen. Übung 42 gibt Ihnen die Möglichkeit, diesen dritten Schritt sowie die letzten zwei eingehend zu erforschen. Manche Projekte können bereits mit einer oder zwei Übungen zum Abschluß gebracht werden; andere erfordern alle Übungen, und wieder andere können erst nach Wochen oder Monaten abgeschlossen werden. Wenn Ihr erstes Vorhaben direkt verwirklicht werden kann, fangen Sie gleich etwas Neues an. In Übung 43 werden Sie schließlich Gelegenheit haben, sich bewußtzumachen, was Sie in diesem Kapitel gelernt haben.

Die Hauptsache ist, daß wir unserem synchronisierten Selbst gestatten, uns Schritt für Schritt weiterzubringen – gleichgültig, wie lange es dauert. Wir können nichts anderes tun, als diesen Weg zu verfolgen und dabei auf inneres Feedback und sinnliche Bilder zu achten. Die Intuition kann gefördert, aber nicht erzwungen werden.

In den folgenden Aufzeichnungen bedient sich ein Student

des Tagträumens, des Tagebuchschreibens und des Clustering, um einen literarischen Text hervorzubringen – die nächste größere Aufgabe, die er für meinen Kurs in Stilkunde zu bewältigen hatte:

Tagträume sind so real, wenn sie gerade stattfinden. Es ist, als streckte ich die Hand aus und packte die Ideen, die in meinem Kopf auftauchen. Wenn ich nicht gestört werde, kann ich schier endlos vor mich hin träumen. Ich träume von der Vergangenheit, der Zukunft und spinne meine gegenwärtigen Phantasien aus. Es kommt oft vor, daß meine Zukunftsträume in Erfüllung gehen.
Wenn ich so träume, fällt mir ziemlich oft meine Kindheit in einer Kleinstadt in Indiana ein. Ich verspüre das Bedürfnis, über ein Kindheitserlebnis zu schreiben. Das soll mein »literarischer Text« werden. Träume von meiner Vergangenheit werden mir in der Zukunft helfen – auch wenn ich noch nicht weiß, wie. Heute habe ich mich während der Entspannungsübung und danach auf die Wälder konzentriert, in denen ich als Kind soviel Zeit verbracht habe. Ich habe wieder gespürt, wie leicht und sorglos das Leben damals war. Ich erinnere mich an den sonderbaren Frieden, der an stillen Sommertagen in den dichten Wäldern herrschte. Ich sehe einen dunklen, feuchten Urwald, der ein Friedhof für umgestürzte Bäume war und gewaltige Moospolster und zahllose Pilze hervorbrachte. Ich höre, wie ein Windhauch durch die Kronen der Bäume streicht und die Stille unterbricht. Das Geräusch verstummt. Ich schreie nur zum Spaß laut auf, und meine Stimme versinkt ohne ein Echo in der Undurchdringlichkeit des Waldes.
Es macht mir richtig Spaß, solchen Träumen von meiner Kindheit nachzuhängen, und ich bin ganz aufgeregt bei der Vorstellung, diese Zeit meines Lebens literarisch umzusetzen. Aber es gibt so viele mögliche Erzählungen, so viele Erlebnisse, und sie sind mir noch alle vollkommen gegenwärtig. Dutzende von Geschichten gehen mir durch den Kopf, doch auf die richtige bin ich noch nicht gekommen. Ich warte darauf, daß es klick macht, auf das Aha-Erlebnis, das mir sagt: Das ist es. Ich weiß, daß es verschiedene Erfahrungen gibt, über die ich eine Erzählung schreiben

könnte, aber ohne Klick wäre es nicht richtig. Ich will es nicht erzwingen, will mich einfach nur entspannen und öffnen, aber ich habe auch eine Abgabefrist!

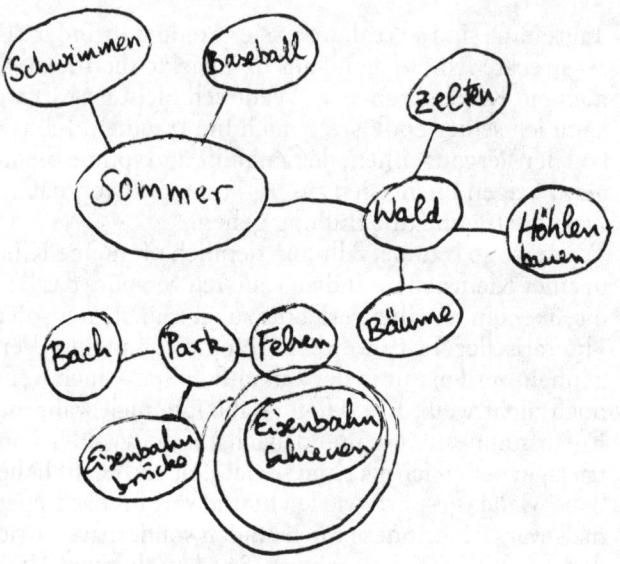

Ich wußte, daß ich darauf kommen würde, wenn ich clusterte! Während der Übung sind meine Gedanken wirklich ganz schön abgeschweift. Dann habe ich beschlossen, für jeden bestimmten Aspekt meiner Kindheit zu clustern. Ich konnte es kaum glauben, wie gut das funktionierte! Ich hatte das vage Gefühl, daß es eine Sommergeschichte werden würde, aber ich wußte nicht welche. Ich habe einfach die wichtigen Dinge des Sommers aufgeschrieben und sie mit ihren Begleiterscheinungen, mit dem was dazugehörte, umgeben, und *peng!* wußte ich, daß es die Geschichte mit den Eisenbahngleisen sein mußte. Ich hatte seit Ewigkeiten nicht mehr an dieses Erlebnis gedacht.
Während der Entspannungsübung habe ich mich auf die Geschichte mit den Gleisen konzentriert, und als ich sie in mir fühlte, habe ich geweint. Das ist damals eine ziemlich schlimme Sache für mich gewesen. Ich mußte mich zwi-

schen meinen Geschwistern und einem möglichen Eisen-
bahnunglück entscheiden. Ich war sieben. Schon damals
war mir irgendwie klar, daß wir etwas Schlimmes angerich-
tet hatten. Meine Brüder waren neun und dreizehn, und
meine Schwester war vierzehn. Wir waren alle zusammen
im Park bei der Eisenbahnstrecke. Jemand kam auf die
glänzende Idee, einen Zug entgleisen zu lassen. Es war eine
ziemlich stark befahrene Strecke. Wir fingen alle an, große
Metallgegenstände auf die Schienen zu legen, viele davon
bestimmt an die drei Meter lang. Ich bin heute noch davon
überzeugt, daß unsere Sperre durchaus gereicht hätte, um
den Zug entgleisen zu lassen. Es wurde dunkel, und wir
gingen heim. Ich hatte ein so schlechtes Gewissen und eine
solche Angst, daß ich alles meinem Vater beichtete. Er hat
dann die Sache in Ordnung gebracht. Ausformulieren
kann ich die Geschichte später. Es ist ein gutes Gefühl, sich
so an alle Einzelheiten zu erinnern.
Die Übungen sind für mich der beste Beweis dafür, daß
jeder ein solches Aha-Erlebnis haben kann, wenn er es nur
zuläßt. Ich weiß jetzt, daß ich Stoff für beliebig viele Erzählungen finden kann. Das einzige, was ich dazu brauche, ist
Tagträumen, Clustering und Tagebuchschreiben. Das
bringt alles in eine innere Ordnung und macht es anschaulich. Ich habe schon früher gelegentlich Aha-Erlebnisse
gehabt, aber es war mir nie klar, wie ich sie ganz bewußt
dem Gehirn entlocken kann. Das Tagträumen ermöglicht
es mir zu schreiben. Solche Phantasien sind sehr detailliert
und äußerst bunt. Ich kann ohne jede Schwierigkeit die
Worte *sehen*, die ich später niederschreiben werde, und dadurch wird der eigentliche Akt des Schreibens zu einer mü-
helosen, flüssigen Tätigkeit. Während ich schreibe, habe
ich die Hoffnung, dem Leser meine Visionen möglichst
anschaulich zu machen. Ich fühle, wie meine Fähigkeit,
Dinge zu beschreiben, deutlich zunimmt.

Übung zur Selbst-Meisterung Nr. 41

1. *Entspannung des ganzen Gehirns.* Wenn Sie tief entspannt
sind, bitten Sie um eine »leidenschaftliche Idee, eine neue
Möglichkeit«, die Sie im Lauf der nächsten Tage in den Ent-

spannungsübungen, in Ihrem Tagebuch und in Tagträumen erforschen möchten. Sobald Ihnen ein mögliches Vorhaben eingefallen ist, bitten Sie um ein sinnliches Bild und/oder eine sinnliche Affirmation. Stellen Sie sich vor, Sie befänden sich an Ihrem Ort des Friedens. Bitten Sie, daß alle Gedanken, Gefühle oder Überzeugungen, die Sie gegenwärtig behindern, hereingeholt werden mögen, und entlassen Sie sie. Bitten Sie darum, bei Ihrem Projekt für ein großes Spektrum von Möglichkeiten offen zu sein.

2. Clustern Sie, wenn Ihnen mehrere Gedanken oder Gefühle zu Bewußtsein kommen. Schreiben Sie alles auf, was Ihnen einfällt, kreisen Sie jedes Wort ein und verbinden Sie die Begriffe, die Sie als verwandt oder zusammengehörig empfinden, durch Linien miteinander. Machen Sie sich keine Gedanken darüber, was das Ganze zu bedeuten habe, was Sie tun oder wann Sie es tun sollten. Schreiben Sie einfach alles nieder.

3. *Tagebuchschreiben aus dem ganzen Gehirn.* Bitten Sie darum, daß Ihre sinnliche Affirmation oder Ihr sinnliches Bild Ihren Tagträumen eine Richtung geben möge. Konzentrieren Sie sich nicht in erster Linie auf Tätigkeiten (wenngleich es ohne weiteres sein kann, daß Sie etwas über bestimmte Tätigkeiten erfahren werden). Bitten Sie lieber um Informationen, die Ihnen zu mehr Offenheit gegenüber Ihrer Intuition verhelfen. Das ist die Phase inneren Wachstums, stiller Organisation. Gestatten Sie Ihren Träumen, in Ihnen heranzureifen.

4. *Leben mit dem ganzen Gehirn.* Träumen Sie! Beim Aufwachen, während Sie sich anziehen, frühstücken, Auto fahren – wann auch immer! Wenn Ihnen etwas besonders auffällt, machen Sie sich eine Notiz. Die Hauptsache ist jetzt, daß Sie Ihren natürlichen Kräften der Intuition erlauben, sich zu entfalten und Sie mit sich zu führen.

Führen Sie die folgende Übung mindestens dreimal durch und erforschen Sie dabei Ihren intuitiven Prozeß im Rahmen des Projektes, für das Sie sich entschieden haben.

Übung zur Selbst-Meisterung Nr. 42

1. *Entspannung des ganzen Gehirns.* Wie Übung 41.

2. Falls sich neue Ideen einstellen, können Sie nochmal clustern.

3. *Tagebuchschreiben aus dem ganzen Gehirn.* Machen Sie sich bewußt, was Sie bis jetzt gelernt haben und wie Ihr nächster Schritt aussehen wird. Haben Sie das Gefühl, daß Sie Ihrem Projekt noch etwas Zeit zum Wachsen oder Ausreifen lassen sollten? Achten Sie sehr genau auf Ihr inneres sinnliches Feedback, das Ihnen anzeigt, wann Sie über Ihr Projekt nachdenken und wann Sie es fühlen. Sinnliche Bilder und/oder Affirmationen zu *fühlen* bedeutet nicht das gleiche wie darüber *nachzudenken*. Das Gefühl wird Ihnen früher oder später Intuitionen zukommen lassen, während das Denken diesen Prozeß unterbindet. Fragen Sie, was Ihnen am meisten dabei helfen wird, Ihr Projekt während des Tagträumens zu fühlen.

4. *Leben mit dem ganzen Gehirn.* Behalten Sie das sinnliche Feedback Ihres Projektes, das Ihnen anzeigt, ob Sie nur darüber nachdenken oder es tatsächlich fühlen, während des Tagträumens ständig im Auge. Lassen Sie sich mit jeder neuen Wiederholung dieser Übung näher an die Intuitionen herantreiben, die alle diese Übungen und all Ihr Tagträumen zu einer Einheit zusammenfassen. Pearce nennt den fünften Schritt die »Überführung der Antwort in den öffentlichen Besitz«. Ich verstehe darunter: Folgen Sie Ihrer Intuition. Tun Sie, was immer Ihnen geeignet erscheint, um Ihre Träume Wirklichkeit werden zu lassen.

Übung zur Selbst-Meisterung Nr. 43

1. *Entspannung des ganzen Gehirns.* Wie Übung 41.

2. *Tagebuchschreiben aus dem ganzen Gehirn.* Wie werden Sie diese Informationen künftig in die Tat umsetzen? Empfinden Sie das Clustering als hilfreich? Gibt es weitere Projekte, die Sie jetzt oder in naher Zukunft in Angriff nehmen möchten? Haben Sie noch andere Möglichkeiten gefunden, tagsüber zu träumen?

3. *Leben mit dem ganzen Gehirn.* Bringen Sie Ihre Erfolge in mehr und mehr Bereiche Ihres Lebens ein.

Kapitel 13

Die Intuition entwickeln:
Nacht-Träume

Tagebücher sind eine Brücke zwischen Traum und Wachzustand, ein Raum eigener Schöpfung, wo Unterbewußtsein und Bewußtsein sich begegnen, um Informationen
auszutauschen. Durch das Tagebuch kann das träumende
Ich dem wachen Ich seine Botschaften übermitteln. Durch
das Tagebuch können Sie außerdem hellwach in Ihre Träume eintreten – und dort beobachten, Erkenntnisse sammeln und Bilder, Einsichten und schöpferische Ideen zu-
rückbringen, die Ihr Leben bereichern werden. (. . .) Träume können Ihr Schicksal offenbaren, indem sie Ihnen unbekannte Aspekte Ihrer selbst oder eine Gestalt vorführen,
die den Menschen verkörpert, zu dem Sie sich gerade entwickeln. Träume können Ihnen alles geben, was gegenwärtig in Ihrem wachen Leben fehlt: Liebe, Sex, Kamerad-
schaft, Abenteuer, Reisen oder schöpferische Freiheit. Ein
Traum kann Ihnen in ganz praktischer Hinsicht von Nutzen sein, indem er Sie etwa an eine Verabredung erinnert
oder daran, daß Sie jemand Bestimmtes anrufen müssen.
Träume können auch mögliche Lösungen persönlicher,
geschäftlicher oder wissenschaftlicher Probleme beinhal-
ten. Zu allen Zeiten haben sich Künstler von ihren Träumen inspirieren lassen und sie zu neuen Schöpfungen –
Gemälden, Erzählungen, Gedichten, Filmen, musikalischen Kompositionen – verarbeitet. Träume können alltäglichen Erfahrungen eine Aura des Außergewöhnlichen,
Geheimnisvollen verleihen und Ihnen eine Privat-Mytho-
logie schenken, die Ihr Leben bereichert. Doch das wichtigste ist vielleicht, daß Träume die ungeschminkte und
wahre Beschaffenheit Ihrer Gefühle und Intuitionen aussprechen und Sie damit zu einer vollkommen ehrlichen
Selbsteinschätzung anhalten.
Tristine Rainer: *The New Diary*

Es gab Zeiten, da ich in Tränen entschlief; doch in meinen Träumen kamen die bezauberndsten Gestalten, mich zu ermuntern, und ich wachte stets erfrischt und freudig wieder auf.
Goethe

Nächtliche Träume sind vorwiegend Thetazustände und stellen eine zuverlässige und ehrliche Quelle inneren Wissens dar. Sie offenbaren »die ungeschminkte und wahre Beschaffenheit Ihrer Gefühle und Intuitionen«. Sie ermöglichen Ihnen eine unmittelbare Erfahrung Ihres synchronisierten Selbst. Nichts hat mir im Leben so sehr geholfen, wie mich an meine Träume zu erinnern, sie in meinem Tagebuch aufzuschreiben, aus ihnen zu lernen und ihrer Weisheit zu vertrauen.

Die erste Idee zu diesem Buch kam mir vor einigen Jahren im Traum. Der Traum verriet nicht, wovon das Buch handeln sollte, noch wußte ich auf Anhieb, wann ich es schreiben würde. In den folgenden Wochen entspannte ich mich und schrieb Tagebuch, unterhielt mich mit anderen über meine Vision und träumte noch mehrmals von dem Buch, bis ich tatsächlich wußte, was sein Inhalt sein und wann ich es schreiben würde. Ich habe das Manuskript wiederholt überarbeitet und dabei Anregungen und Kommentare meiner Studenten und Klienten eingearbeitet. Ohne diese Träume hätte ich jedoch wohl kaum erkannt, daß ich jetzt die Bereitschaft und Fähigkeit hatte, dieses Buch in Angriff zu nehmen.

Die moderne Traumforschung hat uns viele neue Einsichten geschenkt. Wir wissen beispielsweise, daß wir alle jede Nacht mehrere Male träumen und daß Träume für uns nicht minder lebenswichtig sind als Nahrung, Wasser und ein Dach über dem Kopf. Wenn man schlafenden Versuchspersonen kleine Elektroschocks verabreicht, die stark genug sind, um sie am Träumen zu hindern, aber zu schwach, um sie aufzuwecken, stellen sich bei ihnen schon nach wenigen Tagen Halluzinationen ein.

Alpträume unterscheiden sich insofern von den meisten anderen Träumen, als in ihnen ein Übergang vom Theta- in den Betazustand stattfindet. Ich vermute, daß wir dann Alpträume haben, wenn wir außerstande sind, die Informationen eines »normalen« Traumes im Schlaf zu verarbeiten. Wie Tristine Rainer schreibt, halten Träume uns zu einer vollkommen ehrlichen Selbsteinschätzung an. Alpträume stellen wahrscheinlich eine Reaktion auf eine gelegentliche »Überdosis« Ehrlichkeit dar.

Die meisten Menschen vergessen, was sie geträumt haben. Glücklicherweise können wir einiges unternehmen, um unsere Träume besser zu behalten: direkt vor dem Einschlafen eine Übung zur Entspannung des ganzen Gehirns durchführen, stets Schreibmaterial neben dem Bett bereithalten, direkt nach dem Aufwachen oder während der morgendlichen Entspannungs- und Tagebuchübung bitten, uns an die Träume der vergangenen Nacht zu erinnern. In diesem Kapitel werden Sie Gelegenheit haben, diese und weitere Methoden kennenzulernen und zu üben. Sie können sich an Ihre Träume erinnern, wenn Sie den Willen dazu haben, beharrlich sind und sich trotzdem nicht allzusehr bemühen.

Ich habe es immer dann nicht geschafft, mir meine Träume ins Gedächtnis zurückzurufen, wenn ich mich vor ihnen fürchtete oder wenn ich versuchte, mich dazu zu zwingen. Träume sind wie die tiefen Alpha- und Thetazustände, die wir in den Entspannungsübungen erleben. Um uns an sie zu erinnern, müssen wir ein Gleichgewicht zwischen Wollen und Zulassen erzielen – ein behutsames Begehren.

Träume liefern uns zuverlässige Informationen darüber, was sich gegenwärtig in unserem Leben ereignet, und machen uns namentlich auf Dinge aufmerksam, die für den kommenden Tag von Belang sein werden. Ob ich mich an meine Träume erinnere oder nicht – während meiner morgendlichen Entspannungs- und Tagebuchübung bitte ich stets darum, die Botschaften zu erfahren, die sie für mich bereithalten. Wenn ich mich an einen oder mehrere Träume erinnere, schreibe ich sie in der Gegenwartsform auf, bitte darum, sie vollkommen zu fühlen und offen zu sein für die alltagsbezogenen Intuitionen, die sie enthalten. Wenn ich sie dagegen nach dem Aufwachen vergessen habe, bitte ich darum, mich an sie zu erinnern oder sie in mir zu fühlen. Je besser es mir gelingt, meine Gehirnwellen auf Thetafrequenz zu bringen, desto deutlicher kann ich erkennen, was die Träume, die ja selbst Thetazustände sind, mir zu sagen haben.

Wir können unsere Träume auf zweierlei Arten erfahren: als Klarträume, was bedeutet, daß wir während des Träumens wach und bewußt sind, oder als »normale« Träume, in denen wir so stark in den Illusionen, die unser Geist produziert, verstrickt bleiben, daß wir sie für die Wirklichkeit halten. Nur relativ wenige Menschen haben Klarträume, wissen überhaupt, was das ist. Grundsätzlich ist dieses Phänomen schon seit langem bekannt, doch ist es erst in letzter Zeit zum Gegenstand wissenschaftlicher Untersuchung geworden. Der wichtigste Forscher auf dem Gebiet des Klarträumens ist Stephen LaBerge vom Schlafforschungszentrum der Stanford University.

Wie Robert Ornstein in seinem Vorwort zu LaBerges Werk *Hellwach im Traum* schreibt,

. . . hat Stephen LaBerge etwas Ungewöhnliches geleistet: Er hat gezeigt, daß etwas, das man bislang für bewußtseinsmäßig unmöglich gehalten hatte, sehr wohl möglich ist. Er hat wissenschaftlich nachgewiesen, daß der Mensch sich im Schlaf, und ohne dabei seine Traum-Aktivität zu unterbrechen, seines Träumens bewußt sein kann. (. . .) LaBerges Ergebnis ist insofern bedeutsam, als es wieder einmal zeigt, daß die Möglichkeiten des menschlichen Bewußtseins größer sind, als wir bislang geglaubt hatten.

Wie Ornstein richtig sagt, können wir, sobald wir wissen, daß Klarträumen *überhaupt* möglich ist, auch selbst daran gehen, die Barriere zu überwinden, die uns daran hindert, ein Bewußtsein von unserem Träumen zu haben. Genauso hat es ausgereicht, daß ein einziger Sportler die Meile in vier Minuten schaffte, damit andere Läufer die Vorstellung überwanden, eine solche Zeit sei nicht menschenmöglich, und dieselbe Leistung erbrachten.

Ein konkretes Beispiel kann uns wahrscheinlich am besten veranschaulichen, was Klarträumen eigentlich ist. Zu Beginn seines Buches beschreibt LaBerge folgenden Klartraum:

Ich ging durch eine hohe, gewölbte Galerie, tief im Herzen

einer mächtigen Zitadelle, und hielt inne, um die herrliche Architektur zu bewundern. Die Anschauung dieser majestätischen Umgebung rief in mir irgendwie die Erkenntnis hervor, daß ich träumte!

Im Lichte meines hellwachen Bewußtseins nahm die schon von sich aus eindrucksvolle Großartigkeit des Bauwerkes schier überwältigende Dimensionen an, und ich machte mich begeistert daran, die imaginäre Wirklichkeit meines »Luftschlosses« zu erkunden.

Als ich durch die langgestreckte Halle ging, konnte ich die kalte Härte der Steinplatten unter meinen Füßen spüren, das Echo meiner Schritte hören. Jede Einzelheit dieses bezaubernden Schauspiels schien real zu sein – und das, obwohl ich mir gleichzeitig vollkommen dessen bewußt blieb, daß alles ein Traum war! So phantastisch es auch klingen mag: ich träumte, schlief tief und fest und war dabei im vollen Besitze aller geistigen Fähigkeiten des Wachzustands – konnte vollkommen klar denken, mich beliebig an Einzelheiten meines wirklichen Lebens erinnern und willentlich und planmäßig handeln. Und nichts davon schwächte die charakteristische Lebendigkeit und Farbigkeit des Traums in irgendeiner Weise ab. Paradox oder nicht: ich war im Traum wach!

Als ich an eine Stelle des Schlosses gelangte, wo zwei Gänge abzweigten, beschloß ich, den rechten einzuschlagen, und erreichte kurz darauf eine breite Treppe. Neugierig, wohin sie wohl führen würde, stieg ich hinab. Die Treppe mündete in ein ungeheures unterirdisches Gewölbe. Nach der letzten Stufe, auf der ich stand, fiel der Boden der Höhle steil ab und verschwand in der Ferne im Dunkeln. Mehrere Hundert Meter unter mir konnte ich etwas erkennen, das wie ein von Marmorstatuen umgebener Brunnen aussah. Die Vorstellung, in diesen symbolisch verjüngenden Wassern zu baden, gefiel mir, und ich machte mich sofort an den Abstieg. Nicht zu Fuß allerdings: wenn ich in meinen Träumen irgendwohin will, dann fliege ich. Kaum war ich neben dem Becken gelandet, entdeckte ich zu meinem Entsetzen, daß das, was von oben wie eine leblose Statue ausgesehen hatte, nun äußerst lebendig zu sein schien. Hoch über dem Brunnen erhob sich ein riesiger und furchteinflößender Geist – der Hüter der Quelle, wie ich unerklärlicherweise sofort wußte. All meine Instinkte schrien: »Flieh!« Doch da erinnerte ich mich, daß dieser grauenerregende Anblick nur ein Traum war. Dieser Gedanke schenkte mir frischen Mut, ich vergaß meine Angst und flog nicht davon, sondern geradewegs auf die Erscheinung zu. Doch kaum hatte ich den Geist erreicht, waren wir auf charakteristische Traum-Weise *gleich groß* geworden, so daß ich ihm mühelos in die Augen schauen konnte. Da ich erkannte, daß sein furchterregendes Äußeres nur ein Produkt meiner Angst gewesen war, entschloß ich mich, das, was ich noch vor einem Augenblick von mir hatte weisen wollen, mit offenen Armen und offenen Herzens anzunehmen, und ergriff seine Hände. Als der Traum allmählich verblaßte, schien die Macht des Geistes in mich einzufließen, und ich erwachte voll lebensprühender Energie. Ich fühlte mich zu allem bereit.

Vielleicht ist Ihnen aufgefallen, wie sehr die Weise, in der La-Berge sich seinen Geist zu eigen machte, den Methoden ähnelt, die Sie schon wiederholt angewandt haben, um Ihre Projektionen und anderen einengenden Überzeugungen in sich aufzunehmen. Als ich *Hellwach im Traum* zum ersten Mal las, verwendete ich diese Techniken schon seit geraumer Zeit; und die Ähnlichkeit fiel mir gleich ins Auge. Nicht nur das: Seitdem ich an der Entwicklung der in diesem Buch beschriebenen Entspannungs- und Tagebuchübungen arbeitete, hatte ich immer häufiger Klarträume.

Die Ähnlichkeit hängt damit zusammen, daß wir sowohl beim Klarträumen als auch bei der Entspannung des ganzen Gehirns auf unser intuitiv-kreatives Potential zugreifen. La-Berge macht uns in einem Zitat aus Elmer und Alyce Greens *Beyond Biofeedback* auf diese Parallele aufmerksam:

Das Tor, der Schlüssel zu all diesen inneren Vorgängen (ist) ein besonderer Bewußtseinszustand, in dem die Kluft zwischen bewußten und unbewußten Prozessen willentlich geschmälert und gegebenenfalls vorübergehend geschlossen wird. Wenn dieser selbstregulierte Halbtraumzustand erst einmal erreicht ist, kann der Körper anscheinend ganz nach Belieben programmiert werden, und alle Instruktionen werden befolgt; emotionale Zustände können objektiv betrachtet und akzeptiert, abgelehnt oder durch andere ersetzt werden, die im Augenblick nützlicher erscheinen; für das normale Bewußtsein unüberwindliche Probleme können elegant und mühelos gelöst werden.

Der von den Greens gebrauchte Terminus »selbstregulierter Halbtraumzustand« entspricht meiner »Entspannung des ganzen Gehirns«, und zwar namentlich im Thetabereich. Ziel meines Buches ist, die Kluft zwischen Bewußtsein und verschiedenen unbewußten Zuständen zu überbrücken. Indem wir lernen, willentlich niedere Gehirnwellenfrequenzen zu erreichen, werden wir uns ansonsten unbewußter Zustände bewußt. Dann können wir unser Denken und Fühlen, ja sogar die Funktionsweise unseres Körpers umstrukturieren.

Klarheit – beim Träumen wie in den verschiedenen Wachzuständen – ist ein wichtiger Aspekt der Selbst-Meisterung. In diesem Zusammenhang bedeutet »Klarheit«, sich bewußt zu sein, daß wir für unsere Wahrnehmungen verantwortlich sind – so wie LaBerge wußte, daß es einzig von seiner Entscheidung abhing, ob er sich vor seinem Geist fürchten oder ihn umarmen und transformieren würde. »Klarleben« bedeutet, sich bewußt zu sein, daß Sie im Wachen Ihre inneren und äußeren Wahrnehmungen verändern können, indem Sie Ihre Gehirnwellen verändern. Die Erfahrung des Klarträumens kann sich ebenso positiv auf Ihr »Klarleben« auswirken wie die des »Klarlebens« auf das Klarträumen.

Klarträume haben mit normalen Träumen eines gemeinsam: Wir können sie nicht *willentlich* hervorrufen. Wir können allerdings Bedingungen schaffen, die sie möglich machen. Genau das wollen wir in diesem Kapitel tun. Der Zweck aller Übungen wird sein, Ihre Fähigkeit zu steigern, sich an Klar- und andere Träume zu erinnern.

In diesem Kapitel werde ich Sie bitten, jeden Abend direkt vor dem Einschlafen und jeden Morgen, sobald Sie aufgewacht sind, eine Entspannungsübung durchzuführen. Die Abendübung, die normalerweise kein Tagebuchschreiben einschließt, dient dazu, Ihre *Absicht auszurichten*: Sie nehmen sich vor, klarzuträumen, unmittelbar nach jedem Traum aufzuwachen und ihn aufzuschreiben – oder sich ein Schlüsselwort zu merken, mit dessen Hilfe Sie sich am Morgen an den Traum erinnern können. Die morgendliche Entspannungs- und Tagebuchsitzung dient dazu, herauszufinden, was die Träume der Nacht Ihnen für den neuen Tag zu bieten haben.

In Übung 44 werden Sie Ihre bisherigen Erfahrungen mit Träumen erforschen und diesen neuen Prozeß in Gang setzen. Übung 45 wird Ihnen zweierlei ermöglichen: 1. aus Ihren Traumzuständen zu lernen – ob Sie sich nun an die Träume selbst erinnern können oder auch nicht – und 2. Ihr »Klarleben« zu entwickeln, indem Sie lernen, das Gefühl des Klarträumens in den Wachzustand herüberzuholen. In Übung 46 schließlich werden Sie sich vergegenwärtigen, was Sie in diesem Kapitel gelernt haben.

Der folgende Eintrag zeigt, wie eine Studentin aus einem ihrer Träume lernt:

Ich packe zu Hause all meine Sachen zusammen. Ich lade alles ins Auto und fahre zu Toms Konditorei, wo ich jobbe. Ich gehe hinein und die Treppe hoch und bin auf einmal im ersten Stock der Uni-Bibliothek. Das ist mein Arbeitsplatz, der Ort, wo ich immer studiere, und meine neue Wohnung. Ich bin sehr stolz, daß ich eine Bleibe gefunden habe, die so nah bei der Bibliothek und bei meiner Arbeitsstelle ist. Ich verbringe die meiste Zeit des Tages an diesen zwei Orten. Mein Zimmer ist toll – sehr modern und komfortabel. Ich beschließe, runterzugehen und ein bißchen mit den Bäckern zu plaudern. Sam und Judy (meine Vorgesetzten) und mein Freund Mark sind da, und wir fangen eine wahnsinnige Wasser-und-Mehl-Schlacht an. Ich bin sehr froh darüber, weil ich in letzter Zeit einen solchen Haß auf Sam und Judy gehabt habe, und jetzt gebe ich ihnen wirklich Saures.

Beim Aufwachen heute morgen meinte ich, überall den Mehlkleister zu fühlen. Das schönste an meinen Träumen ist, daß sie mir wirklich meine Gefühle zeigen. An diesem letzten Traum erkenne ich, wie sehr ich eine eigene Wohnung will, und ich werde auch bald eine finden. Ich habe wirklich keine Lust mehr, bei meinen Eltern zu wohnen. Es ist mir auch klarer geworden, was mich an meinem Job alles stört. Sam ist ein fauler Sack und läßt Mark die ganze Arbeit machen. Judy führt sich auf wie der Herrgott höchstpersönlich – *sie* ist nie an etwas schuld. Ich hatte keine blasse Ahnung, wie wütend ich auf die beiden war! Ich will die Projektionsübung machen, um diese Gefühle noch mehr loszulassen. Ich möchte auf niemanden wütend sein.

Übung zur Selbst-Meisterung Nr. 44

1. *Entspannung des ganzen Gehirns.* Sobald Sie Ihren Ort des Friedens erreicht haben, bitten Sie darum, sich aller inneren Sperren bewußt zu werden, die Sie daran hindern, klar- oder »normal« zu träumen. Ziehen Sie diese Barrieren in den Frieden, den Sie fühlen, hinein und lassen Sie sie dann los. Bitten Sie darum, sich an einen (Klar-)Traum zu erinnern und eine sinnliche Affirmation oder ein sinnliches Bild daraus oder aus einem anderen Traum zu empfangen.

2. *Tagebuchschreiben aus dem ganzen Gehirn.* Erforschen Sie Ihre Erfahrungen mit Träumen. Wenn Sie sich an einen bestimmten Traum erinnern können, schreiben Sie ihn im Präsens auf. Haben Sie schon mal Klarträume gehabt? Haben Sie sich zu irgendeiner Zeit Ihres Lebens mühelos an Ihre Träume erinnern können? Wenn ja, wie würden Sie diese Zeit(en) charakterisieren? Hat es andererseits Zeiten gegeben, in denen Sie »unklar« träumten und/oder sich Ihrer Träume überhaupt nicht entsinnen konnten? Wie ist es gegenwärtig? Wie oft haben Sie »normale« Träume und wie oft Klarträume? Inwiefern sperren Sie sich gegen das eine oder das andere? Wie können Sie diese Sperren akzeptieren und loslassen? Bitten Sie, während Sie Tagebuch schreiben, um Ihre sinnliche Affirmation und/oder Ihr sinnliches Bild.

3. *Leben mit dem ganzen Gehirn.* Führen Sie direkt vor dem Einschlafen eine Entspannungsübung durch und bitten Sie, sich am nächsten Morgen an Ihre Träume zu erinnern. Nach LaBerge sind die zwei Schlüssel zum Klarträumen Motivation und die Fähigkeit, sich an seine Träume zu erinnern. Machen Sie sich während Ihrer abendlichen Übung bewußt, wie sehr Sie träumen möchten, und nehmen Sie sich fest vor, dabei »klar« zu sein und Ihre Träume zu behalten. Manche Menschen finden es am hilfreichsten, schon in der Nacht ihre

Träume aufzuschreiben, während andere nur ganz kurz aufwachen, um sich ein Schlüsselwort ins Gedächtnis zurückzurufen oder es zu notieren. Ich würde Ihnen vorschlagen, wenigstens in der Anfangszeit den vollständigen Traum (im Präsens) aufzuschreiben; doch sehen Sie selbst, was bei Ihnen die besten Erfolge zeitigt. Welchen Weg Sie auch wählen, sollten Sie sich auf jeden Fall, sobald Sie nach dem Traum aufwachen, die Frage stellen: »Wovon habe ich geträumt?« Ich persönlich stehe immer gern wenigstens für ein paar Minuten auf, weil etwas körperliche Bewegung (etwa in die Küche gehen und ein Glas Wasser trinken) mir die Vergegenwärtigung des Traums beträchtlich erleichtert.

Es gibt mehrere »Tricks«, um sich während des Träumens der Tatsache bewußt zu werden, *daß* man träumt. Ich bevorzuge die folgende Methode: Während der abendlichen Entspannungsübung wiederhole ich immer wieder den Satz »ich träume«, bis ich einschlafe, und ebenso am Morgen, sobald ich aufgewacht bin. Nach einiger Übung ist dieser Satz in meinen Traum gerutscht, und so konnte ich erkennen, daß ich träumte. Eine andere Methode, die sich bei vielen Menschen als sehr hilfreich erwiesen hat, besteht darin, sich am Abend fest vorzunehmen, während des Träumens auf alles Außergewöhnliche oder »Widernatürliche« zu achten, um daran zu erkennen, daß man in einem Traum ist. In meinen Träumen spielen sich beispielsweise alle Unterhaltungen auf telepathischem Wege ab. Da andererseits meine Gespräche im Wachen größtenteils verbal ablaufen, kann ich an dieser Anomalie erkennen, daß ich gerade träume, und »wache« daraufhin im Schlafe »auf«. Wenn Sie das Bedürfnis verspüren, noch weitere Methoden auszuprobieren, empfehle ich Ihnen die Lektüre von LaBerges *Hellwach im Traum.*

Die nächste Übung sollten Sie morgens so früh wie möglich durchführen.

Übung zur Selbst-Meisterung Nr. 45

1. *Entspannung des ganzen Gehirns.* Konzentrieren Sie sich dabei auf das Gefühl, das die Träume der vergangenen Nacht bei Ihnen hinterlassen haben, – gleichgültig, ob Sie sich an sie erinnern können oder nicht. Wenn Sie während der Nacht

einen Traum aufgeschrieben haben, lesen Sie erst Ihre Aufzeichnungen durch, bevor Sie mit der Entspannungsübung beginnen.

2. *Tagebuchschreiben aus dem ganzen Gehirn.* Wenn Sie sich an Ihre Träume erinnern können und sie noch nicht aufgezeichnet haben, beginnen Sie damit. Schreiben Sie den Traum oder die Träume der vergangenen Nacht im Präsens auf. An diesem Punkt fallen mir meist noch Einzelheiten ein, die ich nachts nicht mehr gewußt hatte. Achten Sie darauf, daß Sie wirklich alles aufschreiben, was Ihnen jetzt einfällt.

Bitten Sie jetzt – gleichgültig, ob Sie sich an etwas erinnern können – um alle Informationen aus Ihren Träumen, die Ihnen heute helfen werden, Ihr volles Potential auszuschöpfen. Sollte Ihnen etwas unklar erscheinen, bitten Sie um detailliertere Informationen. Achten Sie auf das Feedback der Traumzustände und auf das der Entspannungsübung.

3. *Leben mit dem ganzen Gehirn.* Vergegenwärtigen Sie sich das sinnliche Feedback, das Sie während des Träumens und in der Entspannungsübung empfangen haben. Erziehen Sie sich dazu, alles, was Sie wahrnehmen, als irgendwie »traumähnlich« zu empfinden. Verwenden Sie so oft wie möglich Minis und/oder sinnliche Bilder und Affirmationen, um die Frequenz Ihrer Gehirnwellen zu senken, damit Sie einen Blick für Ihre jeweils unterschiedliche Wahrnehmung der Welt bekommen. Dabei könnte sich der Satz, den ich Ihnen schon weiter oben vorgeschlagen habe (»Ich träume«), als nützlich erweisen.

Übung zur Selbst-Meisterung Nr. 46

1. *Entspannung des ganzen Gehirns.* Vergegenwärtigen Sie sich, was Sie in diesem Kapitel gelernt haben.

2. *Tagebuchschreiben aus dem ganzen Gehirn.* Was ist Ihnen besonders gut gelungen? In welchen Bereichen haben Sie das Gefühl, daß Sie noch Fortschritte machen könnten? Was haben Sie Neues gelernt?

3. *Leben mit dem ganzen Gehirn.* Benutzen Sie, was Sie gelernt haben, um in allen Bereichen Ihres Lebens eine größere »Klarheit« zu erzielen.

Vierter Teil

Synchronizität des ganzen Gehirns
mit der ganzen Welt

Kapitel 14

Synchronizität mit Familie und Freunden

Das in der Familie bestehende Netzwerk von Gefühlen, Bildern und Energie . . . ist ein hochwirksames System, das wir »familiäres Unbewußtes« nennen. Dieses Gewebe berührt und umhüllt uns Tag und Nacht, und seine Energie übt einen wesentlichen Einfluß auf unser persönliches Leben aus. (. . .) Das familiäre Unbewußte enthält die allen Mitgliedern unserer Familie *gemeinsamen* Bilder, Erfahrungen und Rollen. Es bildet ein gemeinsames emotionales Feld und Substrat des Bewußtseins. Diese gemeinsamen Bilder und Affekte sind *aktiv*, *intensiv* und *unmittelbar*.
E. Bruce Taub-Bynum: *The Family Unconscious*

Die Herrlichkeit der Freundschaft ist nicht die ausgestreckte Hand noch das gütige Lächeln noch die Freude der Gemeinschaft. Es ist die hohe Begeisterung, die jemanden erfüllt, wenn er entdeckt, daß jemand anders ihm glaubt und willens ist, ihm zu vertrauen.
Ralph Waldo Emerson

Im zweiten und dritten Teil dieses Buches haben Sie Ihre Möglichkeiten erforscht, mittels Herz und Geist die drei Hauptteile Ihres Gehirns umzustrukturieren. Sie haben also gelernt, wie Sie sich von innen heraus verändern können. Die Projektionsübungen etwa haben wahrscheinlich Ihr Verhältnis zu anderen Menschen positiv beeinflußt, doch Ihr eigentliches Ziel dabei war die Entfaltung Ihres persönlichen Potentials.

In diesem letzten Teil des Buches werden Sie Ihr Augenmerk darauf richten, sich mit anderen Menschen, mit Ihrer ganzen Umgebung zu synchronisieren: mit Familienmitgliedern und Freunden, mit Arbeitskollegen, mit der ganzen Welt. Sie werden mit Ihrem engsten Kreis beginnen, weil er die Grundlage dafür bildet, wie Sie mit Ihrer ganzen Welt interagieren. Sie werden Ihre Aufmerksamkeit jedoch bis zu den größtmöglichen Gemeinschaften überhaupt ausdehnen – der Menschheit, der Erde, dem Kosmos –, weil unsere Beziehungen zu ihnen sich auch auf unser Zusammenleben mit Familie und Freunden auswirken.

Wir erweitern somit unseren Begriff der Selbst-Meisterung und verstehen jetzt darunter den Prozeß unserer individuellen Transformation *und zugleich* der Transformation unserer Wechselbeziehungen mit allem und jedem in unserer Umwelt. Zugegeben, das ist ganz schön viel verlangt; doch was könnten wir sonst mit unserem Leben anfangen? Ich glaube, das Streben nach individueller und kollektiver Harmonie ist ein wesentlicher Aspekt unseres Menschseins.

Die Annäherung an diese Harmonie vollzieht sich nach meiner Erfahrung am besten in drei Schritten:

1. *Das synchronisierte Selbst fühlen, erkennen und sein.*
Diesen Schritt haben Sie in den ersten drei Teilen dieses Buches eingeübt. Entspannung des ganzen Gehirns bedeutet, das synchronisierte Selbst zu fühlen; Tagebuchschreiben aus dem ganzen Gehirn bedeutet, das synchronisierte Selbst zu erkennen; und Leben mit dem ganzen Gehirn bedeutet, das synchronisierte Selbst zu sein. Natürlich *fühlen*, *erkennen* und *sind* wir immer, gleichgültig, was wir dabei tun; doch nur durch die Synchronisierung des ganzen Gehirns erlangen wir die Fähigkeit, *das synchronisierte Selbst* zu fühlen, zu erkennen und zu sein.

2. *Das synchronisierte Potential von Gegebenheiten,*
    die über das persönliche Selbst hinausgehen, fühlen,
    es erkennen und ihm dienen.
Der Mensch ist ein Gesellschaftswesen. Wir fühlen uns isoliert und allein, wenn wir keine Gruppen und materiellen Gegebenheiten, die über unsere begrenzte Person hinausgehen, empfinden und erkennen und wenn wir keinen solchen übergeordneten Wirklichkeiten dienen. Unsere Verbundenheit wird durch den einzigartigen Beitrag bedingt, den wir anderen leisten.

Theoretisch wissen wir alle, daß »kein Mensch eine Insel

ist« (John Donne), doch solange wir diese Tatsache nicht fühlen und erkennen, solange wir uns in unserem Handeln nicht von unseren essentiellen äußeren Beziehungen leiten lassen, wird dieses intellektuelle Wissen in uns nicht zum Leben erwachen. Was uns in unsere Gruppe einbindet, ist das Dienen – die Grundlage zahlreicher religiöser und philosophischer Systeme. Die transformierende Wirkung des Dienstes am Nächsten ist mir nicht nur aus eigener Erfahrung bekannt – sie wird auch von der modernen Gehirnforschung bestätigt:

> Untersuchungen haben gezeigt, daß Menschen, deren Beruf oder allgemeine Lebensführung eine häufige Unterstützung in engem Kontakt zu ihnen stehender Personen bedingt, während der Hilfeleistung ein Gefühl der Anregung erfahren, gefolgt von einer Empfindung tieferer Ruhe. (. . .) »Wir können jetzt mit Bestimmtheit sagen, daß die Endorphine (körpereigene, morphinähnliche Wirkungen zeitigende Substanzen) eine wichtige Rolle bei der Erzeugung eines sogenannten ›altruistischen Verhaltens‹ spielen«, sagt Jaak Panksepp, Psychologe an der *Bowling Green State University* (Ohio) und einer der führenden Forscher auf diesem Gebiet (Luks und Barbato).

Die meisten von uns kennen solche natürlichen Rauschzustände, wie sie bei körperlichen Höchstleistungen, beim Liebesakt, während der Entspannung oder durch Musik, Kunst und Literatur auftreten können. Dieselben Endorphine, die in all diesen Fällen von unserem Mittelhirn freigesetzt werden und vorübergehend unser ganzes Leben verändern, werden auch dann wirksam, wenn wir anderen helfen.

Altruismus ist dann töricht, wenn wir glauben, wir würden *nur* anderen helfen, denn die Gehirnforschung zeigt, daß wir damit gleichzeitig auch uns etwas Gutes tun. Und warum auch nicht? Ist es so schlimm, den Dienst am Nächsten intensiv zu genießen? Unser Gehirn findet: nein! Dienen ist eine natürliche Form der Synchronizität in uns selbst und mit anderen.

Wir alle kennen dieses Gefühl des Synchronseins mit anderen, mit der ganzen Welt: ob bei einem intensiven sportlichen oder sonstigen Gruppenerlebnis, im Kreise einer harmonisch vereinten Familie, als Angehöriger einer Nation, die ihre höchsten Ideale gefunden hat und im Begriff ist, sie zu verwirklichen, oder auch in vollkommen einsamen Augenblicken, da wir im Angesicht des unendlichen Ozeans stehen und die Wellen in uns spüren oder den nächtlichen Himmel bestaunen und alle Sterne in unserem innersten Herzen singen. In der Regel aber ließen wir es zu, daß diese Erfahrungen bald aus unserem Gedächtnis entschwanden. Wir beugten uns der in unserer Kultur gängigen Auffassung, solche Einheitsgefühle seien nur Wunschtraum und Schwärmerei; die Realität jedoch sei Vereinzelung, Streß, Angst, nur kurzzeitig unterbrochen von Augenblicken des Friedens und der Harmonie.

Im Zentrum jeder Gruppe, jeder Realität in uns und um uns ruht ein synchronisiertes Potential. Wir können dieses Potential fühlen und erkennen, und wir können ihm dienen. Dadurch verändern wir unser Leben und – potentiell – auch unsere Gruppe.

In Kapitel 3 habe ich von meinen Schwierigkeiten und meiner letztendlichen Synchronisierung mit meinem Kollegen Otto berichtet. Diese Herstellung einer Verbindung ermöglichte es uns, immer harmonischer miteinander zusammenzuarbeiten. Ein paar Jahre, nachdem wir die Streitaxt begraben hatten, nahmen wir beide an einer Fakultätssitzung teil. Einziger Tagesordnungspunkt war die Frage, ob unser Fachbereich ein neues interdisziplinäres Programm anbieten sollte. Während mehrere Dozenten über ähnliche Projekte an anderen Universitäten des Landes referierten, führte ich eine kurze Entspannungsübung durch, richtete meine Aufmerksamkeit auf mein synchronisiertes Selbst, stimmte mich in das synchronisierte Potential dieser Gruppe ein und entwarf ein Programm, das nach meinem besten Wissen diese Synchronizität zum Ausdruck bringen würde.

Als ich fertig war, schaute ich auf und sah, wie Otto mir über den Tisch hinweg zulächelte. Da keine Referate mehr kamen, fragte der Vorsitzende, ob jemand irgendwelche Vorschläge wegen dieses neuen Programms hätte. Otto, der sich sonst fast nie schon zu Beginn einer Sitzung zu Wort meldete, sprach fast wortwörtlich aus, was ich eben erst aufgeschrieben hatte. Binnen weniger Minuten hatte das Plenum den Vorschlag einstimmig angenommen – ein in meiner ganzen akademischen Laufbahn absolut einmaliges Ereignis!

Als wir den Raum verließen, fragte ich Otto, warum er mich angelächelt und wie er es (entgegen seiner Angewohnheit) geschafft hatte, kaum nach Eröffnung der Sitzung mit einem so überzeugenden Vorschlag aufzuwarten. Er sagte, er habe sich mir in dem Augenblick besonders stark verbunden gefühlt – und da sei ihm der Plan einfach so, ganz ohne nachzudenken, eingefallen. Ich erzählte ihm, daß ich ebendiesen Vorschlag gerade aufgeschrieben hatte. Er lachte, und wir fühlten uns inniger verbunden denn je.

3. *Sich immer wieder dem Augenblick der Verschmelzung von synchronisiertem Selbst und synchronisiertem Potential dieser größeren Realitäten öffnen.*

Wir können selbst entscheiden, was für uns real ist: Synchronizität oder Disharmonie. Wie Goethe sagte: »Was wir in uns fördern, gedeiht; das ist ewiges Naturgesetz.« Fördern wir in uns den Glauben, wir seien grundsätzlich vereinzelt und allein, so ist dies unsere Realität. Fördern wir unseren Glauben an die Verschmelzung mit anderen Menschen, so ist dies für uns wirklich.

Soweit ich die Funktionsweise des Gehirns begreife, ist es unvermeidlich, daß wir zuweilen Perioden der Disharmonie in uns selbst und mit anderen erleben. Ebenso unvermeidlich sind Perioden der Synchronizität. Selbst-Meisterung bedeutet, die Synchronizität zu fördern.

Sie erinnern sich vielleicht noch an die Studentin, der die Suche nach einem neuen Job den ganzen Tag zu vermiesen drohte. Alles ging schief, bis sie den Entschluß faßte, sich vor ihrem letzten Versuch zu synchronisieren, und tatsächlich die angebotene Stelle bekam. Sie beschloß, ein Muster zu durchbrechen: das »Heute-ist-ein-mieser-Tag-und-deshalb-läuft-alles-schief«. Sie hatte ein paar Monate vorher einen Nervenzusammenbruch erlitten. Ihr Streß hatte von Tag zu Tag zugenommen, bis man sie schließlich in eine Klinik hatte einweisen müssen. Erst nach wochenlanger Behandlung mit Psychopharmaka war sie wieder halbwegs imstande gewesen, mit ihrem Leben zurechtzukommen.

Hätte sie sich weiterhin an ihre altgewohnten Muster gehalten, wäre sie immer mehr in Streß geraten und hätte früher oder später einen zweiten Zusammenbruch erlitten. Sie entschied sich aber für einen neuen Weg und, was ebenso wichtig ist: Sie versuchte nicht, exakt die gleiche Situation zu reproduzieren. Seit diesem einen Mal hat sie bei der Mehrzahl ihrer Unternehmungen Erfolg gehabt, weil sie jetzt offen ist für die Synchronizität des immer wieder neuen Augenblicks. Vergangene Momente der Synchronizität sind uns dann von Nutzen, wenn wir aus ihnen lernen, wie wir uns erneut synchronisieren können. Versuchen wir aber, die neue Situation zu einem Abklatsch der vergangenen zu machen, kommen wir keinen Schritt weiter.

Ebensowenig dürfen wir versuchen, das Ergebnis eines synchronisierten Augenblicks im voraus zu berechnen. Konzentrieren wir uns auf Ergebnisse, auf Resultate, verlassen wir die Synchronizität. Die Wahrheit ist, wir wissen überhaupt nicht, was geschehen wird. Wir können intuitive Ahnungen haben, und sie können durchaus zutreffen, doch es ist unmöglich, Synchronizität zu »planen« oder sie mit Gewalt in eine bestimmte Richtung zu lenken.

Wir öffnen uns der Synchronizität des Augenblicks, dann verlieren wir sie, dann öffnen wir uns ihr wieder. Und immer so weiter. In unsynchronisierten Augenblicken werden unsere Gedanken von der Vergangenheit (»so hat es damals funktioniert«) in die Zukunft schweifen (»wie richte ich es ein, daß ›es‹ wieder so funktioniert wie damals?«). Doch das wird nichts nützen. Synchronizität ist das ewig wechselnde Zusammenspiel vieler verschiedener Faktoren. Nur indem wir uns dem Augenblick öffnen, können wir das synchronisierte Selbst fühlen, erkennen und sein – und nur indem wir uns dem Augenblick öffnen, können wir das synchronisierte Potential außerhalb unserer selbst fühlen, erkennen und mit ihm verschmelzen.

Halten Sie bei der Lektüre der letzten drei Kapitel Ihre Aufmerksamkeit auf das Spiel der Synchronizität gerichtet. Achten Sie immer wieder darauf, ob Sie synchronisiert sind oder nicht. Wenn Sie gestern das synchronisierte Potential einer bestimmten Gruppe, der Sie angehören, empfunden haben, so seien Sie heute für etwas anderes offen.

In diesem Kapitel erforschen Sie die Synchronizität zwischen Ihnen und Ihren nächsten Verwandten und Freunden. Jeder von uns hat eine gewisse Anzahl von Vertrauten – Freunde oder Familienangehörige, an die wir »gebunden« sind und auf die wir unser Bestes und Schlimmstes projizieren. Die Art, wie wir sie sehen, prägt unsere Träume und Realitäten. Was bedeutet es, Vater zu sein, Mutter, Sohn, Tochter, Schwester und Bruder? Was ist ein Freund? Was ist ein Lebenspartner?

Wir sind in der Familie vom Augenblick unserer Geburt an (eigentlich schon im Mutterschoß) diesen Rollen ausgesetzt – lange bevor wir imstande sind, uns Gedanken über ihre Bedeutung zu machen. Sie bestimmen unsere persönliche Art und Weise, Emotionen zu erfahren, sind die Vorbilder, die in uns leben und uns gestalten – ob wir uns ihrer bewußt werden oder nicht. Das Ziel dieses Kapitels ist, herauszufinden, wer unsere Vertrauten sind, wie das Bild, das wir von ihnen haben, unser Leben beeinflußt, wie wir uns auf einer tieferen Ebene mit ihnen synchronisieren und dann neue Formen des Zusammenlebens mit ihnen entwickeln können.

Unsere Vertrauten sind die Menschen, die in unserer inneren Welt der Gefühle, Träume und Bilder leben. Es ist dabei gleichgültig, ob wir uns der zentralen Rolle, die sie für uns spielen, bewußt sind oder ob sie überhaupt in unserer jetzigen äußeren Wirklichkeit existieren. Vor einigen Jahren starb Rachel, eine vertraute Freundin von mir, nach einer schweren Operation. Sie war fast drei, wog aber nur 16 Pfund. Sie war mit einem Down-Syndrom auf die Welt gekommen und wies zahlreiche körperliche Anomalien auf – darunter drei Löcher im Herzen, die operativ geschlossen werden mußten, wenn sie irgendeine Überlebenschance haben sollte. Ich verbrachte sehr viel Zeit mit Rachel und lernte von ihr mehr, als ich mit Worten ausdrücken kann. Obwohl sie sich durch Zeichen verständigen konnte und ein paar Wörter beherrschte, teilte sie sich in erster Linie weder verbal noch durch Zeichen mit. Sie sprach mit ihrem Herzen, und zwar deutlicher, als ich es je bei einem anderen Menschen erlebt habe.

Die Nachricht von ihrem Tod erschütterte mich zutiefst. Dann aber ließ ich es zu, daß ich sie in mir fühlte. Ich spürte ganz unmittelbar ihre Freude darüber, daß sie ihren kleinen

Körper verlassen und sich in das Reich des Geistes aufge-
schwungen hatte. Seit jenem Tag ist sie mir oft im Traum und
in der Meditation erschienen, hat mir Kraft gegeben und
mich gelehrt, daß eine innige Beziehung nicht mit dem Tod
des Leibes endet.

Ich habe mit vielen Menschen gearbeitet, die meinten oder
noch meinen, sie hätten alle Verbindungen zu bestimmten
Familienangehörigen oder Freunden unterbrochen, weil sie
sich von ihnen in der einen oder anderen Weise »verraten«
fühlten: »Mein Vater hat uns verlassen, als ich drei war; wir
haben nichts mehr mit ihm zu tun.« »Meine Schwester war
früher mein Vorbild, aber nach dem, was sie unseren Eltern
angetan hat, will ich sie nie wieder sehen.« »Ich habe ihn ge-
liebt, wirklich und wahrhaftig, aber seitdem er mich betrogen
hat und wir uns scheiden ließen, habe ich ihn aus meinem
Leben gestrichen. Ich werde ihm nie wieder erlauben, meine
Kinder zu sehen.« Ich glaube, daß solche »Ausgestoßenen«
noch sehr lebendig sind und äußerst aktive »innere Vertraute« bleiben. Solange wir nicht erkennen und akzeptieren, daß
sie in uns leben, sind wir außerstande, die Gefühle zu ändern,
die wir ihnen und anderen (ihnen scheinbar gleichenden)
Menschen entgegenbringen.

Edward, einer meiner ersten Klienten, hatte fünfmal ge-
heiratet, mit jeder Frau eine Tochter gezeugt und den Kontakt zu seinen sämtlichen Exfrauen und Töchtern abgebro-
chen. Seit seiner ersten Ehe war alles nach demselben Muster
abgelaufen: Er hatte sich unsterblich in eine andere Frau ver-
liebt, seine Ehefrau und Tochter verlassen, die Neue geheira-
tet und wieder von vorn angefangen. Er war unglücklich und
glaubte wirklich und ehrlich, seine Exfrauen und Töchter
trügen die alleinige Schuld an seinem seelischen Zustand.

Ich bat ihn, eine Woche lang zu versuchen, einen inneren
Kontakt zu seinen Töchtern herzustellen. Er sollte sie als
Vertraute empfinden, jeder einzelnen von ihnen durch sinnliche Affirmationen und Bilder Liebe schenken und von ihnen
Liebe empfangen und in seinem Tagebuch nach Möglichkeiten suchen, seine Beziehung zu ihnen zu verändern. Schon in
dieser ersten Woche riefen ihn vier von seinen fünf Töchtern
an (obwohl er seit langem überhaupt keinen Kontakt zu ihnen gehabt hatte), um ihm zu sagen, daß sie ihn liebten. Die

fünfte rief er selbst an. Dann begann er, ihnen allen regelmäßig zu schreiben. Es gelang ihm sogar – wenngleich er dafür beträchtlich länger brauchte –, seine vorgefaßten Meinungen in bezug auf seine Exfrauen zu ändern.

Wie kam es, daß Edward von vier seiner Töchter angerufen wurde, kaum daß er begonnen hatte, sich innerlich mit ihnen zu verbinden? Im familiären Unbewußten (um Bruce Bynum-Taubs Begriff zu verwenden) sind wir durch unsichtbare, aber starke Emotionen und Bilder miteinander verbunden. Da diese inneren Muster »gemeinsam«, »aktiv, intensiv und unmittelbar« sind, bleibt ihre Veränderung nicht unbemerkt. Ändert einer von uns ein bestimmtes Muster, können die anderen dies in sich fühlen – ganz gleich, wo sie gerade sind. Wie im Falle der Projektionen können die anderen dann zwar immer noch entscheiden, wie sie auf unsere Veränderung reagieren wollen; doch die meisten Menschen streben nach einer größeren Harmonie in ihren Beziehungen.

In Übung 47 machen Sie sich bewußt, wer Ihre Vertrauten sind, wie Ihre vereinte Synchronizität beschaffen ist und wie sie diesen Menschen künftig besser »dienen« können. In Übung 48 betrachten Sie vergangene Erfahrungen mit einigen Ihrer Vertrauten. Wann waren Sie mit ihnen synchronisiert und wann waren Sie es nicht? Was ist das jeweilige sinnliche Feedback dieser unterschiedlichen Zustände? In Übung 49 bitten Sie um Informationen darüber, wie Sie von nun an in gemeinsamer Synchronizität mit Ihren Vertrauten leben können. Sie werden sich dabei namentlich auf die Frage konzentrieren, welche konkreten Schritte Sie in diese Richtung unternehmen können, indem Sie Ihre eigene innere Synchronizität fühlen und erkennen. In Übung 50 werden Sie sich schließlich Ihre neuen Erfahrungen ins Gedächtnis zurückrufen und dadurch herausfinden, was bei Ihnen am besten funktioniert.

Der folgende Tagebucheintrag durchleuchtet das sinnliche Bild eines Familienausflugs:

Als wir noch in Südkarolina wohnten, beschlossen wir einmal, einen Tag zusammen am Ozean zu verbringen. Das ist wirklich das einzige Mal gewesen, wo ich mich mit meiner ganzen Familie synchronisiert gefühlt habe. Es war vom ersten Augenblick an ein wahres Vergnügen. Während der Hinfahrt waren wir im Auto alle außergewöhnlich still. Ich sah mir jedes Mitglied meiner Familie genau an. Ich empfand dabei etwas, an das ich mich danach lange Zeit nicht mehr erinnert habe. Ich wußte, was den ganzen Tag über passieren würde. Papa sah stur geradeaus und dachte ans Angeln; das wußte ich einfach. Mama und Anna dachten an die neuen Bücher, die sie beim Sonnenbaden lesen würden. Jennifer malte sich aus, wie sie die seltsamsten und hübschesten Muscheln überhaupt finden und damit ihr Zimmer ausschmücken würde. Tom konnte es gar nicht erwarten, Papa dabei zu helfen, einen richtig großen Fisch an Land zu ziehen und auszunehmen. Ich stellte mir vor, wie ich auf den Felsen herumkraxeln würde.

Übung zur Selbst-Meisterung Nr. 47

1. *Entspannung des ganzen Gehirns.* Sobald Sie die Empfindung Ihres synchronisierten Selbst erreicht haben, versenken Sie Ihre Aufmerksamkeit in einen inneren Ort des Friedens. Lassen Sie zu, daß sich eine sinnliche Affirmation oder ein sinnliches Bild von Ihnen und Ihren Vertrauten an diesem Ort des Friedens bildet. Sie können sie alle auf einmal erfahren, einzeln oder auch in Gruppen, so wie Sie sie tatsächlich kennen. Seien Sie für alles offen, was geschieht. Tauschen Sie mit jedem einzelnen Liebe aus, und gestatten Sie dem Gefühl der Verbundenheit, sich in Ihrem Herzen auszudehnen. Bitten Sie darum, daß alles, was diese Verbindung einengen oder beeinträchtigen könnte, in diesen Ort des Friedens geholt und dort freigelassen wird.

2. *Tagebuchschreiben aus dem ganzen Gehirn.* Beschreiben Sie bitte das sinnliche Feedback der soeben erfahrenen vereinten (oder gemeinsamen) Synchronizität. Gelingt Ihnen diese Verschmelzung mit manchen Ihrer Vertrauten leichter als mit anderen? Was sind Ihre Grenzen? Wie können Sie das synchronisierte Potential Ihrer vertrauten Gruppe(n) fühlen, erkennen und sich mit ihm verbinden?

3. *Leben mit dem ganzen Gehirn.* Üben Sie sich darin, Ihr synchronisiertes Selbst mit Hilfe von sinnlichen Affirmatio-

nen und/oder Bildern zu fühlen, und bitten Sie dann darum, die gemeinsame Synchronizität mit Ihren Vertrauten zu spüren. Wie fühlen Sie sich? Können Sie dieses Gefühl empfinden, wenn Sie mit ihnen zusammen sind? Was hilft Ihnen am meisten dabei, die Erfahrung gemeinsamer Synchronizität mit ihnen zu erreichen?

Übung zur Selbst-Meisterung Nr. 48

1. *Entspannung des ganzen Gehirns.* Sobald Sie Ihren inneren Ort des Friedens erreicht haben, bitten Sie darum, sich an eine vergangene Situation zu erinnern, in der sie mit Ihren Vertrauten *nicht* synchronisiert gewesen sind. Achten Sie sorgfältig auf das Feedback des Nichtsynchronisiertseins, holen Sie die unsynchronisierten Gefühle in die Empfindung des Friedens und lassen Sie sie dann los. Vergegenwärtigen Sie sich anschließend eine Situation, wo Sie mit vertrauten Menschen synchronisiert gewesen sind. Was ist das sinnliche Feedback des Synchronisiertseins?

2. *Tagebuchschreiben aus dem ganzen Gehirn.* Beschreiben Sie das Gefühl des Nichtsynchronisiertseins und das des Synchronisiertseins. Was könnte Ihnen dabei helfen zu erkennen, ob Sie in Gesellschaft Ihnen nahestehender Menschen synchronisiert sind oder nicht?

3. *Leben mit dem ganzen Gehirn.* Streben Sie nach dem Gefühl gemeinsamer Synchronizität, lernen Sie aus jeder neuen Situation. Wie können Sie sich, von diesem Gefühl ausgehend, in Zukunft um Ihre Vertrauten verdient machen?

Übung zur Selbst-Meisterung Nr. 49

1. *Entspannung des ganzen Gehirns.* Wie Übung 47.

2. *Tagebuchschreiben aus dem ganzen Gehirn.* Fragen Sie, wie Sie die durch diese Übungen gewonnenen Informationen im Umgang mit nahestehenden Menschen in die Tat umsetzen können. Lassen Sie sich ganz konkrete Tätigkeiten oder Verhaltensweisen einfallen, durch die Sie ihnen nützen können.

3. *Leben mit dem ganzen Gehirn.* Was geschieht, wenn Sie die beim Tagebuchschreiben gewonnenen Informationen in die Tat umsetzen? Können Sie feststellen, ob Ihre Handlun-

gen vom Gefühl gemeinsamer Synchronizität begleitet werden? Ist die Intensität dieses Gefühls vielleicht davon abhängig, für wen Sie jeweils aktiv werden? Wenn ja, warum? Welche altruistische Tätigkeit können Sie durchführen, um eine vollkommenere Synchronizität in sich selbst und mit all Ihren Vertrauten zu erreichen?

Übung zur Selbst-Meisterung Nr. 50

Erforschen Sie Ihre Erfahrungen von gemeinsamer Synchronizität in einer Entspannungsübung und anhand Ihrer Tagebucheinträge zu diesem Kapitel. Wie können Sie in Zukunft erfolgreicher sein?

Kapitel 15

Synchronizität am Arbeitsplatz

Das Geheimnis des Lebens besteht darin, Leute zu finden, die dich dafür bezahlen, daß du etwas tust, wofür du selbst bezahlen würdest, um es tun zu dürfen, wenn du das Geld hättest.
Sarah Caldwell (in Brown: *Attaining Personal Greatness*)

Drei Maurer wurden einmal gefragt, was sie da täten. Der erste antwortete: »Mauern.« Der zweite sagte: »Meinen Lebensunterhalt verdienen.« Der dritte aber sagte: »Ich baue eine Kathedrale.«
G2BE: *The I Can*

Wir synchronisieren uns bei der Arbeit, indem wir fühlen lernen, welchen Dienst wir damit leisten. Ohne dieses Gefühl kann uns kein Beruf wirklich befriedigen. *Mit* ihm kann uns jeder beliebige Job erfüllen. Machen wir uns bewußt, inwieweit wir bei unseren bisherigen Tätigkeiten ein solches Gefühl der Dienstleistung gehabt haben, erkennen wir mehr und mehr, worin unser ganz persönlicher Beitrag bestanden hat. Mit diesem neuen Wissen können wir dann beurteilen, ob wir auf unserem gegenwärtigen Posten am ehesten unseren Zweck erfüllen oder ob wir uns anderswo nützlicher machen könnten.

Den meisten von uns reicht es nicht, einfach nur »zu mauern« oder »sich seinen Lebensunterhalt zu verdienen«. Unsere größte Befriedigung erwächst aus dem Bewußtsein, daß wir »eine Kathedrale bauen«, daß wir durch unsere Arbeit einem höheren Zweck dienen. Dann, und nur dann, werden wir das finden, was Sarah Caldwell »das Geheimnis des Lebens« nennt – Menschen nämlich, die uns für das bezahlen, was wir ohnehin am liebsten tun.

Vor ein paar Jahren hatte ich das Gefühl, daß mir meine

Arbeit über den Kopf wuchs. Ich organisierte mit einigen Kollegen ein Seminar zum Thema »nukleare Abrüstung«. Der Tag der Veranstaltung rückte immer näher, und ich mußte unbedingt wegen eines Films anrufen, den wir vorführen wollten. Ich hatte schon den ganzen Tag herumtelefoniert; mir brummte der Kopf, und ich hätte diesen letzten Anruf am liebsten verschoben; aber ich hatte Angst, wir würden den Film nicht mehr rechtzeitig bekommen, wenn ich mich jetzt nicht darum kümmerte. Also rief ich an. Ich bekam einen jungen Mann an die Leitung, dem sein Job einen ungeheuren Spaß zu machen schien, und ich spürte, wie seine Begeisterung auf mich abfärbte und meine Stimmung sich beträchtlich verbesserte. Er sagte, er würde uns den Film zum halben Preis überlassen, und fragte dann, ob ich *der* Richard Johnson sei, der vor ein paar Jahren in Bloomington eine Vorlesung über das Dritte Reich gehalten hatte. Ja, sagte ich, das war ich; und dann erinnerte ich mich an ihn. Er war damals Erstsemestler gewesen, und er hatte – zum Teil durch meine Veranstaltung dazu angeregt – später beschlossen, politische Wissenschaften zu studieren und sein Leben der Friedensarbeit zu widmen.

Dank diesem jungen Mann wich meine Erschöpfung binnen weniger Minuten einer freudigen Erregung. Er ließ mich wieder spüren, welchen Dienst ich als Lehrer leistete. Was ich vor und nach unserem Gespräch tat, war ganz genau dasselbe – doch es *fühlte* sich ganz verschieden an!

Das Gefühl von Nützlichkeit hängt nicht primär davon ab, was wir beruflich tun, wie hoch unser Gehalt ist oder wie gut wir mit unseren Arbeitskollegen auskommen – wenngleich diese Faktoren zweifellos eine recht wichtige Rolle für uns spielen. Wenn unsere Arbeit uns befriedigt, so hängt dies in erster Linie von unserem Bewußtsein ab, daß wir damit anderen einen Dienst erweisen.

Ich will damit nicht sagen, daß jeder Beruf mich befriedigen würde. Ich bin viel lieber Professor als beispielsweise Maurer. Was ich meine, ist, daß die äußeren Bedingungen einer Arbeit im allgemeinen weniger wichtig sind als mein inneres Wissen, daß ich durch meine Tätigkeit *nütze*. Ich habe verschiedene Berufe ausgeübt, bevor ich Dozent wurde. Solange ich das Gefühl hatte, daß ich eine ordentliche Arbeit leiste, hat mich jede dieser Tätigkeiten in höchstem Grade erfüllt.

Viele meiner Klienten sagen: »Ich mag meine Arbeit nicht. Ich werde kündigen und mir etwas Besseres suchen.« Meine Reaktion darauf ist immer: »Sie werden nichts Besseres finden, solange Sie nicht Ihre grundsätzliche Einstellung zur Arbeit ändern. Da Ihre Unzufriedenheit in Ihnen selbst liegt, werden Sie sie in jede andere Tätigkeit mitnehmen, außer Sie ändern sie da, wo Sie jetzt sind. Sie können sich selbstverständlich einen anderen Arbeitsplatz oder Beruf aussuchen – doch nur, wenn Sie fühlen, welchen Dienst Sie an Ihrer jetzigen Stelle leisten und inwiefern Sie anderswo von größerem Nutzen sein würden.« Wenn sie meinen Rat befolgen, sind sie bald sowohl mit ihrem alten als auch mit ihrem neuen Job zufrieden.

Wir fühlen uns dann nützlich, wenn unser synchronisiertes Selbst sich mit unserer höchsten Möglichkeit zur Synchronizität am Arbeitsplatz vereinigt. Es ist nicht genug, einen guten Job zu haben. Einen »guten Job« hatte ich auch, bevor ich mit meinem ehemaligen Studenten telefonierte, aber da war ich nicht synchronisiert. Erst als ich mich wieder mit mir selbst und mit meiner Arbeit synchronisierte, konnte ich fühlen, daß ich einen wertvollen Dienst leistete.

Dieses Kapitel soll Ihnen dabei helfen, die vereinte Synchronizität Ihrer selbst und Ihres höchsten Potentials am Arbeitsplatz zu erfahren. Vielleicht werden Sie feststellen, daß Ihre gegenwärtige Arbeit beziehungsweise diejenige, die Sie mit Ihrer gegenwärtigen Ausbildung anstreben, sich gut in das Gefühl von Synchronizität einfügt. In diesem Fall können Sie durch die folgenden Übungen lernen, dieses Gefühl immer deutlicher und häufiger zu erfahren. Ansonsten können Sie beginnen, sich den für Sie am besten geeigneten Beruf auszumalen.

In Übung 51 werden Sie sich vergangene Situationen vergegenwärtigen, in denen Sie synchronisiert, und andere, in denen Sie nicht synchronisiert gewesen sind. Anhand des jeweiligen sinnlichen Feedbacks dieser zwei Zustände werden Sie imstande sein, Ihre Synchronizität an Ihrem jetzigen Arbeitsplatz zu steigern. Durch Übung 52 werden Sie gefühlsmäßig erkennen, welchen Grad an »Nützlichkeit« Sie künftig noch erreichen können – sei es an Ihrem jetzigen oder an einem anderen Arbeitsplatz. In der folgenden Übung werden Sie die konkreten Schritte entwerfen, die Sie an Ihr Ziel – ein Höchstmaß an beruflicher Erfüllung – bringen sollen. Übung 54 schließlich wird Ihnen Gelegenheit geben, diese Stufe Ihres Lernprozesses erneut zu überdenken und dadurch zu erkennen, wie Sie Ihr Potential in Zukunft verwirklichen und erweitern können.

Ein Student beschreibt den Prozeß der Synchronisierung am Arbeitsplatz:

Es wird mir zunehmend bewußt, daß es daran liegt, daß ich gerade projiziere, wenn ich mit jemandem nicht synchronisiert bin. Wenn ich also anfange, mich irgendwie komisch zu fühlen, mache ich eine Mini-Übung, rufe mir ein sinnliches Bild ins Bewußtsein und bitte, nicht zu projizieren, – und prompt wird alles besser. Wenn ich mich jetzt bei der Arbeit über irgend etwas aufrege, schalte ich ab und entspanne mich. Das funktioniert fast immer. Neulich mußte ich mit diesem Typ zusammenarbeiten, den ich nicht sonderlich mag. Sein Rumgetrödel ging mir wahnsinnig auf den Keks. Kaum hatte ich eine Minute Zeit, habe ich eine Kurzübung gemacht und gebeten, mich einfach nur zu entspannen. Als ich eine friedliche Szene in mir gefühlt habe, habe ich gebeten, ihn da drin zu sehen und mit ihm Frieden zu schließen. Schlagartig fühlte ich mich besser – fühlte es sich besser an, hier zu sein und mit ihm zusammenzuarbeiten. Ich beschloß, ihn ruhig rumtrödeln zu lassen: *Ich* würde mich darauf konzentrieren, mein Bestes zu tun. Naja, und gerade als wir uns wieder an die Arbeit machen wollten, kam er an und entschuldigte sich für seine Trödelei und war für den Rest des Tages hundertprozentig bei der Sache! Da habe ich vielleicht gestaunt! Anfangs war das ein ziemlich komisches Gefühl, aber dann habe ich mich einfach mitreißen lassen. Unser Verhältnis wird von Tag zu Tag besser.

Übung zur Selbst-Meisterung Nr. 51

1. *Entspannung des ganzen Gehirns.* Sobald Sie Ihr synchronisiertes Selbst spüren, stellen Sie sich einen Ort des Friedens vor. Lassen Sie dann das deutliche sinnliche Bild auftauchen, wie Sie mit einem Gefühl des Dienens oder Nützlichseins arbeiten. Erinnern Sie sich an Situationen, wo Sie während der Arbeit synchronisiert waren, und gestatten Sie dem Gefühl, deutlicher und intensiver zu werden. Erinnern Sie sich dann an Situationen, wo Sie nicht synchronisiert waren, und holen Sie sie in das Gefühl von Synchronizität herein. Achten Sie auf das jeweilige sinnliche Feedback dieser zwei Einstellungen zur Arbeit.

2. *Tagebuchschreiben aus dem ganzen Gehirn.* Schreiben Sie über diese zwei nachempfundenen Situationen: Was haben Sie dabei jeweils gedacht und gefühlt? Wie können Sie künftig mehr Synchronizität erfahren? Gibt es sinnliche Bilder oder Affirmationen, die es Ihnen ermöglichen, synchronisiert zu bleiben?

3. *Leben mit dem ganzen Gehirn.* Machen Sie sich Ihre zwei unterschiedlichen Arbeitsweisen – synchronisiert und unsynchronisiert – in aller Deutlichkeit bewußt. Was versetzt Sie in einen Zustand der Synchronizität? Was hält Sie davon ab, synchronisiert zu sein?

Übung zur Selbst-Meisterung Nr. 52

1. *Entspannung des ganzen Gehirns.* Wie Übung 51. Bitten Sie diesmal um ein neues sinnliches Bild, das Ihnen Ihre *größtmögliche* Synchronizität am Arbeitsplatz vorführt.

2. *Tagebuchschreiben aus dem ganzen Gehirn.* Wie können Sie – in Ihrem jetzigen und/oder (einem) anderen Beruf(en) – Ihr *stärkstmögliches* Gefühl von Nützlichkeit erfahren? Sehen Sie da verschiedene Möglichkeiten?

3. *Leben mit dem ganzen Gehirn.* Gelingt es Ihnen, ein intensiveres Gefühl von Synchronizität während der Arbeit zu empfinden? Wenn nicht: Wodurch wird dieses Gefühl blockiert – und wie können Sie es vertiefen?

Übung zur Selbst-Meisterung Nr. 53

1. *Entspannung des ganzen Gehirns.* Wie Übung 51.
   2. *Tagebuchschreiben aus dem ganzen Gehirn.* Machen Sie sich bewußt, inwieweit sich Ihre Einstellung zu Ihrem Beruf seit der letzten Übung geändert hat. Was sind Ihre Wunschvorstellungen? Was tun Sie, um auf ihre Verwirklichung hinzuarbeiten? Was hilft Ihnen dabei, sich am Arbeitsplatz synchronisiert zu fühlen, und was hält Sie davon ab? Fällt Ihnen Ihre Arbeit leichter? Können Sie an einem veränderten Verhalten Ihrer Mitarbeiter merken, daß Sie sich tatsächlich verändern?
   3. *Leben mit dem ganzen Gehirn.* Experimentieren Sie mit allem, was seit Ihrer letzten Übung Erfolge gezeitigt hat.

Übung zur Selbst-Meisterung Nr. 54

Entspannen Sie sich, lesen Sie Ihre Tagebucheinträge zu diesem Kapitel noch einmal durch, und fragen Sie sich, was die für Sie effektivsten Möglichkeiten sind, mehr Synchronizität am Arbeitsplatz zu erfahren. Ist Ihre sinnliche Reaktion auf Synchronizität beziehungsweise auf Mangel an Synchronizität während der Arbeit in letzter Zeit deutlicher geworden? Wie können Sie künftig ein stärkeres Gefühl von Nützlichkeit erfahren und damit mehr Freude an Ihrer Arbeit haben?

Kapitel 16

Synchronizität mit der ganzen Welt

Im Herbst 1978 ... machte die internationale Organisation der TM-Lehrer (TM = Transzendentale Meditation) »jedem Staatsoberhaupt, ... das gegenwärtig mit einer Krise konfrontiert wird, die einer sofortigen Lösung bedarf,« ein Angebot. Die Organisation sei »willens und bereit, in aller Stille und zuverlässig geeignete Maßnahmen zu ergreifen, um die Krise zu beenden.« Fast gleichzeitig übermittelte *United Press International* allen größeren nationalen und internationalen Presseagenturen ... eine Story – oder besser einen Appell – aus Esteli (Nicaragua). Die Botschaft war sehr schlicht: »Wer auch immer kann, möge bitte helfen.« Die TM-Organisation fühlte sich angesprochen, und binnen 48 Stunden landeten 250 fortgeschrittene Meditationslehrer ... in Nicaragua und den angrenzenden Staaten Mittelamerikas. Schon in den ersten Tagen nach ihrer Ankunft ließen die Kampfhandlungen im ganzen Gebiet nach, und die Verhandlungen zwischen den kriegführenden Parteien machten erste Fortschritte. Die Meditierenden hatten nichts mit den dortigen Angelegenheiten zu tun und ergriffen keine Partei. Sie blieben in ihren Hotels und erfuhren das reine Bewußtsein.

Zutiefst erfreut über diese Ergebnisse, beschloß die TM-Organisation, mehr Meditierende nach Mittelamerika und ebenso in andere Krisengebiete zu schicken, um ein Nachlassen aller Gewalthandlungen zu bewirken und allgemein den Streß im Bewußtsein der Welt zu reduzieren. Damit begann das sogenannte »Weltfriedensprojekt«, das Wellen reinen Bewußtseins in die fünf wichtigsten Unruheherde aussandte: Mittelamerika, Iran, den Nahen Osten (hauptsächlich Israel), Südostasien (Thailand) und das südliche Afrika (Zimbabwe, Rhodesien und Zambia). (...)

Quantitative und qualitative Analysen des Weltfriedensprojektes legen folgende Schlußfolgerungen nahe:

1. Als die Meditationsgruppen begannen, in den jeweiligen Krisengebieten das reine Bewußtsein zu erfahren, war eine sofortige Reduzierung der Gewalthandlungen zu verzeichnen.
2. Im Verlauf ihres Aufenthalts normalisierte sich das Leben bis zu einem gewissen Grad, und es wurden Fortschritte in Richtung auf eine friedliche Lösung aller Probleme gemacht.
3. Als sich die Gruppen aufteilten beziehungsweise als ihre Mitgliederzahl zunahm, fanden vorhersagbare Veränderungen statt.
4. Als sie das Land verließen, nahm die Gewalt wieder zu.
5. Insgesamt erlebte die ganze Welt eine Periode ungewohnten Friedens.

Elaine und Arthur Aron: *The Maharishi Effect*

Sie (Ellie Arroway, die Hauptperson in Carl Sagans Roman *Contact*) hatte ihr Leben mit dem Versuch zugebracht, mit den fernsten und fremdartigsten aller Fremden Kontakt aufzunehmen, während sie im eigenen Leben mit fast niemandem Kontakt aufgenommen hatte. Sie war fanatisch dabei gewesen, die Schöpfungsmythen anderer Leute zu entlarven, während sie der Lüge in ihrem eigenen Leben gegenüber blind gewesen war. Sie hatte ihr ganzes Leben lang das Universum erforscht, seine deutlichste Botschaft jedoch übersehen: Für kleine Geschöpfe wie die Menschen ist die Unendlichkeit nur durch die Liebe zu ertragen.
Aus dem Amerikanischen von Meike Werner

Die wissenschaftlichen Beweise für die Tatsache, daß tiefe Entspannung signifikante Veränderungen im Leben des Individuums, von Gruppen, von Staaten, ja der ganzen Welt herbeiführt, mehren sich. Sie wissen aus eigener Erfahrung, daß Ihr Leben reibungsloser verläuft, wenn Sie sich die Zeit nehmen, sich tief zu entspannen und das Gefühl der Entspannung in Ihr Schreiben einfließen zu lassen. Sie können kaum einen größeren Beitrag zum Weltfrieden leisten als dadurch, daß Sie sich mit Familie und Freunden, mit Arbeitskollegen und mit größeren äußeren Realitäten synchronisieren – mit

Ihrer Gemeinde, Ihrer Nation, mit der Menschheit, mit der Erde und schließlich mit dem gesamten Kosmos.

Ich finde die Ergebnisse, zu denen Elaine und Arthur Aron in *The Maharishi Effect* gelangen, absolut faszinierend. Ihre Schlußfolgerungen basieren auf mehreren wissenschaftlichen Untersuchungen über die Auswirkungen des »reinen Bewußtseins« erfahrener TM-Meditationslehrer. Die Meditierenden hatten den TM-Grundkurs absolviert und beherrschten darüber hinaus sogenannte »TM-Siddhi-Techniken«. Die fortgeschritteneren Siddhi-Techniken sollen bewirken, daß die Gehirnwellen sich nicht nur während der Meditation verlangsamen, sondern auch bei jeder anderen Betätigung auf der erreichten niedrigeren Frequenz bleiben. Die von den Arons zusammengestellten Ergebnisse zeigen, daß eine relativ kleine Anzahl von Menschen mit langjähriger Meditationserfahrung dazu beitragen kann, die vielfältigsten sozialen Konflikte zu entschärfen und auf eine annähernd gewaltfreie Basis zu stellen.

Es scheint, daß erst eine bestimmte Anzahl von Individuen, eine »kritische Masse«, imstande ist, eine Veränderung in der allgemeinen Lebensweise einer Gesellschaft herbeizuführen. Eine andere Studie, auf die sich Ken Keyes in *Der hundertste Affe* bezieht, beweist, daß wir keinerlei Meditationserfahrung benötigen, um über die engen Grenzen unseres Familien- und Freundeskreises hinaus wirken zu können:

Der japanische Makak (*Macaca fuscata*) wurde über einen Zeitraum von mehr als 30 Jahren in freier Wildbahn beobachtet. Im Jahre 1952 begannen Wissenschaftler, am Strand der Insel Koshima Bataten für die Affen auszulegen. Die Tiere mochten den Geschmack der rohen Süßkartoffeln, doch sie fanden den daran haftenden Sand unangenehm. Ein 18 Monate altes Weibchen namens Imo entdeckte, daß sie nur die Bataten in einem nahegelegenen Bach zu waschen brauchte, um diesem Mißstand abzuhelfen. Sie brachte diesen Trick ihrer Mutter bei. Auch ihre Spielgefährten schauten ihr diese neue Verhaltensweise ab und lehrten sie wiederum ihren Müttern. Mit der Zeit eigneten sich vor den Augen der Forscher immer mehr Affen diese kulturelle Neuerung an. Bis 1958 hatten alle jungen

Affen gelernt, die sandigen Bataten zu waschen und sie dadurch schmackhafter zu machen. Nur die Erwachsenen, die ihre Jungen imitierten, machten diesen Fortschritt mit; die anderen aßen ihre Süßkartoffeln weiterhin schmutzig. Dann geschah etwas Erstaunliches. Im Sommer 1958 gab es auf Koshima eine bestimmte Anzahl von Affen – wieviele es waren, ist nicht bekannt –, die ihre Bataten vor dem Verzehr wuschen. Nehmen wir einfach an, daß es, als am Tag X die Sonne aufging, auf der Insel Koshima 99 Affen gab, die gelernt hatten, ihre Bataten zu waschen. Nehmen wir weiterhin an, irgendwann im Laufe des Vormittags habe der hundertste Affe diesen Trick gelernt. *Da passierte es!* An demselben Abend gab es auf der Insel praktisch keinen Affen mehr, der seine Bataten *nicht* vor dem Verzehr gewaschen hätte. Die zusätzliche Energie dieses hundertsten Affen hatte irgendwie zum ideologischen Durchbruch geführt! Doch damit nicht genug. Die bei weitem erstaunlichste Tatsache war, daß der Brauch des Batatenwaschens spontan über das Meer sprang: Sowohl auf anderen Inseln als auch auf dem Festland begannen ganze Affenkolonien, gleichfalls ihre Süßkartoffeln zu waschen!

Jeder von uns, die wir uns größtenteils irgendwo zwischen Maharishi-Jünger und japanischem Makak befinden, kann den Ausschlag geben. Was wir denken, fühlen und tun, überträgt sich auf andere. Als Gruppe können wir eine Macht der Harmonie und des Friedens sein. Die Zukunft der Menschheit hängt beileibe nicht nur von unseren Staatsoberhäuptern ab. Jeder Mensch ist wesentlich daran beteiligt, die kritische Masse aufzubauen, die eine einschneidende Veränderung überhaupt erst ermöglicht.

Für meine Begriffe bedeutet diese Macht die soziale Verpflichtung, die jeder von uns hat, nach Selbst-Meisterung zu streben. Wie Sie wissen, gibt es viele Gründe, diesen Weg ausschließlich für uns selbst zu beschreiten; doch wenn wir auf der subatomaren Ebene in einem ständigen Verhältnis wechselseitiger Beeinflussung stehen, wird unser jeweiliger Grad der Selbst-Meisterschaft ebenso den anderen mitgeteilt, wie das Wissen der japanischen Makaken seinerzeit auf ihre Artgenossen auf dem Festland übergriff. Energiewellen verbinden uns in jedem Augenblick mit allem Seienden. Je synchronisierter wir sind, desto bewußter und liebevoller haben wir an diesen ungeheuren Netzwerken wechselseitiger Beziehungen teil. Jedesmal, wenn wir mit unserer Vergangenheit, mit einem vertrauten Menschen, mit einem Arbeitskollegen Frieden schließen, erweitern wir das Friedens-Reservoir der Welt.

Ein Schlüssel zum inneren Frieden und zum Frieden in der Welt besteht darin, das Gleichgewicht zwischen unseren kleinsten und unseren größten Realitäten zu finden. Die ausschließliche Beschäftigung mit unserem individuellen Leben oder aber mit Fragen von kosmischer Tragweite kann nicht zum Frieden führen. Wie Ellie Arroway am Ende von Sagans *Contact* begreift, ist »die Unendlichkeit nur durch die Liebe zu ertragen.« Sie litt, weil sie in ihrem unbeirrbaren Bestreben, »mit den fernsten und fremdartigsten aller Fremden Kontakt aufzunehmen«, versuchte, ihre Nächsten zu ignorieren. Andere leiden, weil sie versuchen, sich ausschließlich auf den ganz kleinen Kreis von Freunden und Familie zu konzentrieren, bis sie einen Sohn in einem Krieg verlieren, der sich Tausende von Meilen von zu Hause entfernt abspielt, bis sie erfahren, daß ihre Tochter sich eine Überdosis Heroin gespritzt hat, bis das Kernkraftwerk, fünfzig Kilometer weiter entfernt, überkocht.

In dieser letzten Serie von Übungen werden Sie Gelegenheit haben, eine Reihe verschiedener Ebenen der Wirklichkeit in sich zu erfahren, darüber zu schreiben, was Sie mit ihnen verbindet, und herauszufinden, wie Sie ein innigeres Verhältnis zu anderen Menschen empfinden können. Sie werden Ihre Fähigkeit erforschen, sich mit größeren und immer größeren Realitäten zu synchronisieren – mit bestimmten Menschengruppen, von Ihrer Nachbarschaft bis hin zu Ihrer ganzen Nation (Übung 55), mit der Menschheit als Ganzes (Übung 56), mit der Erde (Übung 57) und mit dem Kosmos (Übung 58). In Übung 59 schließlich werden Sie sich vergegenwärtigen, was Sie in diesem Kapitel und durch alle vorausgegangenen Übungen zur Selbst-Meisterung gelernt haben.

1. *Entspannung des ganzen Gehirns.* Sobald Sie tief entspannt sind, bitten Sie um ein Bild oder eine Affirmation, das beziehungsweise die Ihre Verbundenheit mit Ihrer Nachbarschaft, Ihrer Gemeinde, Ihrer örtlichen Anti-KKW-Gruppe oder einer ähnlichen größeren Gemeinschaft, der Sie angehören, veranschaulicht. Tauschen Sie mit dieser Gemeinschaft Liebe aus. Führen Sie alle etwaigen Gedanken, Gefühle, Überzeugungen oder Bilder, die diese Verbindung beeinträchtigen, in das Gefühl der Synchronizität hinein und erlauben Sie ihnen, sich darin aufzulösen. Bitten Sie dann darum, entsprechende Bilder und/oder Affirmationen zu fühlen, die Ihr Verhältnis zu immer größeren Gemeinschaften symbolisieren – der ganzen Bevölkerung Ihres Wohnortes, Ihres Kreises, Ihres Landes und zuletzt Ihrer Nation.

2. *Tagebuchschreiben aus dem ganzen Gehirn.* Schreiben Sie aus dem Gefühl der Verbundenheit heraus. Beschreiben Sie, was Sie empfunden haben, als Sie sich mit Stadt, Kreis, Land und Nation synchronisierten. Wodurch hatten Sie diese Verbindungen begrenzt oder beeinträchtigt? Wie können Sie ein stärkeres Gefühl der Harmonie und des Friedens im Verhältnis zu diesen verschiedenen Gemeinschaften erfahren?

3. *Leben mit dem ganzen Gehirn.* Achten Sie auf Ihr sinnliches Feedback im Zusammenhang mit diesen verschiedenen Gemeinschaften. Wie reagieren Sie auf Neuigkeiten, die Sie über sie erfahren? Wann fühlen Sie sich als ein Teil von ihnen, und wann fühlen Sie sich von ihnen getrennt? Was verhilft Ihnen zu einem Gefühl der Verbundenheit?

Es ist nicht leicht, sich mit den Menschen in unserer näheren Umgebung verbunden zu fühlen. Noch schwieriger ist es, dieses Gefühl auf die ganze Menschheit auszuweiten. Wir haben von Kindesbeinen an gelernt, Fremden zu mißtrauen; nicht wenige Menschen ziehen es vor, mit Ausländern möglichst wenig zu tun zu haben, insbesondere, wenn es sich bei ihnen um Bürger »feindlicher« Nationen handelt. Als Kind habe ich häufig sehr realistische Alpträume gehabt, in denen die Russen in meinem damaligen Wohnort Kansas City einmarschierten. Während des Koreakrieges, Anfang der fünfziger Jahre, traten die Chinesen an die Stelle der Russen.

Angesichts der Tatsache, daß heutzutage praktisch immer in irgendeiner Ecke der Welt Krieg herrscht – und daß die Gefahr der nuklearen Vernichtung trotz entscheidender Fortschritte noch keineswegs gebannt ist, erscheint es zu unserem eigenen und unser aller Wohl unumgänglich, daß wir lernen, die ganze Menschheit, Freund wie »Feind«, zu lieben. Schon infolge immer besserer Kommunikationssysteme und Beförderungsmittel sind wir dabei, zu einer einzigen, weltweiten Gemeinschaft zusammenzuwachsen. In uns selbst jedoch schaffen wir es vielfach noch nicht, mit diesen Entwicklungen Schritt zu halten. Nutzen Sie die Gelegenheit, sich in der nächsten Übung diese Welt-Gemeinschaft »zu Herzen« zu nehmen.

Hier beschreibt eine Frau, wie es ihr gelungen ist, einen Teil ihres Zorns und ihrer Angst zu akzeptieren und ein gewisses inneres Gleichgewicht zu erzielen:

Von Zeit zu Zeit macht mir der Gedanke an den New Yorker Herbst angst. Es ist auch nicht bloß wegen der hohen Verbrechensrate. Es macht mich völlig fertig, wenn ich wirklich arme Menschen sehe oder auch nur von ihnen höre. Ich möchte sie mit nach Hause nehmen und ihnen zu essen und eine warme Bleibe geben. Und da ich das beim besten Willen nicht tun kann und andererseits nicht damit rechne, ausgeraubt, vergewaltigt oder umgebracht zu werden, fürchte ich, ich könnte zu guter Letzt einfach gleichgültig werden. Es könnte sein, daß ich dann einfach an ihnen vorbeigehe und sie ignoriere, weil ich es nicht aushalte, sie zu sehen.

Vor ein paar Monaten habe ich mir *St. Elsewhere* angeschaut (eine Fernsehsendung, in der besonders tragische Einzelschicksale vorgestellt werden), und Ray Charles war da. Er wurde hereingetragen, nachdem eine Straßengang ihn überfallen und mit Messern verletzt hatte. Sie hatten einen alten blinden Schwarzen angegriffen! Ich war wütend und erschüttert. Eine Ärztin unterhielt sich mit ihm, bevor er entlassen wurde, und Ray erzählte, er hause in einem Pappkarton nahe dem Abwasserkanal einer Fabrik, um etwas Wärme abzubekommen. Er hatte eine so gute Einstellung. Er versuchte, nur das Positive zu sehen. Ich habe während der ganzen Sendung und danach geweint. Ich leide wirklich unter den Qualen, die so viele Menschen durchmachen, und ich möchte mit allen verbunden bleiben, aber manchmal bin ich wütend auf mich selbst, daß ich nicht mehr tue, nicht helfe.

Ich habe um ein sinnliches Bild gebeten, das mir helfen möge, so wie Ray Charles die positive Seite zu sehen. Ich sehe und fühle Frieden auf Erden – keine Kriege mehr; überall leben die Menschen harmonisch miteinander. Kein Hunger; jeder hilft jedem, ein menschenwürdiges Leben zu führen. Kein Töten, keinerlei Gewalt mehr.

Ich fragte mich, wann das wohl Wirklichkeit werden würde. Ich weiß, es wird nur dann geschehen, wenn wir anfangen zu meditieren und das reine Bewußtsein zu erfahren. Unsere einzige Chance ist, daß viel mehr Menschen bewußt tief synchronisierte Zustände erleben.

Übung zur Selbst-Meisterung Nr. 56

Wie Übung 55. Machen Sie sich diesmal Ihr Verbundensein mit der gesamten Menschheit bewußt.

Sie kennen sicher die Redensart »wir sitzen alle im selben Boot.« R.Buckminster Fuller führt dieses Bild noch einen Schritt weiter und bezeichnet in seinem Buch *Operating Manual for Spaceship Earth* die ganze Erde als ein Raumschiff. Es ist tatsächlich so: Wir fliegen auf einer großen Kugel durch den Weltraum, und unsere Proviant- und Sauerstoffreserven sind begrenzt. Wenn wir alle begreifen würden, daß unter solchen Bedingungen Kooperation absolut unerläßlich ist, hätten wir weit bessere Überlebenschancen.

Die Zeit, die natürlichen Reserven der Erde auszubeuten, ist endgültig vorbei. Wir können es uns einfach nicht mehr leisten, so zu tun, als stünden uns unerschöpfliche Ressourcen zur Verfügung. Überall auf der Welt werden riesige Waldflächen zerstört, wertvolle Pflanzen- und Tierarten sterben aus.

Wir können diesen Prozeß aufhalten und sogar umkehren, indem wir uns einem tiefen Gefühl der Synchronizität mit Mutter Erde öffnen und uns in all unseren Handlungen von diesem Gefühl leiten lassen. Darauf wollen wir uns in der nächsten Übung konzentrieren. Hier beschreibt jemand, wie er sein Synchronsein mit der Natur empfunden hat – für viele von uns der erste Ort, an dem wir erkennen, daß wir mit der ganzen Erde eins sind:

Ich zeltete mit Freunden auf einer Insel in der Chesapeake Bay. Eines Tages fuhren alle mit dem Boot hinaus, und ich blieb an Land. Ich weiß nicht genau, warum ich nicht mitfuhr. Ich saß einfach da und schaute auf die Bäume, den Strand, die Vögel und die kleinen Tiere im Gras. Dann fiel mir ein kleiner Spatz auf. Er saß auf einem Ast nicht weit von mir und guckte mich an. Ich streckte die Hand aus, und er flog zu mir herüber und ließ sich auf einem Finger nieder. Er vertraute mir. Er blieb bestimmt fünf Minuten da sitzen. Ein tiefer Frieden erfüllte mich. Dann hörte ich das schwache Geräusch eines Motors, und ich dachte, daß jetzt das Boot zurückkommt. In diesem Augenblick flog der Spatz weg.
Ich habe bis heute nicht gewußt, was damals passiert ist, oder warum. Ich muß mich mit der Natur synchronisiert haben, und der Vogel empfand mich deswegen als einen Teil von ihr. Solange es dauerte, waren wir eins.

Übung zur Selbst-Meisterung Nr. 57

Wie Übung 55. Konzentrieren Sie sich diesmal auf das Gefühl von Verbundenheit mit der ganzen Erde.
   Haben Sie sich schon mal mit dem gesamten Universum verbunden gefühlt? Als Sie zum nächtlichen Sternenhimmel emporschauten, als Sie Bilder von Astronauten auf dem Mond betrachteten, als Sie die Augen schlossen und sich vorstellten, wie der unermeßliche Himmel sich über uns, unter uns, um uns herum wölbt? Vor ein paar Tagen habe ich gehört, daß man einen Planeten außerhalb unseres Sonnensystems entdeckt hat. Wieviele davon mag es noch da draußen geben? In der nächsten Übung werden Sie Gelegenheit haben, Ihr Gefühl von Verbundenheit mit allem Seienden zu vertiefen.

Übung zur Selbst-Meisterung Nr. 58

Wie Übung 55, diesmal mit dem Ziel, sich mit dem All zu synchronisieren.

Sie haben in diesem Buch eine Reihe innerer Wirklichkeiten – die grundlegenden Funktionen Ihres alten, Mittel- und neuen Hirns – sowie ein breites Spektrum äußerer Gegebenheiten erforscht – von den Ihnen nächsten, vertrautesten, bis hin zu den umfassendsten. In der letzten Übung werden Sie sich noch einmal vor Augen führen, was Sie in diesem Buch gelernt haben.

Übung zur Selbst-Meisterung Nr. 59

1. *Entspannung des ganzen Gehirns.* Konzentrieren Sie sich während des Entspannungsprozesses auf Ihr sinnliches Feedback. Welche Aspekte der Entspannung des ganzen Gehirns wirken sich bei Ihnen am besten aus? Versetzen Sie sich an Ihren innern Ort des Friedens; bitten Sie um ein sinnliches Bild dieses ganzen Prozesses; fühlen Sie, wie es sich in Ihnen ausdehnt. Fragen Sie, was dieses Gefühl einschränkt, und holen Sie es in das Gefühl der Synchronizität herein. Werden Sie sich zunehmend Ihres Potentials bewußt, je mehr Sie Ihre inneren Grenzen loslassen.

2. *Tagebuchschreiben aus dem ganzen Gehirn.* Beschreiben Sie Ihre Erfolge in der Entspannung, beim Tagebuchschreiben und im Leben. Auf welchen Gebieten könnten Sie noch weitere Verbesserungen einführen? Wie könnten Sie dabei vorgehen? Haben Sie Minis und/oder sinnliche Affirmationen und Bilder als hilfreich empfunden? In welchen bestimmten Situationen? In welchen anderen Situationen haben Sie damit noch keine ausreichenden Erfahrungen gesammelt? Wie können Sie sich in Zukunft synchronisierter fühlen?

3. *Leben mit dem ganzen Gehirn.* Erforschen Sie sich und Ihre Funktion in dieser erstaunlichen Welt, genießen Sie diesen Lernprozeß – und synchronisieren Sie sich, synchronisieren Sie sich, synchronisieren Sie sich!

Ergänzungen zu den Kapiteln

Diese Anmerkungen verweisen Sie auf weiterführende Lektüre zu den in den einzelnen Kapiteln erörterten Themen. Die vollständigen bibliographischen Angaben zu den hier empfohlenen Titeln finden Sie in der Bibliographie.

Kapitel 1: Entspannung des ganzen Gehirns

Zusätzlich zu den bereits genannten Werken von Benson, Borysenko, Muktananda, Pennington, Ramdas und Suzuki empfehle ich zum Thema »Entspannung« Joys *Weg der Erfüllung*; Gawains *Stell dir vor* und *Leben im Licht*; Satalas *Awaken your Creative Potential*.

Die meines Erachtens nützlichsten Werke über das Gehirn sind E. und A. Greens *Beyond Biofeedback*, Browns *Supermind*, MacLeans *A Triune Concept of the Brain*, Pearces *Magical Child Matures*, *Unser Gehirn* von Ornstein und Thompson, *The Healing Brain* von Ornstein und Sobel, Penfields *The Mystery of the Mind* und - ein ausgezeichnetes unveröffentlichtes Manuskript - Ellisons »Recent Brain Research and Its Educational Implications«.

Weiterhin empfehle ich Ihnen Jungs »Synchronizität als ein Prinzip akausaler Zusammenhänge« (Der in diesem Buch verwendete Begriff der Synchronizität ist *nicht* mit dem Jungschen identisch, Anmerkung der Übersetzer). Koestlers *Die Wurzeln des Zufalls*, Lillys *Der dyadische Zyklon* und Progoffs *Jung, Synchronicity, and Human Destiny*.

Die beste Einführung in die moderne Physik geben für mein Gefühl Capras *Das Tao der Physik* und *Wendezeit*. *Die implizite Ordnung* ist Bohms sehr empfehlenswerte, aber recht anspruchsvolle Darstellung seiner faszinierenden Theorie über die Funktionsweise des Universums.

Kapitel 2: Tagebuchschreiben aus dem ganzen Gehirn

Die Lektüre der bereits im Text genannten Werke von Stafford, Progoff, Bryant, Capacchione, Goldberg, Klauser, Rico und Rainer werden Ihren Horizont beträchtlich erweitern. Die meisten dieser

Bücher - namentlich Rico und Rainer - enthalten sehr nützliche Bibliographien. Ich empfehle außerdem Brandes *On Becoming a Writer*, Dillards *Pilgrim at Tinker Creek* sowie Elbows *Writing without Teachers* und *Writing with Power*.

Kapitel 3: Leben mit dem ganzen Gehirn

Es gibt sehr viele Bücher, die mir in diesem Zusammenhang sehr geholfen haben - weit mehr, als ich hier aufführen könnte –, und glücklicherweise entdecke ich ständig neue. Die nützlichsten Werke waren für mich persönlich Bachs schöner Kurzroman *Illusionen*, Cordes' *The Reflecting Pond*, Cousins' *The Healing Heart*, E. und A. Greens *Beyond Biofeedback*, Joys *Weg der Erfüllung*, Leonards *Der Rhythmus des Kosmos*, Pearces *Magical Child Matures* und Williams' *Lebe dein Selbst*.

Kapitel 4: Das Gedächtnis

Ich finde Belletristik besonders hilfreich, wenn es darum geht, mit unserer Vergangenheit in Kontakt zu treten. Ich empfehle Ihnen Christa Wolfs *Kindheitsmuster*, einen erschütternden und schönen Roman über ihre Kindheit während des Dritten Reiches, sowie *Nachdenken über Christa T.*

Kapitel 5: Die Gefühle

Zusätzlich zu den im Text genannten Werken über die Angst und wie wir sie akzeptieren können (Jampolsky, Jeffers und Segal), empfehle ich Tavris' *Anger: The Misunderstood Emotion* sowie *Of Course You're Angry*, in dem Gayle Rosellini und Mark Worden auf die chemischen Aspekte unserer Emotionen eingehen.

Kapitel 6: Die Willenskraft

Siehe dazu E. und A. Greens »Volition as a Metaforce« (*Beyond Biofeedback* Seite 58 bis 71) sowie Assagiolis *The Act of Will* oder seine »Technik zur Entwicklung der Willenskraft« in *Psychosynthese*.

Kapitel 7: Die Liebe

Siehe dazu Jampolskys *Lieben heißt die Angst verlieren* und *Wenn deine Botschaft Liebe ist*, Pearces »Bonding and Attachment« (*Magical*

Child Matures Seite 24 bis 40), *Joys Weg der Erfüllung*, Moss' *Der schwarze Schmetterling*, Lynchs *Die Sprache des Herzens* und Cousins *Der Arzt in uns selbst*.

Kapitel 8: Die Körpersinne

»Was die Sinne verraten« in Leonards *Der Rhythmus des Kosmos* ist die beste Darstellung der Funktionsweise unserer Sinne, die mir persönlich bekannt ist. Siehe auch Garfields *Peak Performance* und Murphy und Whites *The Psychic Side of Sports*.

Kapitel 9: Überzeugungen ändern

Siehe Pearce, »Bonding and Attachment« und »Snake's-Eye View« (*Magical Child Matures*, Seite 24 bis 46). Zwei weitere Bücher, die mir geholfen haben, meine einengenden Gewohnheiten zu erkennen und zu verändern, sind Lillys *Der dyadische Zyklon* und Spanglers *Der Geist der Synthese*.

Kapitel 10: Projektionen loslassen

Meine Lieblingspassage über die Projektion ist Kapitel 8 von Bachs *Illusionen*.

Kapitel 11: Lebensgeschichten (um)schreiben

Siehe Johnstons *The Creative Imperative*, Rainers »Rereading the Plot of Your Life« (*The New Diary* Seite 265 bis 283) und Andersons *Work with Passion* (Seite 21 bis 40).

Kapitel 12: Intuition: Tagträume

Siehe Pearce, »Intuition« (*Magical Child Matures* Seite 67 bis 74), Fuller, *Intuition*, und Brown, *Attaining Personal Greatness*.

Kapitel 13: Intuition: Nacht-Träume

Zusätzlich zu LaBerges *Hellwach im Traum* und Rainers »Dream Work« (*The New Diary* Seite 169 bis 196) empfehle ich Ihnen Garfields *Frauen träumen anders* und *How to Write While You Sleep* von Elizabeth Ross.

Kapitel 14: Synchronizität mit Familie und Freunden

Taub-Bynum gibt in seinen Anmerkungen zu *The Family Unconscious* empfehlenswerte Bücher und Artikel zu diesem Thema an.

Kapitel 15: Synchronizität am Arbeitsplatz

Siehe Anderson, *Work with Passion*, und Terkel, *Working*. Thoreaus *Walden* ist ein wunderbares Buch, das uns helfen kann, eine völlig neue Einstellung zu unserer Arbeit zu finden.

Kapitel 16: Synchronizität mit der ganzen Welt

Ich empfehle Ihnen E. und A. Arons *The Maharishi Effect*, Targ und Hararys *Jeder hat ein drittes Auge*, Sagans *Contact* und Keyes' *Der hundertste Affe*.

Bibliographie

Anderson, Nancy (1984): *Work with Passion*. New York: Carroll & Graf

Aron, Elaine und Arthur (1986): *The Maharishi Effect*. Walpole, N.H.: Stillpoint

Assagioli, Roberto (1978): *Handbuch der Psychosynthesis. Angewandte Transpersonale Psychologie*. Freiburg: Aurum

Assagioli, Roberto (1988): *Psychosynthese, Prinzipien, Methoden und Techniken*. Astrologisch-Psychologisches Institut

Bach, Richard (1989): *Illusionen. Die Abenteuer eines Messias wider Willen*. Berlin: Ullstein

Benson, Herbert und Miriam Klipper (1975): *The Relaxation Response*. New York: William Morrow

Benson, Herbert (1979): *The Mind/Body Effect*. New York: Simon & Schuster

Benson, Herbert und William Proctor (1984): *Beyond the Relaxation Response*. New York: Time Books

Bohm, David (1987): *Die implizite Ordnung*. München: Goldmann

Borysenko, Joan (1989): *Gesundheit ist lernbar. Das klinisch getestete Programm zur Steigerung der Abwehrkräfte des Körpers und zur Förderung der Selbstheilungskraft*. München: Scherz

Brain/Mind Bulletin. Interface Press. P.O.Box 4211, Los Angeles, Ca. 90042

Brande, Dorothea (1981): *On Becoming a Writer*. Los Angeles: J.P.Tarcher

Brown, Barbara (1980): *Supermind: The Ultimate Energy*. New York: Bantam

Brown, Melanie (1987): *Attaining Personal Greatness*. New York: W. Morrow

Bryant, Jean (1985): *Anybody Can Write*. Mill Valley, Ca.: Whatever

Cade, C. Maxwell und Nona Coxhead (1983): *The Awakened Mind*. Longmead, England: Element Books

Capacchione, Lucia (1979): *The Creative Journal*. Chicago: Swallow Press

Capacchione, Lucia (1988): *The Power of Your Other Hand*. North Hollywood: Newcastle

255

Capra, Fritjof (1983): *Wendezeit. Bausteine für ein neues Weltbild.* München: Scherz

Capra, Fritjof (1984): *Das Tao der Physik. Die Konvergenz von westlicher Wissenschaft und östlicher Weisheit.* München: Scherz

Cordes, Liane (1981): *The Reflecting Pond.* Center City, Mn.: Hazelden

Cousins, Norman (1983): *Anatomy of an Illness.* New York: W.W.Norton

Cousins, Norman (1984): *Der Arzt in uns selbst. Die Geschichte einer erstaunlichen Heilung - gegen alle düsteren Prognosen.* Reinbek: Rowohlt

Coxhead, Nona (1987): *Glückseligkeit. Die Erfahrung des kosmischen Bewußtseins.* Grafing: Aquamarin

Dillard, Annie (1979): *Holy the Firm.* New York: Bantam

Dillard, Annie (1982): *Pilgrim at Tinker Creek.* New York: Bantam

Edwards, Betty (1982): *Garantiert zeichnen lernen. Das Geheimnis der rechten Hirn-Hemisphäre und die Befreiung unserer schöpferischen Gestaltungskräfte.* Reinbek: Rowohlt

Elbow, Peter (1975): *Writing without Teachers.* New York: Oxford University Press

Elbow, Peter (1981): *Writing with Power.* New York: Oxford University Press

Ellison, Launa (8.8.1988): »Recent Brain Research and Its Educational Implications«. (Unveröffentlichtes Manuskript) 3348-47th Ave. S, Minneapolis, MN 55406

Ferguson, Marilyn (1984): *Die sanfte Verschwörung. Persönliche und Gesellschaftliche Transformation im Zeitalter des Wassermanns.* München: Droemer Knaur

Fuller, R.Buckminster (1971): *Operating Manual for Spaceship Earth.* New York: E.P.Dutton

Fuller, R.Buckminster (1983): *Intuition.* San Luis Obispo, Ca.: Impact

Garfield, Charles A. mit Hal Zina Bennett (1984): *Peak Performance.* Los Angeles: J.P.Tarcher

Garfield, Patricia (1989): *Frauen träumen anders. Über die Wechselwirkung zwischen Körper und Traum. Ein Führer durch die weibliche Traumwelt.* München: Scherz

Gawain, Shakti (1986): *Stell dir vor. Kreativ visualisieren.* Reinbek: Rowohlt

Gawain, Shakti und Laurel King (1987): *Leben im Licht. Quelle und Weg zu einem neuen Bewußtsein.* München: Peter Erd

Ghose, Aurobindo (1953): *The Human Cycle.* New York: E.P.Dutton

Ghose, Aurobindo (1982): *The Life Divine.* Pondicherry, Indien: Sri Aurobindo Ashram Press

Goldberg, Natalie (1986): *Writing Down the Bones.* Boston: Shambhala

Green, Elmer und Alyce (1977): *Beyond Biofeedback.* New York: Delta

Herrmann, Ned (1988): *The Creative Brain.* Lake Lure, N.C.: Brain Books

Houston, Jean (1987): *Der mögliche Mensch. Handbuch zur Entwicklung des menschlichen Potentials.* Reinbek: Rowohlt

Houston, Jean (1989): *Lebenskraft. Geschichte als Spiegel persönlicher Entwicklung.* Basel: Sphinx

Hutchison, Michael (1985): *The Book of Floating.* New York: Quill

Hutchison, Michael (1989): *Megabrain. Geist und Maschine.* Basel: Sphinx

Jampolsky, Gerald G. (1987): *Lieben heißt die Angst verlieren.* Glattbrugg-Zürich: Oesch

Jampolsky, Gerald G. (1988): *Wenn deine Botschaft Liebe ist. Wie wir einander helfen können, Heilung und inneren Frieden zu finden.* München: Kösel

Jeffers, Susan (1987): *Feel the Fear and Do It Anyway.* San Diego: Harcourt Brace Jovanovich

Johnston, Charles M. (1986): *The Creative Imperative.* Berkeley: Celestial Arts

Joy, William B. (1987): *Weg der Erfüllung. Selbstheilung durch Transformation.* Interlaken: Ansata

Jung, C. G. (1988): *Erinnerungen, Träume, Gedanken. Aufgezeichnet und herausgegeben von Aniela Jaffé.* Olten: Walter

Jung, C. G. (1952): »*Synchronizität als ein Prinzip akausaler Zusammenhänge*«, *in: Gesammelte Werke*, Bd. VIII, Seite 560f. Olten: Walter, 1967

Keyes, Ken Jr. (1983): *Der hundertste Affe. Plädoyer gegen den Atomwahn.* Glattbrugg-Zürich: Oesch

Klauser, Henriette Anne (1988): *Writing on Both Sides of the Brain.* San Francisco: Harper & Row

Koestler, Arthur (1988): *Die Wurzeln des Zufalls.* Frankfurt: Suhrkamp Taschenbuch 181

LaBerge, Stephen (1987): *Hellwach im Traum. Höchste Bewußtheit in tiefem Schlaf.* Paderborn: Junfermann

Leonard, George (1972): *Transformation.* New York: Delacorte

Leonard, George (1986): *Der Rhythmus des Kosmos.* Reinbek: Rowohlt

Lilly, John (1984): *Der Scientist.* Basel: Sphinx

Lilly, John und Antonietta Lilly (1983): *Der dyadische Zyklon.* Basel: Sphinx

Loye, David (1988): *Die Sphinx und der Regenbogen. Gehirn, Geist und Vision.* Reinbek: Rowohlt

Luks, Allan und Joseph Barbato (1989): »How to Get High«, in: *New Age Journal*, Mai/Juni 1989, Seite 31-32, 84-87

Lynch, James J. (1987): *Die Sprache des Herzens. Wie unser Körper im Gespräch reagiert.* Paderborn: Junfermann

MacLean, Paul (1973): *A Triune Concept of the Brain and Behaviour.* Toronto: University of Toronto Press

Matthews-Simonton, Stephanie, O.Carl Simonton und James L.Creighton (1978): *Getting Well Again.* New York: Bantam

May, Rollo (1987): *Der Mut zur Kreativität.* Paderborn: Junfermann

Moss, Richard (1988): *Krankheit - Tor zur Wendung. Erweckung neuer Heilungsenergien durch die Macht der Transformation.* Interlaken: Ansata

Moss, Richard (1989): *Der schwarze Schmetterling. Zu den Wurzeln wahrer Lebendigkeit.* Interlaken: Ansata

Muktananda, Swami (1980): *Meditate.* Albany: State University of New York Press

Murphy, Michael und Rhea A.White (1978): *The Psychic Side of Sports.* Reading, Ma.: Addison-Wesley

Ornstein, Robert und Richard F.Thompson (1986): *Unser Gehirn: das lebendige Labyrinth.* Reinbek: Rowohlt

Ornstein, Robert (1986): *The Psychology of Consciousness.* New York: Viking-Penguin

Ornstein, Robert und David Sobel (1987): *The Healing Brain.* New York: Simon and Schuster

Ornstein, Robert (1988): *Multimind. Wie die neue Hirnforschung unser Verhalten erklärt.* Paderborn: Junfermann

Pearce, Joseph Chilton (1985): *Magical Child Matures.* New York: E.P.Dutton

Penfield, Wilder (1975): *The Mystery of the Mind.* Princeton, N.J.: Princeton University Press

Pennington, Basil (1982): *Centering Prayer.* New York: Image Books

Progoff, Ira (1973): *Jung, Synchronicity, and Human Destiny.* New York: Dell

Progoff, Ira (1975): *At a Journal Workshop.* New York: Dialogue House Library

Progoff, Ira (1980): *Practice of Process Meditation.* New York: Dialogue Press

Rainer, Tristine (1978): *The New Diary.* Los Angeles: J.P.Tarcher

Ramdas, Swami (1988): *Auf der Suche nach Gott/Gotteserfahrung. Aus dem Leben und Werk eines indischen Franziskus.* Interlaken: Ansata

Rico, Gabriele Lusser mit Mary Frances Clagett (1980): *Balancing the Hemispheres: Brain Research and the Teaching of Writing.* Berkeley: University of California Bay Area Writer's Project Monograph

Rico, Gabriele Lusser (1984): *Garantiert schreiben lernen. Sprachliche Kreativität methodisch entwickeln - Ein Intensivkurs auf der Grundlage der modernen Gehirnforschung.* Reinbek: Rowohlt

Rosellini, Gayle und Mark Worden (1985): *Of Course You're Angry.* San Francisco: Harper/Hazelden

Ross, Elizabeth Irwin (1985): *How to Write While You Sleep.* Cincinnati: Writer's Digest Books

Russell, Peter (1986): *The Global Brain. Aus dem Englischen 1986.* (Videokassette) Wirts, A.

Sagan, Carl (1988): *Contact.* München: Droemer Knaur

Satala, Conrad (1988): *Awaken your Creative Potential: The Odyssey Begins.* Fort Wayne, In.: CLS

Satprem (1984): *Sri Aurobindo or the Adventure of Consciousness.* New York: Institute for Evolutionary Research

Segal, Jeanne (1984): *Living Beyond Fear.* North Hollywood, Ca.: Newcastle

Siegel, Bernard (1986): *Love, Medicine & Miracles.* New York: Harper & Row

Siegel, Bernard (1988): *Peace, Love & Healing.* New York: Harper & Row

Spangler, David (1985): *Der Geist der Synthese. Zusammenarbeit mit dem Geist. Licht auf dem Weg in die Neunziger Jahre.* Altusried: Greuth-Hof

Stafford, William (1977): *Writing the Australian Crawl.* Ann Arbor, Mi.: University of Michigan Press

Suzuki, Shunryu (1983): *Zen-Geist Anfänger-Geist. Unterweisungen in Zen-Meditation.* Zürich: Theseus

Targ, Russell und Keith Harary (1985): *Jeder hat ein 3. Auge. PSI - Die unheimliche Kraft.* Zürich: Diana

Taub-Bynum, E.Bruce (1984): *The Family Unconscious.* Wheaton, Ill.: The Theosophical Publishing House

Tavris, Carol (1982): *Anger: The Misunderstood Emotion.* New York: Simon and Schuster

Terkel, Studs (1974): *Working.* New York: Pantheon

Terkel, Studs (1981): *Amerikanische Träume: Verloren und gefunden. Zweiundfünfzig Gespräche mit Amerikanern.* Berlin: Wagenbach

Thoreau, Henry D. (1988): *Walden oder Hüttenleben im Walde.* Zürich: Manesse

Williams, Paul (1988): *Lebe dein Selbst. Die Essenz ist bei dir/Die Quelle deiner Essenz.* Basel: Sphinx

Wolf, Christa (1988): *Nachdenken über Christa T.* Darmstadt: Luchterhand

Wolf, Christa (1989): *Kindheitsmuster.* Darmstadt: Luchterhand

Verlag Hermann Bauer · Freiburg im Breisgau

Maureen Murdock

Dann trägt mich meine Wolke …

Wie Große und Kleine spielend leicht lernen

7. Aufl.; 175 Seiten mit 15 s/w Abb. und 14 Z.; kart.
ISBN 3-7626-0367-7

Unser traditionelles Erziehungssystem fördert vorrangig die Kinder, die logisch-analytisch denken und sich klar ausdrücken können, die also in das Beurteilungsraster passen, das auf mündliche, schriftliche und mathematische Aufgaben und auf ein Tatsachengedächtnis eingestellt ist. Dabei wissen unsere Kinder viel mehr, als wir ihnen zutrauen. Ihr inneres Wissen läßt sie die Gegenwart und die Zukunft viel klarer sehen, als wir es vermögen, und sie entwickeln sich viel schneller und anders als wir früher. Aus diesem Grund reichen die gegenwärtigen Lehrmethoden für sie einfach nicht aus. Hunderttausende jedoch verlernen wieder, was sie schon wissen, weil wir ihr Wissen nicht ernstnehmen. Sie verlieren ihre eigene ganz persönliche Lernmethode, weil beispielsweise manche Lehrer glauben, sie mogeln, wenn sie sich zu leicht an das Gelernte erinnern. Eltern und Lehrer, die mit diesem System unzufrieden sind, werden sich von Maureen Murdocks Buch ebenso angesprochen fühlen wie alle, die den Reichtum der ihnen innewohnenden Kreativität und Weisheit entdecken wollen.

Verlag Hermann Bauer · Freiburg im Breisgau

Das neue *esotera-Taschenbuch*
im Verlag Hermann Bauer

Richard L. Johnson
Ich schreibe mir die Seele frei
Wege zur Harmonisierung des ganzen Gehirns
3. Aufl.; 264 S.; kart.; ISBN 3-7626-0659-5

Felicitas Goodman
Wo die Geister auf den Winden reiten
Trancereisen und ekstatische Erlebnisse
3. Aufl.; 354 S.; kart.; ISBN 3-7626-0662-5

Alan Young
Das ist Geistheilung
Ein Leitfaden für alle, die heilen und geheilt werden wollen
320 S.; kart.; ISBN 3-7626-0661-7

Robert B. Tisserand
Das ist Aromatherapie
Heilung durch Duftstoffe
8. Aufl.; 368 S.; kart.; ISBN 3-7626-0660-9

Eknath Easwaran
Mantram
Hilfe durch die Kraft des Wortes
5. Aufl.; 256 S.; kart.; ISBN 3-7626-0629-3

Erlendur Haraldsson
Sai Baba – ein modernes Wunder
Die paranormalen Phänomene des spirituellen Meisters
Sathya Sai Baba
4. Aufl.; 297 S.; kart.; ISBN 3-7626-0631-5

Hans-Dieter Leuenberger
Das ist Esoterik
Einführung in esoterisches Denken
7. Aufl.; 240 S.; kart.; ISBN 3-7626-0621-8

Chandrashekhar G. Thakkur
Das ist Ayurveda
Die indische Heil- und Lebenskunst
5. Aufl.; 368 S.; kart.; ISBN 3-7626-0635-8

Dion Fortune
Die mystische Kabbala
Yoga des Westens
Ein praktisches System der spirituellen Entfaltung
4. Aufl.; 363 S.; kart.; ISBN 3-7626-0636-6

Tom Johanson
Zuerst heile den Geist
Möglichkeiten zur Heilung psychischer und
psychosomatischer Leiden
5. Aufl.; 224 S.; kart.; ISBN 3-7626-0620-X

Hans Sterneder
Tierkreisgeheimnis und Menschenleben
4. Aufl.; 432 S.; kart.; ISBN 3-7626-0602-1

Swami Vivekananda
Karma-Yoga und Bhakti-Yoga
Zwei wahre Perlen indischer Weisheit
8. Aufl.; 272 S.; kart.; ISBN 3-7626-0653-6

Verlag Hermann Bauer   Freiburg im Breisgau